Kirsten Loesch:
Das Lächeln des Universums –
Warum bin ich wozu da?
© J. Kamphausen Verlag &
Distribution GmbH, Bielefeld 2011
info@j-kamphausen.de

Lektorat: Stephanie Ehrenschwendner
Umschlaggestaltung und Illustration:
Claudia Schlutter
Typografie/Satz: KleiDesign
Druck & Verarbeitung:
Westermann Druck Zwickau

www.weltinnenraum.de

Bibliografische Information der Deutschen Nationalbibliothek

Die Deutsche Nationalbibliothek verzeichnet diese
Publikation in der Deutschen Nationalbibliografie;
detaillierte bibliografische Daten sind im Internet
über http://dnb.d-nb.de abrufbar.

1. Auflage 2011

ISBN 978-3-89901-375-1

Dieses Buch wurde auf 100% Altpapier gedruckt und ist alterungsbeständig.
Weitere Informationen hierzu finden Sie unter www.weltinnenraum.de

Kirsten Loesch

Das Lächeln
des Universums

Warum bin ich wozu da?

Für
Sant Rajinder Singh Ji Maharaj

Die ganze seelische Unordnung der Menschheit,

mit ihren niemals erledigten Fragen,

hängt in einer ekelhaften Weise an jeder einzelnen.

ROBERT MUSIL

Was ist die Welt und warum ist sie wozu da?

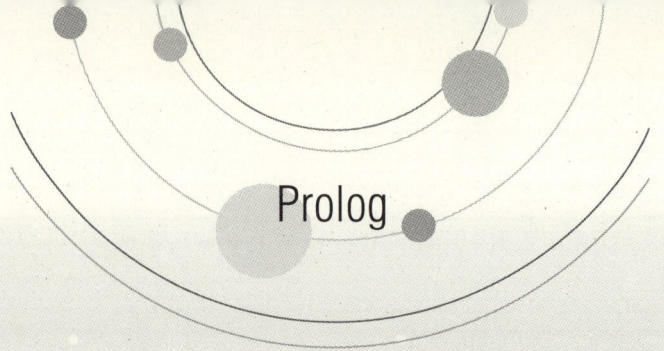

Prolog

Meine Heimat ist wenig bekannt. Kaum jemand weiß noch, wo der tragischste Moment der Nibelungensage spielt: die Ermordung von Siegfried, dem Drachentöter. Oder, wo das reale Vorbild für Mary Shelleys Roman „Frankenstein" lebte: der Burgherr, der alchemistische Experimente machte und seinen Untergebenen dadurch unheimlich war. Das wundert mich nicht. Der Odenwald ist in Vergessenheit geraten und seine Geschichten mit ihm. Romantisch anmutende Hügel strecken sich kaum merklich in den Himmel, lieblich und weich schmiegt sich der Wald an die Ebene, als wollte er der Garten eines Puppenhauses sein. Wüsste ich nicht von den bemoosten Grabsteinen, die als letzte Zeugen meiner Familiengeschichte gegen die Zeit ankämpfen, könnte ich kaum glauben, dass meine Heimat ein zweites Gesicht hat.

Schaut man genauer hin, weist der Odenwald die Ebene schroff und unversöhnlich zurück. Nicht durch protzige Felsformationen oder andere, allzu offensichtliche Merkmale, sondern aufgrund seiner bloßen unscheinbaren Existenz. Unbemerkt hat er sich zwischen den Menschenschlag, der ihn bewohnt, und den Rest der Welt geschoben.

Mit der Inbrunst des Betroffenen habe ich Stadt- und Kirchenarchive, Geschichtsbücher und meine Lücken füllende Fantasie bemüht, um eine der vielen Geschichten des Odenwalds dem Vergessen zu entreißen. Soweit das überhaupt möglich ist. Dort, wo die Grabsteine stehen, befand sich früher einmal das Dorf, in dem meine Ur-Ur-Ur-Großmutter

Berta lebte. Es lag rechts des Neckars zwischen Hirschhorn und Neckarsteinach – auf einem Stück Land, um das sich die benachbarten Großherzogtümer Baden und Hessen seit 1560 stritten. Auf einem 485 Hektar umfassenden Hügel entstand 1795 das Dorf Michelbuch. Mächtige Tannen mussten fallen, damit das Land urbar wurde. Es wurde zu einem gemeindefreien Gebiet, einer neutralen Enklave, die zu niemandem richtig gehörte. Zur Zeit meiner Ur-Ur-Ur-Großmutter Berta hatten die 60 gemeldeten Einwohner keine Pflichten, aber auch keine Rechte. Sie lebten in einer Art deutschem Wildem Westen ohne Verwaltungshoheit. Kein Bürgermeister, kein Amt und keine Polizei waren zuständig. Es muss ein gutes Leben gewesen sein – auf sich selbst gestellt, aber auch niemandem Rechenschaft schuldig. Ich habe mich in der Gegend umgehört. Selbst die Alten sind zu jung, um mehr weitergeben zu können als ein Gerücht: Die Michelbucher feierten mit dem Rauch des Wacholders und des Beifußes keltische Feste zu Ehren von Naturgeistern. Bei besonderen Anlässen wie der Johannisnacht tanzten sie um ein Feuer, nackt, nur die Reben des Gundermanns im Haar. Das Unverständnis der christlichen Nachbarn muss an Entsetzen gegrenzt haben.

Was 1852 genau geschah, geben die bemoosten Grabsteine nicht preis. Das Dorf brannte ab. Die Michelbucher verschwanden spurlos. Die Dame im Kirchenarchiv vermutet: zwangsverschifft nach Amerika. Lästige Wilde wollte man dort sehen, wo sie hingehörten: am Ende der Welt, bei den anderen Wilden, den Indianern. Die Odenwälder haben es gut gemeint mit ihrem kleinen Kreuzzug.

Berta ist nicht dabei gewesen. Laut ihrem Ur-Ur-Enkel, meinem Vater, war sie eine pflanzenkundige Weidenflechterin und könnte im Wald Kräuter sammeln gewesen sein, als ihr Dorf dem Erdboden gleichgemacht wurde. Vielleicht floh sie in Panik in die Ebene, mit ihrer zweijährigen Tochter auf dem Arm. Vielleicht folgte sie dem Strom des Neckars, bot ihre Körbe und ihre Heilkünste an und schlug sich irgendwie durch. Meine Ur-Ur-Ur-Großmutter verlor mit ihrem Dorf auch ihre Lebensweise, die nicht in eine Zeit der Industrialisierung und der bürgerlichen Etikette passte. Sie verlor mit ihrer Heimat sich selbst.

Was aus Berta geworden ist, sagt mir das Schicksal ihrer Tochter Auguste, deren Vater in der Geburtsurkunde unerwähnt bleibt. Sie war laut Krankenakte bis zu ihrem Tod 1906 die erste Patientin mit „eigenartigem Krankheitsbild", die der Mediziner Alois Alzheimer in einer Frankfurter Nervenklinik behandelte. Damals gab es noch keinen Namen für die Krankheit, die einen das Gedächtnis verlieren lässt. Ich gehe davon aus, dass auch Berta Alzheimer hatte, weil das die einzige Möglichkeit ist zu vergessen, was man nicht vergessen kann. Für Berta, die sich selbst bereits verloren hatte, barg das Vergessen eine Genugtuung. Die Vertreibung aus ihrer Erinnerung, aus der inneren Heimat, war die einzig würdevolle Revanche für das falsche Spiel des Lebens.

Meine Ur-Ur-Ur-Großmutter, die 100 Jahre vor meiner Geburt starb, ist mir heute gespenstisch nahe. Der Gedanke an ihr tragisches Schicksal beschert mir schlaflose Nächte. Ich will nicht enden wie sie. Aber ich würde gerne mein Schicksal vergessen. Am liebsten möchte ich vor der Pistole des Lebens die Hände heben und einfach aufgeben. Ich bin Mitte dreißig. Das sagt vielleicht schon alles. Ich bin Single und erfolglose Ethnologin. Meinen Job in einem Völkerkundemuseum habe ich aus Langeweile an den Nagel gehängt. Mir macht nichts Spaß, weil nichts im Leben so läuft, wie ich es mir wünschen würde. Ich heiße Nuria, was *strahlender Ort* bedeutet. Bei meiner permanenten schlechten Laune wirkt jede Anrede wie eine ironische Stichelei.

Dabei bin ich recht normal, bis auf die kleinen Macken, die jeder so hat. Spinnen und U-Bahn-Fahren kann ich nicht leiden. Mein letzter Versuch, einem Hobby nachzugehen, war Salsa tanzen. Davor probierte ich alles Mögliche aus, von Yoga über Klettern und Surfen bis hin zum Reisen. Im Studium beschäftigte ich mich mit Politik, Philosophie, Literatur und fremden Kulturen. Es interessiert mich nichts mehr davon. Sogar die Menschen, die ich kenne, langweilen mich.

Mein Leben begann Anfang der 70er Jahre, und das allein qualifiziert mich schon für eine Sinnkrise. Denn meine Generation hat als erste eines verstanden: Die Erde ist eine Heimat aus zweiter Hand und entsprechend abgenutzt. Wirtschaftswunder und Umwelt sind nicht mehr das, was sie zu Zeiten meiner Eltern waren. Das macht mich wütend und frustriert mich. Lange habe ich nicht bemerkt, dass ich damit gar nicht allein bin. Der Autor Douglas Coupland erfand für uns sogar einen Namen: *Generation X*. Wir haben die Zukunftsangst abonniert.

Ich habe mir darüber viele Gedanken gemacht. *X* ist in der Mathematik eine Variable, für die sich verschiedene Werte einsetzen lassen. Meist wird *X* eine Funktion zugeordnet, die ansagt, was mit *X* gemacht werden soll. In meinem Leben gibt es keine Funktion, die ich erfüllen möchte. Das Universum, die Gesamtheit aller Dinge, ist für mich ein großes schwarzes Loch, in dem ich blind und ängstlich umhertappe. Ich kann mich nirgends zuordnen und habe keinen Wert. Bevor ich wie meine Ur-Ur-Ur-Großmutter ende, möchte ich endlich einmal für mein Glück kämpfen. Ich will von Grund auf verstehen, was das Leben eigentlich ist und wie ich es leben soll. Mein Plan: ein Jahr lang Bücher zu lesen, nachzudenken und nichts anderes zu tun. Für mich ist das kein Luxus. Ein Großteil meines Lebens ist bereits verstrichen, ohne dass ich einen Schimmer davon hätte, wozu es gut sein soll. Es ist eine drängende Notwendigkeit, den Sinn meines Lebens zu entdecken. Ich erhoffe mir, in der Biologie eine Erklärung für das Leben und in der Gehirnforschung eine Einführung ins Menschsein zu finden. Ich werde mich völlig in meine kleine Stadtwohnung zurückziehen und von der Hand in den Mund leben müssen, um die Frage zu klären: Wer bin ich und warum bin ich wozu da?

Ab sofort ist die Kassiererin im Supermarkt mein einziger sozialer Kontakt und das Internet meine Heimat. Ich schaue mich surfend nach der passenden Lektüre um und bestelle Bücher im Wert meines gesamten Monatsbudgets. Dank Dispokredit lande ich damit nicht gleich bei Wasser und Brot, aber meine neue beste Freundin im Supermarkt muss noch warten, bis sämtliche Vorräte aus meinem Küchenschrank getilgt sind.

Das Nützlichste,
was man fürs Leben lernen kann:
alles zu verlernen, was nicht wahr ist.
ARISTOTELES

Wer bin ich und warum bin ich wozu da?

Mit der Urzelle ins Gehirn:
Von der Vergangenheit
zur Selbsterkenntnis

Wie der Abfall des Lebens mir Mut macht

Ich blättere in einigen Büchern über Evolutionsgeschichte und verschaffe mir einen ersten Überblick. Vor 4.000 Millionen Jahren beginnt die Geschichte des Lebens im chemischen Chaos des Ur-Ozeans. Darin wohnt eine winzige Zelle. Sie ist der erste lebende Organismus, weil sie über einen Bauplan und einige Enzyme verfügt, die diesen Plan in die Tat umsetzen können. Doch kaum auf der Welt, ist diese Urzelle schon in Lebensgefahr. Sie braucht eine klare Grenze zwischen ihrer inneren Ordnung und dem äußeren Chaos, muss sich schützen, schädliche Einflüsse von außen abwehren. Gleichzeitig kann sie die Verbindung zur Außenwelt nicht völlig abbrechen, ohne ihre Nahrungsquelle zu verlieren. Die Urzelle muss den Substanzen, die sie benötigt, einen Zugang ins Innere gewähren. Sie muss sich isolieren und gleichzeitig die Verbindung aufrechterhalten. Das ist ein scheinbar unlösbares Paradoxon. Es geht um Leben oder Tod.

Die Urzelle reagiert auf ihre bedrohliche Situation mit kreativer Eleganz. Sie erfindet eine Art biologisches Gore-Tex, hüllt sich in einen halbdurchlässigen Mantel ein, die semipermeable Membran, die das *Bekömmliche* aus dem *Nicht-Bekömmlichen* filtert. Der erste lebende Organismus unterscheidet somit zwischen den verschiedenen Eigenschaften seiner Umwelt. Er teilt seine Erfahrungswelt auf in das, was ihm guttut, und das, was ihm nicht guttut. Das eine darf ins Innere,

15

das andere muss draußen bleiben. Im nächsten Schritt bestimmt der Organismus die Dosierung. Er nimmt das, was ihm guttut, in der Menge auf, die ihm guttut. Dabei gilt die klare Maxime: nicht zu viel und nicht zu wenig. Um zu leben, braucht es eben die genau richtige Menge vom Guten. Das Leben begann mit dem Urprinzip der Balance zwischen Innen und Außen.

Ich frage mich, ob dieses Urprinzip auch in mir noch wirksam ist. Wie kann ein Winzling aus der Urzeit überhaupt etwas mit mir gemeinsam haben? Ich entdecke seine Spuren dort, wo auch bei mir das Äußere ins Innere gelangt, bei der Nahrungsaufnahme. Da der menschliche Körper zu 80 Prozent aus Wasser besteht, haben nur wasserlösliche Stoffe eine biologische Bedeutung für den Stoffwechsel – und somit einen Geschmack. Sobald die Sinnesrezeptoren der Zunge eine Substanz, die von außen kommt, wahrnehmen, wirkt diese bereits auf das innere, chemische System des Körpers ein. Ich schmecke süß, wenn es sich um die wichtigsten biologischen Energiespender handelt. Mein großes Bedürfnis nach salzigen Geschmackskomponenten kommt daher, dass keine Zelle auch nur kürzeste Zeit ohne Natrium überleben kann. Viele giftige Stoffe, wie pflanzliche Alkaloide, schmecken hingegen bitter.

Der Mensch verfügt also über eine eingebaute Orientierungshilfe. Ich habe es der Urzelle zu verdanken, dass mein Körper schmeckend weiß, was ihm gut tut und was nicht. Darauf kann ich bewusst keinen Einfluss nehmen. Ob ich will oder nicht, bitter schmeckt bitter, und süß bleibt süß. Ich meine lediglich, Süßes zu mögen und Bitteres zu verabscheuen. Tatsächlich habe ich gar keine Wahl, weil die Urzelle die Regeln des Lebens bereits vorgegeben hat, bevor der Mensch ein Bewusstsein dafür entwickeln konnte. Die Urzelle lebt unbemerkt in mir fort.

Das verwundert mich nicht allzu sehr, denn sie ist als erstes Individuum mein Vorgänger. Ein Individuum unterscheidet zwischen innen und außen und ist dem Kampf zwischen Autonomie und

Abhängigkeit von außen ausgeliefert. Es braucht einen Vermittler zwischen beiden Gegensätzen. Was bei der Urzelle der halbdurchlässige Mantel war, sind beim Menschen die Wahrnehmung und die Verarbeitung seiner Eindrücke. So filtern wir aus dem Außen das heraus, was für das Innere nützlich oder gefährlich sein könnte. Der Balanceakt zwischen innen und außen gibt sozusagen den Rhythmus vor, der unsere Entwicklung das gesamte Leben hindurch begleitet und formt. Und das bis hin zur menschlichen Gefühls- und Gedankenwelt. Wie kam es dazu? Wie konnte es ein Urzellen-Winzling so weit bringen, über mehrere hundert Millionen Jahre hinweg seinen Einfluss auf höhere Lebewesen geltend zu machen?

Das verdankt er einer Panne, wie sich bei meinen Recherchen herausstellt. Irgendwo im chaotischen Ur-Ozean teilt sich eine Urzelle und wird ihre Nachkommen nicht mehr los. Aus der einzelnen Zelle entwickelt sich ein grotesk anmutender Zellhaufen. Dieser neue Mehrzeller hat einen Vorteil: Er ist schneller und zu groß, um von anderen Kleinstorganismen gefressen zu werden. Der kugelförmige Zellhaufen ist so etwas wie ein Kolonialindividuum, ein Verbund von gleichen Einzelwesen, die noch keinen gemeinsamen Organismus haben. Im Zellverbund sind manche Zellen nach innen gerutscht. Die von ihnen ausgeschiedenen Abfallprodukte können nicht nach draußen gelangen, sondern bleiben im Inneren des Zellverbundes. Dafür erzählen sie dem einen Zellnachbarn etwas über den biologischen Zustand des anderen. Diese Form der Kommunikation entwickelt sich später zum Hormonsystem weiter.

Außerdem bleibt den innen gelegenen Zellen der Zugriff auf das Nahrungsreservoir des Ur-Ozeans verwehrt. Sie müssen sich mit ihren Zellnachbarn als Außenwelt zufrieden geben. Das birgt allerdings eine Gefahr. Dem riesigen Ozean macht es nichts aus, wenn eine winzige Zelle ihm Nahrung entnimmt und Abfallprodukte in ihn ausscheidet. Innerhalb des Zellverbunds gibt es jedoch nur noch winzige Zellnachbarn, die sich mit ihren Abfallstoffen gegenseitig aus dem Gleichgewicht bringen und dabei auch sich selbst schaden. Eine Zelle kann nur als Teil einer Gemeinschaft leben, wenn die anderen das auch dürfen. Die Zellnachbarn können nicht mehr ohne einander, aber auch noch nicht miteinander.

Wieder steht die Evolution vor einer paradoxen Situation, für die es scheinbar keine Lösung gibt. Das Innenleben des Ur-Individuums ist komplexer geworden. Um zu überleben, müssen die einzelnen Zellen innerhalb des Zellverbundes kooperieren. Mit kreativer Eleganz wird die Evolution dieser Aufgabe gerecht. Sie erfindet eine Art Puffer, der die einzelnen Zellen voneinander trennt, weil sie nicht miteinander können. Aber dieser Puffer verbindet sie ebenso miteinander, weil die Zellen ihn alle gleichermaßen brauchen. Die Evolution holt den Ozean ins Innere des Organismus.

Dieser innere Ozean existiert im Menschen immer noch. Er füllt die bindegewebigen, extrazellulären Räume zwischen den Körperzellen und tauscht Nährstoffe und Stoffwechselendprodukte mit dem Blut aus. Mein kleiner innerer Ozean und der riesige äußere Ozean sind nahezu identisch in ihrer Zusammensetzung aus den biologisch bedeutsamen Salzen Natrium, Kaliumchlorid und Kalziumchlorid.

Die Reinerhaltung des inneren Ozeans erhält in der Evolution oberste Priorität, damit das junge Leben sich fortentwickeln kann. Je komplexer ein Organismus wird, desto mehr Probleme wirft das auf. Die einzelnen Zellen müssen sich spezialisieren, um die Aktivitäten der einzelnen Teile besser aufeinander abzustimmen und Signale schneller und gezielter zu übermitteln. Aus der Kommunikation über die ausgeschiedenen Abfallprodukte der einzelnen Zellen entsteht ein Hormonsystem, das diffuse Wolken aus Signalstoffen verschickt. Es gibt spezielle Stellen, an denen Hormone ausgeschüttet, und andere, an denen sie aufgenommen werden. Deshalb bilden sich einfach Zellfortsätze, die die Entfernung überbrücken. Die Konzentration des Hormons ist beim Sender höher als beim Empfänger. So ist klar, in welche Richtung diese Zellfortsätze wachsen müssen. Die

Nervenleitung ist geboren. Und mit ihr die Vorstufe des Nervensystems, an dessen Spitze das Gehirn steht.

Das Gehirn verweist wiederum auf seinen Anfang. Beim menschlichen Embryo im Mutterleib entwickelt sich das Nervensystem aus dem Ektoderm. Das sind äußere Zellschichten, die später die Haut bilden. Ein Teil dieser Zellen faltet sich an der Rückenseite nach innen zum Neuralrohr, das später zum Rückenmark und zum Gehirn wird. Die Nervenzellen des zukünftigen Gehirns reisen also von der Außenseite des Embryos ins Innere seines Körpers. Mein Gehirn entwickelte sich aus einem Stück Haut. Die halbdurchlässige Membran der Urzelle wird zum Organ meiner Psyche und meiner Intelligenz.

Kein Wunder, dass hinter all der Komplexität meiner Psyche die Einfachheit einer einzigen, aber alles entscheidenden Frage steht: Soll ich mich öffnen oder schließen? Ich öffne mich für Menschen oder Situationen, wenn ich mir etwas Bekömmliches von ihnen verspreche, das mein Inneres bereichern kann. Ich verschließe mich, wenn das nicht der Fall ist. Leider scheine ich mich dabei öfter zu irren als die Urzelle, denn ich lasse negative Erfahrungen zu, die mir schaden können. Das ist in Ordnung, weil ich aus Fehlern lernen kann und nicht gleich daran sterbe. Obwohl, manche Fehleinschätzung und Enttäuschung hat sich schon so angefühlt. Vielleicht kann ich mir ein Beispiel an der Urzelle nehmen: Balance und Kooperation scheinen der Schlüssel zu einem gesunden Leben zu sein, denn nach diesen Urprinzipien kann das Leben seit Millionen von Jahren dem Tod ein Schnippchen schlagen und sich immer weiter entwickeln.

Als Mensch ist es tatsächlich hilfreich, die eigenen Wurzeln zu kennen, um das eigene Leben besser zu verstehen. Ich habe beispielsweise immer gedacht, der Mensch sei ein höheres Lebewesen, weil er über ein komplexes Nervensystem verfügt. Aber jetzt wird mir klar, dass es um etwas viel Grundlegenderes geht. Mein komplexes Nervensystem ist die Bedingung dafür, dass es mich überhaupt gibt. Genau genommen habe ich meine Fähigkeiten nicht nur den

Nervenleitungen zu verdanken, sondern auch ihren evolutionären Vorgängern. Ohne Hormone, die ausgeschiedenen Abfallprodukte der ersten Mehrzeller und die Panne einer missglückten Urzellen-Geburt, gäbe es mich heute nicht. Die Entwicklung des Menschen begann also mit einer Missgeburt und deren Abfallprodukt. Es ist schon komisch, dass es der vermeintliche Unrat ist, auf dem ein besseres Leben gedeiht. Die Urzelle hat es tatsächlich geschafft, mir Mut zu machen.

Warum die Urzeit nicht vorbeigeht

Während ich so in der Evolutionsgeschichte recherchiere, kommt mir mein neu gewonnener Mut gerade recht. Endlos viel gäbe es zu lesen und zu wissen. Das kann ich nicht alles schaffen. Ich brauche ein intuitives Lesesystem und lasse meine Augen deshalb über die Seiten fliegen, bis mich etwas anspricht. So lande ich im Kambrium, mit über 500 Millionen Jahren eine der ältesten Perioden in der Erdgeschichte. Hier lebt ein Wesen, das an eine Kreuzung aus Wurm und Fisch erinnert. Es heißt *Pikaia* und ist der Urahn der Wirbeltiere, des höchstentwickelten Stamms des Tierreichs. Alle Fische, Amphibien, Reptilien, Vögel und Säugetiere stammen von ihrem gemeinsamen Urahn Pikaia ab ebenso wie das Säugetier Mensch, bei dem sich während der Embryonalentwicklung im Mutterleib die Stammesgeschichte wiederholt. Am 25. Tag ähnelt das Nervensystem des menschlichen Embryos einem Wurm. Erst nach über drei Monaten ist sein Gehirn als das eines Säugetiers zu erkennen. Mit fünf Monaten ähnelt es einem Primatengehirn. Erst danach setzt die typisch menschliche Ausdehnung des Vorderhirns ein. Das menschliche Gehirn ist nahezu identisch mit den Gehirnen anderer Säugetiere. Im Klartext heißt das: Nicht nur die Menschen, sondern auch Affen, Hunde, Katzen oder andere Vierbeiner können denken und haben ein Bewusstsein. Das hatte ich schon geahnt. Gewöhnungsbedürftig ist, dass die

Verwandtschaft tierischer und menschlicher Gehirne noch viel weiter reicht: bis hin zu Insekten und Schnecken, deren Nervenzellen den menschlichen teilweise ähnlich sind. Der Mensch ist von seinen Urahnen nicht gänzlich verschieden. Er besitzt lediglich etwas mehr von dem gleichen Material, das alle anderen Lebewesen auch haben, beziehungsweise eine leistungsfähigere Kombination davon. Ich bin mir sicher, wenn ich das meiner neuen Freundin im Supermarkt erzählte, würde sie mich auslachen. Nach dem Motto: Dann könnte der Mensch ja genauso gut mit den Pflanzen verwandt sein. Aber was, wenn das gar nicht absurd wäre?

Es gibt heute noch einen Einzeller aus den Urzeiten des Lebens, der eine sonderbare Geschichte erzählt: Das Augentierchen *Euglena*. Es ernährt sich wie eine Pflanze durch Photosynthese, indem es das in der Luft enthaltene Kohlendioxid und Wasser in Glucose umwandelt und dabei Sauerstoff an die Umgebung abgibt. Für diesen Umwandlungsprozess braucht der pflanzliche Einzeller Lichtenergie. Ohne Licht keine Glucose, also keine Nahrung und kein Leben. Das Licht wird mit Hilfe von Chloroplasten aufgenommen, die im Augentierchen genauso existieren wie im Blattgrün einer Pflanze. Wie bitte kommt ein Merkmal der Pflanzen in ein Tier?

Vor Urzeiten verschluckte sich ein Einzeller. Statt eines anderen Einzellers erwischt er eine Alge, die er nicht verdauen kann. Aus der Not wird eine Tugend, der Fremdkörper wird integriert und die Alge Teil des Organismus. Licht ist nun in einem erhöhten Maß überlebenswichtig. Ohne Licht keine Nahrung. Daher ist das Augentierchen heute noch durchsichtig, hat aber einen winzigen roten Punkt, der einen Schatten wirft. Auf diese Weise weiß der Einzeller, in welche Richtung er ins überlebenswichtige Licht schwimmen muss. Der rote Punkt ist ein urzeitliches Sehorgan. Das Sehpurpur in der Netzhaut des menschlichen Auges ist ebenfalls rot und hat den gleichen chemischen Ursprung wie der rote Punkt des Augentierchens. Die Stäbchen und Zapfen der menschlichen Netzhaut erinnern in ihrem

Aufbau noch heute an die Fortbewegungs-Geißel des pflanzlichen Einzellers. Soll das etwa heißen, der Vorgänger des menschlichen Auges war ein pflanzlicher Einzeller?

Gut möglich, weil die Evolution nichts zum Spaß erfindet. Damit sie in Gang kommt, muss eine biologische Notwendigkeit vorliegen. Der Startschuss für die Entwicklung eines Auges kann nur dort fallen, wo Licht eine existenzielle Bedeutung bekommt. Pflanzen benötigen das Licht zur Sicherung ihrer Existenz. Ohne Licht kein Leben. Erst im nächsten Schritt der Evolution wird Licht dazu genutzt werden, um Informationen über die Außenwelt zu erhalten, um zu sehen. Die Pflanzen konnten das Auge erfinden, gerade weil sie nicht in der Lage sind zu sehen.

Es liegt für mich eine enorm große Bedeutung in diesem kurzen, lange zurückliegenden Moment der Evolution, als ein Einzeller sich an einer Alge verschluckte und zum Vegetarier wurde. Respekt! Ohne diesen Einzeller mit ungewöhnlichen Tischmanieren könnte ich nicht sehen.

Die Urzeit hat Spuren hinterlassen und sich tief in den grundlegendsten Prinzipien meiner menschlichen Existenz verankert. Es gibt eine biologische, heute noch nachweisbare Verbindung des Menschen zu den Tieren, zu den Pflanzen, sogar zu den ersten Mehrzellern und zum Ozean, dem das erste Leben entsprungen ist. Ich frage mich, ob es in der Evolution meines Gehirns etwas ähnlich Schönes zu entdecken gibt.

Was mein Gehirn mit einem Auto gemein hat

Ich weiß so wenig über das Gehirn. Dabei ist es doch das Organ, das für mein Erleben und Nachdenken so entscheidend ist. Vielleicht verstehe ich die Missgeschicke meines Lebens besser, wenn ich mein Gehirn genauer kenne?

Neben mir stapeln sich bereits einige Bücher zum Thema Gehirnforschung, und ich greife mir neugierig eines davon. Nach einiger Zeit blicke ich von den Buchseiten auf und hilfesuchend gen Himmel. Ist das Gehirn so schwer zu verstehen? Ich greife zu einem anderen Buch und konzentriere mich beim Lesen noch mehr. Langsam gewöhne ich mich an die Fachbegriffe, und sie irritieren mich nicht mehr. Das dritte Buch fällt mir schon leichter. Mit der Zeit füllen sich einige Bände mit gelben Zetteln, die ich zum Markieren wichtiger Stellen hineinklebe. Einen Zettel beschrifte ich sogar mit „Aufbau des Gehirns", weil ich ohne dieses Basiswissen gar nicht nachvollziehen kann, wie das Gehirn arbeitet. Während ich den Kugelschreiber mit meinen Fingern hin und her drehe, versuche ich mir den Aufbau des Gehirns bildlich vorzustellen. Da kommt mir eine Idee. Das Gehirn ähnelt dem Auto. Seit der Erfindung des ersten Autos vor über 120 Jahren hat sich vieles verändert. Das grundlegende Prinzip aber blieb dasselbe: Ein Auto besteht seit jeher aus Rädern, einem Motor und einer Lenkung. Ein Gehirn besteht immer schon aus Stammhirn, Zwischenhirn und Großhirn. Das erste Auto von 1885 lässt sich mit dem Gehirn eines Salamanders vergleichen: Es hat ein Stammhirn (Räder), ein Zwischenhirn (Motor) und ein Großhirn (Lenkung). Die Luxus-Klasse des 21. Jahrhunderts entspricht dem Gehirn des Menschen, das nach wie vor über Räder, Motor und Lenkung verfügt, aber leistungsstärker und komfortabler ist. Will ich verstehen, wie ein Auto funktioniert, muss ich die Motorhaube öffnen und hineinschauen. Mit dem Gehirn verhält es sich vermutlich genauso: Wenn ich weiß, wie es funktioniert, kann ich meine Schlüsse daraus ziehen.

Im Auto Gehirn gibt es vier Räder, die vier verschiedenen Bereiche des Stammhirns, das Stoffwechsel und Kreislauf, Wach- und Schlafrhythmus und Nahrungsaufnahme regelt. Wie das Auto ohne Räder nicht fahrtüchtig ist, kann ich ohne Stammhirn nicht überleben. Es ist die Basis meiner Existenz.

Auf dem Stammhirn sitzt das Zwischenhirn, der Motor. Hier laufen die Informationen aus den Sinnesorganen ein und werden an andere Gehirngebiete weitergeleitet. Das Zwischenhirn ist verantwortlich für Aufmerksamkeit, Motivation und damit auch für meine Lernfähigkeit. Es reguliert die Ausschüttung von Hormonen, die mein körperliches und emotionales Erleben steuern: Stress und Furcht, Sexualität und Freude. Über dem Zwischenhirn liegt das Großhirn, die Lenkung. Dort sitzt die Denkfähigkeit. Manche Gebiete des Zwischenhirns, Großhirns und teilweise auch des Stammhirns fassen die Gehirnforscher unter dem Namen *limbisches System* zusammen. Es umgibt das Stammhirn wie einen Saum (lat. *Limbus*: Rand, Saum). Ursprünglich war das limbische System für den Geruchssinn zuständig, wie beim Krokodil heute noch. Seine Hauptaufgabe bestand darin, Geruchsreize auszuwerten und die passende Reaktion von Paarung oder Flucht anzukurbeln. Aus dieser Geruchszentrale entwickelte sich im Laufe der Evolution zum Säugetier die Schaltstelle der Emotionen. Sie sind mein Motor und hauptverantwortlich dafür, mit wie viel PS ich laufe, wie viel ich leisten kann.

So wie es beim Auto ein Getriebe gibt, existiert auch im Gehirn ein Verbindungsstück, das die Räder mit dem Motor und der Lenkung in Einklang bringt: Der sogenannte Mandelkern (griech. *Amygdala*: Mandel) im limbischen System. Er ist mit meinem Gedächtnis verbunden und wägt die Folgen meiner Verhaltensweisen und Erfahrungen ab. Er vergleicht eintreffende Sinneseindrücke mit vorgegebenen Bewertungen und Erlerntem und ist damit mitverantwortlich für die Entstehung von Freude, Furcht, Glück, Verachtung, Ekel, Neugierde, Hoffnung und Enttäuschung. Der Mandelkern operiert sowohl auf der Ebene des Stammhirns als auch auf der von Zwischenhirn und Großhirn. Er verbindet die Lebenspole der Urzelle bekömmlich – nicht bekömmlich (Stammhirn) mit den Emotionspolen lustvoll – schmerzvoll (Zwischenhirn) und den Denkpolen gut – schlecht (Großhirn). Mit dem Mandelkern als Getriebe kann ich von einem niedrigen Gang

in einen höheren schalten und so eine beeindruckende Leistungsma-
schine in Fahrt bringen.

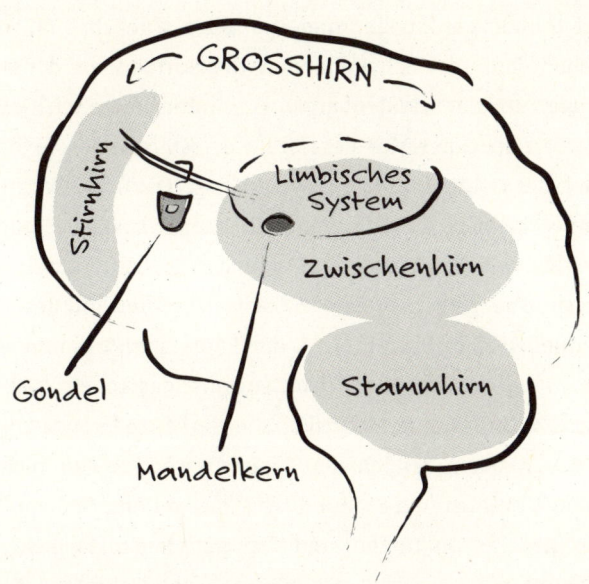

Meine Zeichnung zur Übersicht des Gehirns als Querschnitt

Mein Gehirn überträgt Informationen mit Hilfe von elektrischen
Signalen in 100 Metern pro Sekunde. Es besteht aus bis zu 1.000 Milliarden Nervenzellen, von denen jede einzelne mit rund 1.000 anderen vernetzt ist. Für nur eine komplexe Denktätigkeit sind mehrere
Millionen dieser Nervenzellen im Einsatz. Das Nervenmaterial des
Gehirns ist so umfangreich, dass es eigentlich gar nicht in einen Kopf
passen dürfte. Der Platz reicht nur deswegen aus, weil das Gehirn
mehrschichtig gefaltet ist. Würde ich die vielen Furchen mit einem
Nudelholz plätten, könnte ich damit den Boden eines Wohnzimmers
von 22 Quadratmetern auslegen.

Mehr als drei Viertel des gesamten Nervenmaterials gehören
zum denkenden Großhirn und verbrauchen die meiste Energie. Das

Großhirn wird in verschiedene Gebiete eingeteilt, die jeweils nach ihrer Lage im Kopf oder ihrer Funktion benannt sind. Die Einteilung beginnt bei großflächigen Gebieten mit grob umrissener Funktion und wird immer punktueller und spezieller. Zunächst fallen vier große Gebiete auf: der Scheitellappen, der Stirnlappen, der Hinterhauptslappen und der Schläfenlappen. Die außen an der Schädeldecke liegende Oberfläche dieser Gebiete ist die Großhirnrinde, die für viele Funktionen des Gehirns besonders wichtig ist. Die Großhirnrinde ist wiederum in kleinere Gebiete eingeteilt, denen spezielle Aufgaben zugeschrieben werden. Würde ein Fachmann ein Auto auseinanderschrauben und die einzelnen Teile vor sich ausbreiten, könnte er trotzdem erkennen, welche Einzelteile zu den Rädern gehören und welche zum Motor oder zur Lenkung. Beim Gehirn ist das anders. Selbst ein Spezialist kann unter dem Mikroskop die Nervenzellen des Stirnlappens nicht von denen des Schläfenlappens unterscheiden, nicht einmal die von Großhirn und Stammhirn. Die einzelnen Gebiete haben ganz verschiedene Funktionen, sind aber trotzdem alle gleich.

Die Evolution hat sich mit dem menschlichen Gehirn mächtig ins Zeug gelegt, wie mir scheint. Ich erkenne das Urprinzip komplexeren Lebens im Gehirn wieder und sehe es beeindruckend umgesetzt: die Kooperation gleicher Einzelteile. Im Gehirn entsteht nichts nur in einem Gebiet, viele verschiedene, miteinander verbundene Gehirnstrukturen müssen kooperieren. Nicht einmal eine einfache motorische Aktion, wie das Heben des kleinen Fingers, wird an einem bestimmten Ort geregelt. Ähnlich wie beim Auto können alle Teile des Gehirns nur dann bestmöglich funktionieren und ihren Zweck erfüllen, wenn sie zusammenarbeiten. Ich glaube, Carl Benz und Gottlieb Daimler hätten auf die Frage, was ein Auto eigentlich ist, nicht geantwortet: die Lenkung, der Motor oder die Räder. Alles gehört eben zusammen und muss auch noch fahren.

Wie ich mit einer Weltkarte
mein Großhirn erkunde

Ließe sich mein Gehirn in Form eines Modells in die Hand nehmen, könnte ich mir die verschiedenen Gebiete anschauen wie auch ihre Lage und Verbindung zu anderen Gebieten besser nachvollziehen. Ähnlich einem Globus, den ich drehen kann, um die Erde zu überblicken. Um mir mein Gehirn richtig vorstellen zu können, will ich es einmal als eine Art Weltkarte betrachten.

Zunächst erkenne ich auf der Karte des Gehirns nur eine grobe Einteilung in Kontinente und Ozeane. Die Ozeane sind am wenigsten erforscht. Man hat momentan weder das Wissen noch die Technik, diese unbekannte Unterwasserwelt vollständig zu erkunden. Genauso bleiben mir die urigen Tiefen des Stamm- und Zwischenhirns im Dunkeln verborgen. Ich habe kaum eine Vorstellung geschweige denn ein Bewusstsein davon, was dort geschieht. Die Kontinente dagegen entsprechen dem alltäglichen Lebensraum des Menschen. Sie stehen für das Großhirn und sind erkundet und vermessen. Was dort geschieht,

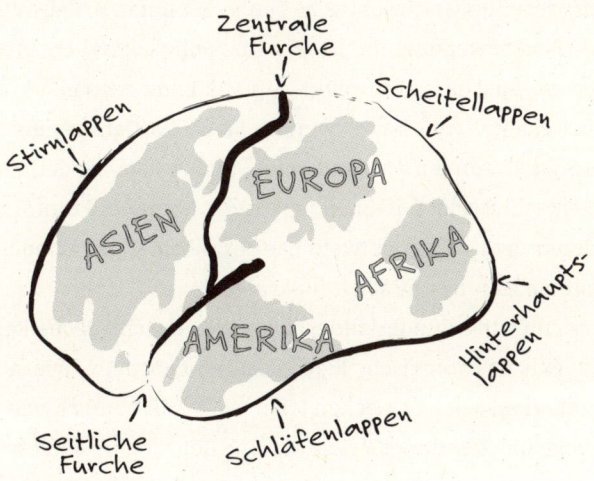

Meine Zeichnung zu den Gehirnlappen aus der Perspektive von oben seitlich

ist mir bewusst oder könnte es werden. Den Stirnlappen des Großhirns taufe ich Asien, den Scheitellappen Europa, den Schläfenlappen Nordamerika und schließlich den Hinterhauptslappen Afrika. Die anderen Kontinente – Antarktis, Südamerika und Australien – brauche ich für meine Weltkarte des Gehirns nicht.

Die Oberfläche eines Kontinents ist das sichtbare Festland. Es entspricht dem außen an der Schädeldecke liegenden Rand des Großhirns, der Großhirnrinde. Auf dem Festland gibt es viele verschiedene Länder, deren Einwohner sich in ihren Sitten und Gebräuchen voneinander unterscheiden. Im Gehirn entsprechen die Länder verschiedenen Gebieten, die unterschiedliche Aufgaben erfüllen und sich beispielsweise um Sehvermögen, Sprachvermögen oder Motorik kümmern. Manche Länder unterhalten ein Raumfahrtsprogramm und schicken Raumsonden zu Erkundungszwecken ins Weltall. Im Gehirn hat das Land, das sich um das Sehvermögen kümmert, eine ständige Verbindung zur Raumsonde „Auge", um darüber informiert zu sein, was draußen passiert. Ein Land besteht jedoch aus mehreren Bundesländern, die unterschiedliche Interessen haben. Im Gehirn ist beispielsweise Hessen für optische Dingerkennung, Baden-Württemberg für Blickbewegung und Bayern für Helligkeitssehen zuständig. Nicht jedes Signal der Raumsonde „Auge" kommt dort an, wo es auch entschlüsselt und verarbeitet werden kann. Im Gehirn gibt es Länder, die Signale von außen empfangen, und andere Länder, die diese Signale entschlüsseln. Die einen liefern das Rohprodukt Information, die anderen verarbeiten es weiter und treiben sogar Handel damit bei den Nachbarn.

Innerhalb eines Bundeslandes können unterschiedliche Regionen unterschiedliche ökologische Eigenschaften haben. In Bayern gibt es die Alpenregion, den Bayerischen Wald, die Fränkische Schweiz. Wenn ein Geologe in jeder dieser Regionen eine Bohrung machte, würde er zwar immer Erde entdecken, sie wäre aber in jeder Region unterschiedlich beschaffen und hätte sich in unterschiedlichen Schichten abgesetzt. Bohrt sich ein Gehirnforscher mit Hilfe moderner Diagnosetechniken in das Gehirn, entdeckt er in der Großhirnrinde überall die „Erde" des Gehirns: vertikale Säulen aus winzigen Nervenzellen. Jede Säule hat einen Durchmesser von weniger als einem Millimeter. Eine Säule besteht aus verschiedenen Schichten, die wiederum aus Zellen einer bestimmten Form zusammengesetzt sind. Auch wenn die gleichen Säulen immer die gleichen Schichten enthalten, können sie trotzdem in verschiedenen Gehirnregionen unterschiedlich spezialisiert sein.

Die vielen verschiedenen Länder auf der Weltkarte des Gehirns tauschen sich miteinander aus. Das Rohprodukt Information wird weitergereicht. Wer über die passenden Kontakte verfügt, um mit dem Rohprodukt zu handeln, trommelt seine Geschäftspartner auf einer Art Gipfeltreffen zusammen, um seine Interessen mit ihnen zu koordinieren und das bestmögliche Ergebnis zu erzielen. Ohne ein solches Gipfeltreffen wären Gefühle und Gedächtnis, Denken und Sprache nicht möglich. Diese hohe Funktionsebene des Gehirns, genannt Assoziationskortex (lat. *associare*: verbinden), gibt den Wissenschaftlern noch einige Rätsel auf. Sie integriert und verknüpft jedenfalls Informationen, wäre aber ohne die Lieferung des Rohprodukts Information durch andere arbeitslos. Das Gehirn basiert also auf Vernetzung. Die vielen Länder und ihre Regionen ebenso wie die großen Kontinente des Gehirns treten ungeachtet vermeintlicher Hierarchie miteinander in Verbindung und koordinieren sich. Jede Region trägt entsprechend ihren Fähigkeiten einen einzigartigen Part zum Ganzen bei. Das Gehirn arbeitet dabei so erfolgreich und effizient, weil die einzelnen Teilbereiche trotz ihrer Verschiedenheit gleich gestellt bleiben. Sie können nicht ohneeinander funktionieren und müssen miteinander harmonieren. Für mich bedeutet das: Das Gehirn ist ein globales System, das auf Harmonie basiert.

Was die Sprache meines Gehirns mir sagt

Eines verstehe ich nicht: Woran erkennen die verschiedenen, teilweise weit verstreuten Länder und Regionen der Welt des Gehirns überhaupt, dass sie zusammenarbeiten? Schließlich müssen Entfernungen überbrückt und Verbindungen hergestellt werden. Es muss so eine Art Kommunikationssystem geben. Die Nervenzellen des Gehirns sprechen miteinander. Ihr Alphabet ist die Variation eines elektrischen Signals: Pieps. Die beiden Wissenschaftsjournalisten Werner Siefer und Christian Weber beschreiben die Sprache des Gehirns in ihrem Buch „Ich. Wie wir uns selbst erfinden" so: „Wenige Piepser, viele Piepser, Pieps-Gewitter, Pieps-Gesänge, Pieps-Tröpfeln, Stille, Pieps-Trällern, Stille, Pieps-Flüstern, Pieps-Jaulen, Pieps-Flöten... Stille."

Die Nervenzellen weit entfernter Länder geben bei Zusammenarbeit an einem gemeinsamen Projekt alle ein Pieps-Trällern von sich. Dadurch vereinigen sie sich zu einer zeitlich begrenzten internationalen Allianz, ähnlich dem Nordatlantikrat der Nato. Kommt das nächste Projekt, gründet sich eine neue Allianz. Jetzt kommunizieren die dazugehörigen Länder mit einem Pieps-Jaulen. Eine einzelne Nervenzelle kann in einer Millisekunde ein Pieps-Trällern, in der nächsten Millisekunde ein Pieps-Jaulen und danach ein Pieps-Flüstern von sich geben. Nervenzellen sind nicht festgelegt auf ein einziges Projekt. Sie gehören zwar zu einer bestimmten Region, schließen sich aber mal dieser und mal jener Allianz mit ihrer eigenen Sprache an. Im Gehirn bilden sich ununterbrochen wechselnde Bündnisse. So lassen sich mehr Projekte in kürzerer Zeit auf kleinerem Raum und mit weniger Aufwand abwickeln.

Das Gehirn scheint mit ganz einfachen Mitteln etwas enorm Komplexes zu entwickeln, das eigentlich Chaos verursachen müsste und trotzdem harmonisch bleibt. Ich kann mir dieses unaufhörliche, variantenreiche, vielschichtige und komplizierte Pieps-Konzert in meinem Kopf kaum vorstellen. Am meisten beeindruckt mich dabei, dass hinter all der Raffinesse ein simpler Pieps steckt.

Die Sprache des Gehirns ist gewöhnungsbedürftig. Aneinandergereihte Signale ergeben keinen Sinn. Das Piepsen der Nervenzellen hat keine Bedeutung. Es ist neutral. Es zählt nur, wo das Piepsen ankommt. Erst der Ort, an dem ein Piepssignal eingeht, weist ihm eine Bedeutung zu. Das Gehirn spricht nicht französisch, englisch oder deutsch oder alles durcheinander, sondern eine Art Zaubersprache, die sich an jedes Land anpasst. In Frankreich kommt die Botschaft auf Französisch an, in Deutschland auf Deutsch. Das Gehirn sieht etwas, wenn ein Piepsen im visuellen Verarbeitungsgebiet landet. Das Gehirn hört etwas, wenn ein Piepsen das auditorische Verarbeitungsgebiet erreicht. Dabei spielt es keine Rolle, ob das Piepssignal tatsächlich vom Auge oder vom Ohr kommt. Das hört sich willkürlich an. So, als ob dem Gehirn egal wäre, wo welches Signal landet und welche Bedeutung ihm zugewiesen wird. Oder ist das Gehirn einfach sehr raffiniert?

Wenn ich krank bin, rufe ich den Arzt. Wenn es brennt, kann mir der Arzt nicht helfen. Ich rufe bei demjenigen an, der sich mit dem aktuellen Thema am besten auskennt und über die nötigen Hilfsmittel verfügt. Es ist also wichtig, wo mein Anruf ankommt. Nervenzellen besitzen offenbar ein gutes Telefonbuch. Sie wissen, wen sie wo erreichen können, wo der Arzt wohnt und wo der Feuerwehrmann. Dann wird der Notruf weitergereicht und weiter verrechnet. Er gelangt von den niederen zu den höheren Schaltstellen, von einem Land zum anderen und macht sich schließlich zurück auf die Reise in sein Ursprungsland. Diese Rückkopplungsschleifen und weiteren Querverbindungen sorgen dafür, dass jeder Beteiligte weiß, was der andere tut, wo es gebrannt hat und ob die Feuerwehr unterwegs ist. Das globale System Gehirn ist wahrhaftig und transparent. Es kann gar nicht anders, da alle Einzelteile trotz Verschiedenheit auch gleich sind.

Das Gehirn führt mir eine höchst effiziente Gemeinschaft verschiedener Länder und wechselnder Bündnisse vor, die alle gleich wertvoll sind, sich gleich gut miteinander verständigen können, ihre Aktionen transparent machen und sich gegenseitig (be)achten. Keine Nervenzelle grenzt eine andere aus, kritisiert, übervorteilt oder lügt sie an. Ich staune über eine derartig konsequente Ethik und eine Harmonie, die völlig unbemerkt in meinem Kopf existiert und Brücken baut. Einfach so, ohne mein bewusstes Zutun.

Wie mich ein Ich-Gespenst an der Nase herumführt

Diese selbstverständliche Harmonie in meinem Kopf ist fast schon zu schön, um wahr zu sein. Während ich skeptisch darüber nachdenke, fällt mir auf, dass ich etwas nicht verstehe. Die Pieps-Signale werden in der Verarbeitungshierarchie immer weitergereicht. Die Kriterien *nieder* und *hoch*, *Rohprodukt* und *Gipfeltreffen* stellen aus Sicht des Gehirns keine Wertung dar, sondern nur ein Organisationsprinzip. Keine Nervenzelle zählt mehr als eine andere. Kein Gehirnareal und kein Pieps sind mehr wert als andere. Es existiert im Gehirn keine Zentrale, die alles überblickt und steuert. In der Welt des Gehirns gibt es keinen Anführer.

Wie kann das sein? Ich mache jeden Tag eine ganz andere Erfahrung. Der Anführer ist derjenige, der das Leben in sich fühlt, es durchdenkt und führt – also Ich, mein Ego, meine Persönlichkeit als Ganzes, oder wie man es auch immer nennen mag. Das ist ein Mosaik aus vielen Komponenten: Aussehen und Gefühle, Erfahrung und Erinnerung, Vorlieben und Sehnsüchte, Wünsche und Wille, Gedanken und Meinungen, Entscheidungen und Handlungen. Mein Ich ist alles, was mich auszeichnet: die verschiedenen Charakteristika meines Körpers, meiner Gefühle und Gedanken. Bisher stellte ich mir das als eine Kommandozentrale im Gehirn vor, die sämtliche Informationen der Sinnesorgane verarbeitet, bewertet und in einen persönlichen Lebenskontext stellt. So eine Art Geschäftsführer, der über alle Informationen verfügt und die Geschicke des Unternehmens Ich lenkt.

Und nun blättere ich in den Büchern über Gehirnforschung und lese dort etwas völlig anderes. Die Gehirnforschung erbrachte den Beweis, dass ein Ich-Zentrum im Gehirn gar nicht existiert. Weit und breit keine Spur einer Kommandozentrale. Die Gehirnforscher sagen damit nicht, dass es keinen Geschäftsführer gibt. Sie fragen sich aber: Wo ist der Chef, wenn er kein Büro hat? Und ich frage mich natürlich, was das jetzt für mich bedeutet: Ist das Ich, das ich für mich selbst halte, nur eine Erscheinung, die ich mir einbilde – ein Gespenst, das in meinem Gehirn herumspukt?

Auf der Suche nach einer möglichen Erklärung, wo mein Ich im Gehirn abgeblieben sein könnte, stoße ich in dem Buch „Ich. Wie wir uns selbst erfinden" auf die Theorie des Philosophen Thomas Metzinger: Als Individuum unterscheide ich zwischen innen und außen. Dazu brauche ich nicht nur die Haut als physische Grenzlinie, sondern auch interne Organisationsprinzipien, die eine solche Differenzierung ermöglichen. Auf der rein existenziellen Ebene ist innen all das, was mein Körper auch innen wahrnimmt. An vorderster Front stehen also Hunger, Durst und der Zustand des Wachseins. Das ist das Einmaleins meines Überlebens, geregelt vom Stammhirn (Räder). Damit mein Körper ein Innen definieren kann, braucht er zuallererst das Stammhirn. Er benötigt aber genauso die Sinne der innen liegenden Eingeweide und Blutgefäße. Hinzu kommen die Sinne, die das eigene Körperbild erzeugen. Der Mensch muss sich selbst sehen und ertasten können. Daneben muss er Bewegungen ausführen und im äußeren Raum agieren können. Dafür ist das Gleichgewichtsorgan im Innenohr zuständig. Aus diesen Quellen speist sich ein interner Informationsfluss, der laut Metzinger die rein physische Definition von innen ist. Damit hat das Individuum ein Grundmodell der Existenz entwickelt: Alles, was nicht zum Informationsfluss gehört, befindet sich außen.

Was aber passierte mit dem internen Informationsfluss, als die fortlaufende Evolution etwas Neues ins Spiel brachte? Das Zwischenhirn entwickelte sich schrittweise weiter, von der Geruchszentrale zum Zentrum der Emotionen. Der Körper begann, im Inneren Neues zu erleben. Die internen Organisationsprinzipien mussten sich dieser neuen Situation anpassen. Der Informationsfluss wurde deshalb kurzerhand ausgebaut, so dass auch die Emotionen als erweiterte Form der inneren Wahrnehmung in ihm Platz erhalten. Das Innere unterscheidet sich ab diesem Moment nicht mehr nur vom Äußeren, das gesamte Individuum ist komplexer geworden und sein Inneres fühlt sich auf einmal nach etwas an. Ein emotional angereichertes Ich-Modell ist entstanden: Was Innen ist, fühlt sich an wie Ich.

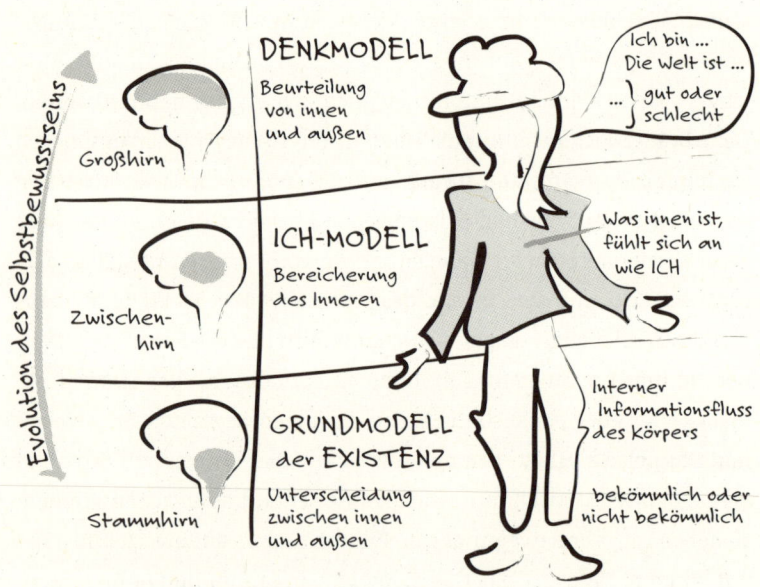

Meine Zeichnung zur Entwicklung des Ich-Modells

Dieses Ich-Modell wird dem Grundmodell der Existenz aufgesetzt wie eine Kontaktlinse, ohne die man alles verschwommen sieht.

Das Individuum lebt zwar, nimmt das aber nur unscharf wahr. Mit Kontaktlinse sieht es schärfer. Das Leben geht das Individuum auf einmal etwas an, es bekommt eine innere Bedeutung. Ein raffinierter Schachzug der Evolution, denn das motiviert mich zu überleben.

Als fortgeschrittenes Individuum Mensch denke ich darüber nach, auch ohne Zugang zu den einzelnen Stationen meiner Evolutionsgeschichte zu haben: Ich sehe durch die Kontaktlinse hindurch, ohne sie zu bemerken. Die Werkzeuge, mit deren Hilfe das Gehirn unser Überleben meistert, waren mit Stammhirn und weiterentwickeltem Zwischenhirn bereits erfunden, bevor sich das Großhirn zu einem menschlichen Großhirn mauserte. Die Werkzeuge brauchen kein denkendes Bewusstsein, um zu funktionieren. Das Gehirn regelt auch die Verdauung von alleine, ohne dass dieser Vorgang bewusst abläuft. Genauso bildet es automatisch ein Ich, das man einfach hat, ohne zu wissen, wie man dazu kommt. Der vermeintliche Chef ist nur das Endprodukt eines unbewussten, automatischen Prozesses – wie die Verdauung.

Ich habe ein Ich, um zu überleben. Darum geht es dem Gehirn, das muss funktionieren. Für wen ich mich währenddessen halte, ist – für das Gehirn – kaum von Bedeutung. Für mich hingegen umso mehr. Mein Gehirn und ich, wir sind uns in diesem Punkt nicht einig. Vielleicht ist genau diese Diskrepanz richtungsweisend für meine Recherche. Wer ich wirklich bin, kann mein Ich alleine nicht erklären. Das Gehirn hat noch ein Geheimnis, das ich entschlüsseln muss, um mich selbst besser verstehen zu können.

Wie ein Carepaket mir Selbsterkenntnis schenkt

Ich muss gestehen, dass ich ein paar Tage nicht in meine Bücher geschaut habe, sondern zwischen Kühlschrank, Supermarkt und Fernseher pendelte. In meinem Hinterkopf schwirrte dabei immer eine Frage herum: Wie kann es sein, dass jeder Mensch das gleiche

Ich-Modell als Kontaktlinse trägt, damit aber jeweils etwas anderes sieht? Für das Gefühl, ein Ich zu sein, brauche ich ein Gegenüber, mit dem ich in Verbindung treten oder von dem ich mich abgrenzen kann. Achtung, Urzelle! Ohne das Außen, das Du, gibt es auch kein Innen, kein Ich. Wie man sein Ich-Gefühl anreichert, erlebt und definiert, hängt davon ab, unter welchen äußeren Umständen man sich entwickelt hat. Die Kontaktlinse wird durch Erfahrungen mit anderen unterschiedlich eingefärbt. Erst dieser Prozess macht aus einem neutralen Werkzeug eine einzigartige Persönlichkeit.

Ich stelle mir das so vor: Das Ich-Modell ist sozusagen Teil eines Carepakets der Evolution, das alles enthält, was ich zum Überleben gut gebrauchen könnte, und in ferner Urzeit abgeschickt wurde. Wenn das Paket mit meiner Geburt in der Gegenwart ankommt, entfaltet es sich von selbst, aber nicht beliebig. Es passt sich den aktuellen Überlebensbedingungen an. Ein Carepaket muss flexibel einsetzbar sein. Es musste im alten Ägypten von Pharaonen und Pyramidenarbeitern genauso ausgepackt werden können wie von Königen und Bauern im Mittelalter oder Managern und Angestellten im 21. Jahrhundert. Das Carepaket enthält keine vorgegebenen Inhalte, dafür aber Fähigkeiten und Werkzeuge, die in jeder Zeit und unter allen Umständen das Überleben sichern. Eines dieser Werkzeuge ist das Ich.

Wenn das Kleinkind das Carepaket auspackt, geschieht das unbewusst – noch bevor sich das Denkvermögen entwickelt. Insbesondere bevor es die Fähigkeit zur Erinnerung erlangt. In den ersten zwei bis drei Lebensjahren verfügt ein Mensch noch nicht über die Hirnstrukturen, die ein ausgereiftes Gedächtnis ermöglichen. Er entwickelt ein *Ich*, ohne diesen Vorgang zu bemerken, ohne einen Einfluss darauf zu haben und ohne sich jemals daran erinnern zu können. Da frage ich mich doch, was in dieser entscheidenden Phase mit mir geschehen ist?

Der Kontakt mit den Bezugspersonen, der Austausch mit dem Du ist nicht fair. Mein Kind-Ich ist vom Eltern-Du abhängig, um zu überleben. Das Du verfügt über bestimmte Eigenschaften, die das Ich miterlebt, während es sich entwickelt, und die es entsprechend tiefgehend prägen, ohne dass der Mensch sich später daran erinnern kann. Die Bezugspersonen haben ein persönliches Weltbild, das in eine bestimmte Kultur eingebettet ist und sich aus den Erfahrungen zusammensetzt, die sie während ihres Lebens innerhalb ihrer Kultur gemacht haben. Teil dieses Weltbilds ist ein Wertesystem, das festlegt, was gut (bekömmlich) und schlecht (nicht bekömmlich) ist. Dieses Regelwerk hilft uns, in einem spezifischen Umfeld bestmöglich zu überleben. Es gibt vor, wie das Innere im chaotischen Außen bestehen kann. Dieses Wertesystem ist eine individuelle Überlebensstrategie, die sich mehr oder minder bewährt hat. Mein kindliches Ich entwickelt sich innerhalb dieses Du-Kontextes, saugt ihn auf und hält ihn für die Wahrheit des Lebens.

Dass diese Wahrheit ihre Tücken haben kann, merkt man erst später. Für den Teenager vergrößert sich das soziale Umfeld. Neue Impulse von außen lassen das Wertesystem der Eltern in einem neuen Licht erscheinen. Man beginnt zu experimentieren, was für einen selbst gut (bekömmlich) und schlecht (nicht bekömmlich) ist. Vielleicht mache ich andere Erfahrungen als meine Eltern und definiere Gut und Schlecht für mich neu. Als Individuum entwickle ich mich damit zu einer Persönlichkeit mit eigenem Wertesystem. Ich erobere mir meinen Platz in der Welt. Meine individuelle Überlebensstrategie brauche ich, um mein Leben selbständig meistern zu können. Die Ausbildung meiner Persönlichkeit ist ein Kampf um die nackte Existenz als Individuum im Wechselspiel zwischen innen und außen.

Andererseits löst die aufkeimende Selbständigkeit des Kindes in den Eltern unbewusste Ur-Ängste aus. Eine Neudefinition von Gut und Schlecht bedroht deren altbewährtes Wertesystem. Damit geht es tief im Verborgenen auch auf Seiten der Eltern um deren Existenz. Die Pubertätskonflikte zwischen Kindern und Eltern sind dann wahrscheinlich so etwas wie Überlebenskämpfe auf erhöhtem Niveau.

Irgendwann geht das Kind schließlich seinen eigenen Weg, nur um viel später festzustellen, dass es wie seine Eltern geworden ist. Vielleicht nicht in allen Details von deren Wertesystem, aber in dem Grundsatz, auf dem es aufbaut: Ich halte an dem fest, was ich einmal als gut (bekömmlich) und schlecht (nicht bekömmlich) definiert oder vorgelebt bekommen habe, damit es mir nicht immer wieder an die Existenz geht. Die Evolution ist konservativ. Sie baut auf Sicherheit.

Aber die Evolution gäbe es nicht seit Jahrmillionen, wäre sie nicht auch flexibel. Die Persönlichkeit machte im chaotischen Ur-Ozean des sozialen und kulturellen Überlebens für das Gehirn einmal Sinn. Ich hatte keine andere Wahl, als ein Gespenst zu werden. Auf der anderen Seite der Welt lebt vielleicht jemand, der ganz anders als ich, aber ebenfalls ein Gespenst ist, das keine andere Wahl hatte. Wir leben beide. Es funktioniert für beide. Einen Vergleich anzustellen und andere aus meiner Perspektive zu betrachten, mich selbst als höher oder niederer, besser oder schlechter zu beurteilen, ist ein Gedankenspiel, das mit der Realität des Gehirns nichts zu tun hat. Im Gehirn sind alle Nervenzellen gleich und können doch Unterschiedliches. Im Gehirn wirkt durch Wahrhaftigkeit und Transparenz der Einzelteile eine harmonische Kooperation. Das ist die Wahrheit des Gehirns.

Aber wozu habe ich dann überhaupt eine Persönlichkeit? Der Begriff Persönlichkeit weist auf etwas Interessantes hin, wie ich in Heinrich Zimmers Werk „Philosophie und Religion Indiens" entdecke. Er leitet sich vom lateinischen persona ab und bedeutet wörtlich Gesichtsmaske. Die Maske trug der griechische oder römische Schauspieler, um dadurch (per) seine Rolle zum Tönen (sonare) zu bringen. Sie trägt die charakteristischen Züge einer Rolle, während der Schauspieler selbst dahinter anonym bleibt. Er spielt nur. Tatsächlich ist er in das Bühnengeschehen innerlich nicht involviert. Meine Persönlichkeit ist demnach eine Rolle, die ich in der Komödie oder Tragödie des Lebens spiele, aber dahinter steckt noch etwas oder jemand anderes.

Heinrich Zimmer vergleicht die westliche mit der indischen Kultur: In meiner abendländischen Kultur *ist* der Mensch, was er an Gefühlen, Gedanken und Wünschen besitzt. Der Besitz wird als innerste Essenz verstanden. Es gibt kein Geheimnis dahinter. Maske und Darsteller sind sozusagen miteinander verschmolzen. Nach indischer Auffassung hingegen besitzt der Mensch zwar bestimmte Eigenschaften und Fähigkeiten, aber er *ist* das nicht wirklich. Die Maske der Persönlichkeit, des Ich, entspricht nicht seinem tatsächlichen Wesen, der eigentliche Darsteller ist dahinter verborgen. Hinter dem Ich liegt also ein Geheimnis.

Ich überprüfe, wie das Ich in Indien definiert wird. Die verschiedenen Yoga-Traditionen ordnen der Persönlichkeit diverse Aspekte zu. Dazu gehören: *Chit* (Sanskrit: Bewusstsein), *Manas* (Sanskrit: Gemüt; Sprachwurzel *man* – denken; vgl. engl.: mind), *Buddhi* (Sanskrit: Erkenntnisvermögen, Unterscheidungskraft) und *Ahankar* (Sanskrit: Ego, Identitätsbewusstsein). Allerdings interpretieren die einzelnen Traditionen die Begriffe unterschiedlich, und auch die deutschen Übersetzungen treffen nicht immer ins Schwarze. Ich halte mich daher an die Ausführungen von Kirpal Singh, einem Mystiker des *Surat Shabd Yoga* aus der Tradition der Sikh-Religion. Für ihn ist *Chit* die persönliche Geschichte und *Manas* die Denkfähigkeit, *Buddhi* die Entscheidungskraft, die für Meinungen und Überzeugungen wie auch für all die geistigen Fähigkeiten steht, bis hin zum großen Reservoir des Unbewussten. *Ahankar* ist die sich selbst behauptende Kraft, die Anerkennung sucht, Wünsche hat und sich als Subjekt mit den Geschehnissen im Leben verknüpft. Die indischen Traditionen definieren das Ich also nicht wesentlich anders als ich mit meinem westlichen kulturellen Hintergrund. Aber sie verstehen etwas anderes darunter.

Ich glaube, mein Gehirn tendiert eher zur indischen Sichtweise. Was ich bisher herausgefunden habe, verdeutlicht mir, dass ich ein Ich habe, wie auch Beine und Hände, weil ich ihre jeweiligen Fähigkeiten zum Überleben in dieser Welt brauche. Aber ich bin mehr als Beine und Hände, mehr als mein eigenes Ich. Das Gehirn räumt meinem Ich keinen Platz ein, es teilt ihm keine besondere Bedeutung zu. Ich habe aus meinem Ich mehr gemacht, als es ist. Ein simples Missverständnis, für dessen Aufklärung mein Gehirn sorgt, indem es mir die Möglichkeit gibt, darüber nachzudenken, wer ich bin.

Während ich weiter recherchiere, drängt sich mir der Verdacht auf, dass genau dieses Nachdenken das Anliegen und Programm meines Gehirns ist. Ich bin nämlich über ein interessantes Phänomen gestolpert: In jeder Sekunde nimmt das Auge die unglaubliche Menge von 200 Millionen Informationshäppchen auf. Die Nachrichten werden komprimiert und über den Sehnerv ins Zwischenhirn geleitet. Nur gibt es viel zu wenige Leitungen für die große Datenmenge. In jeder Sekunde kommt nur ein Prozent der ursprünglich vom Auge gesammelten Information im Gehirn an. Die Detailfülle wird in der Netzhaut selbst und zusätzlich während der Weiterleitung ins Zwischenhirn reduziert. Im Zwischenhirn sind die Informationen auf einen Raum von ein paar Quadratmillimetern zusammengedrängt. Werden sie ans Großhirn weitergeleitet, kommen sie in einem Gebiet an, das eine Fläche von nahezu einem viertel Quadratmeter einnimmt und daher nur stark gefaltet in den Kopf passt.

Das bedeutet: Bis zum Zwischenhirn werden eintreffende Informationen gebündelt. Im Großhirn werden diese Informationen wieder ausgebreitet und vergrößert. Aus jeder einzelnen Detailinformation werden so viele Einzelheiten wie möglich herausgeholt. Das Großhirn, das 80 Prozent des Gesamtgehirnvolumens ausmacht, ist eine gewaltige Lupe. Teil dieses Lupen-Prozesses ist, dass die Informationen von einem Land zum anderen weitergereicht werden und von dort zum Gipfeltreffen gelangen. Auf dieser Ebene kommt nichts Neues von außen hinzu. Der gleiche Prozess wird hirnintern wiederholt. Das Gehirn beschäftigt sich hauptsächlich – zu 80 bis 90 Prozent – mit sich selbst.

Das Großhirn beobachtet sich also selbst. Das ist seine Architektur. Es ist so gebaut, dass es nicht anders kann, als sich selbst unter der Lupe zu betrachten. Das Großhirn ist ein Organ der Selbsterkenntnis. Darunter verstehe ich nach meiner bisherigen Recherche auch einen Prozess der Bewusstwerdung, dass ich mehr als mein Ich bin und dass es ein Geheimnis hinter meiner Persönlichkeit gibt. Um ihm auf die Schliche zu kommen, mache ich, was mein Großhirn mir nahelegt, ich beobachte mich und denke nach: Wie bin ich eigentlich geworden, für wen ich mich halte?

1 / 7 Jahre / Schleudertrauma

Ich will Indianer sein. Fasching ist toll. Mein Kostüm ist ein braunes Stoffkleid mit roten Fransen. Meine Perücke hat dicke schwarze Haare mit Zöpfen und ein rotes Stirnband. Heute gibt es eine Faschingsfeier in meinem Hort, wo ich immer nach der Schule hingehe. Schon letztes Jahr war ich Indianer. Cowboys finde ich blöd, Prinzessinnen und Clowns auch.

Mein Kostüm liegt in der untersten Schublade im Schrank. Das weiß ich noch und hole es schnell. So früh wache ich normalerweise nicht auf, aber heute bin ich aufgeregt, weil ich mich so freue. Ich setze die Perücke auf und drehe meine Finger durch die roten Fransen. Es fühlt sich toll an. Da kommt meine Mami ins Zimmer.

„Das Prinzessinnen-Kostüm ist doch viel schöner", sagt sie.

„Stimmt gar nicht", antworte ich.

„Aber das Indianerkostüm ist viel zu dünn. Das kannst du nicht anziehen. Es ist kalt und dann erkältest du dich."

„Ich will aber Indianer sein."

Ich habe eine Idee, renne zum Schrank und wühle die Schublade durch. Triumphierend halte ich eine rote Wollstrumpfhose hoch. Jetzt kann ich doch Indianer sein. Meine Mami schüttelt den Kopf. Ich heule. Sie geht zum Schrank und holt das Prinzessinnen-Kostüm raus. Das hat einen blöden, spitzen Hut, der mit einem zu engen Gummiband am Kinn festgemacht wird, und einen langen Rock, der kratzt.

„Nein!", schreie ich, stampfe mit den Füßen und heule weiter.

Meine Mami sagt: „Mach doch, was du willst."

Ich ziehe die rote Wollstrumpfhose an und bekomme noch ein paar Streifen ins Gesicht gemalt. Dann geht es endlich los. Im Hort renne ich gleich nach draußen auf die Wiese und spiele mit den Cowboys, die immer Krach mit ihren blöden Pistolen machen. Frau Schmidt kommt mit leckeren Mohrenköpfen. Das ist die Frau, die den Hort leitet. Sie sagt zu mir: „Was hast du heute für ein hässliches Kostüm an?"

Ich will keinen Mohrenkopf mehr, sondern aufs Klo. Auf dem Weg dorthin begegne ich Frau Büche, die Hausaufgaben mit uns macht. Sie schimpft mit mir: „Nuria, du siehst heute gar nicht hübsch aus. Das ist doch schon ganz alt, das Indianerkostüm."

Ich will doch nicht mehr aufs Klo, sondern gehe zum Hinterausgang. Weil ich traurig bin, setzte ich mich auf die Treppe. Drinnen machen die anderen ein Spiel, und Musik läuft. Mir wird kalt. Aber ich mag nicht mehr reingehen. Die Tür knallt mir fast in den Rücken, als der Sohn von Frau Büche nach draußen rennen will, auf der Flucht vor dem Clown und dem Piraten. „Bist du traurig?", fragt er. Ich mag ihn nicht, auch wenn er heute Indianer ist, weil er sich immer so aufspielt wegen seiner Mami.

„Nö", sage ich, „mein Kostüm ist blöd, sagt deine blöde Mami." „Meine Mama ist nicht blöd", antwortet er trotzig. „Das hat sie bloß gesagt, weil deine Mama angerufen hat. Das habe ich gehört. Du bist nämlich selber blöd, sagt deine Mama."

Er zielt mit seiner Steinschleuder auf mich, und die mit Spucke verklebte Papierkugel trifft mich am Stirnband. „Peng", ruft er und geht wieder rein.

Als Kind im Kopflabyrinth:
Vom Unbewussten zum Bewusstsein

Wie ein Betriebsklima in meinen Kopf kommt

Ich staune, was meine Recherche ergibt: Menschen haben zu 99,9 Prozent die gleiche DNS. Die einzigartige Persönlichkeit eines jeden Menschen hängt nur von 0,1 Prozent seiner Gene ab. Dieser erstaunlich niedrige Prozentsatz lässt doch irgendwie darauf schließen, dass die Natur nicht viel Wert auf die Persönlichkeit zu legen scheint.

Vergleicht man die Erbinformation des Menschen mit der des Schimpansen, sind sie zu fast 99 Prozent identisch. Die Verwandtschaft mit den Tieren wird mir noch mal deutlich. Auch, dass die enorme Entwicklung des Menschen in den letzten Jahrhunderten nichts mit den Genen zu tun hat. Seit mindestens dreißigtausend Jahren ist die genetische Ausstattung des Menschen gleich geblieben. Was die Wissenschaftler früher auf genetische Ursachen zurückführten, schreibt man heute eher der vorgeburtlichen Prägung im Mutterleib zu. In einer sensiblen Phase können äußere Reize derart einflussreich sein, dass sie unser Verhalten später so bestimmen, als wäre es angeboren. Die Gene veranlassen, dass sich mein Gehirn im Mutterleib entwickelt. Sie schnüren das Carepaket. Aber wie mein Gehirn im Detail funktioniert, hängt nicht davon ab, was meine Eltern mir vererbt haben. Das Gehirn ist viel komplexer.

Diese Komplexität entsteht aus einem ganz besonderen nachbarschaftlichen Verhältnis, das Nervenzellen miteinander eingehen. Sie stellen sich ihren Nachbarn nicht vor, indem sie sich fest die Hände schütteln, sondern reichen einander lediglich die Hände, ohne sich dabei zu berühren. Es bleibt eine winzige Lücke zwischen ihnen bestehen, die mit Hilfe von Botenstoffen überbrückt werden muss. Nervenzellen binden sich nicht fest aneinander, sondern pflegen indirekten Kontakt miteinander. Diese Kontaktstellen nennt man *Synapsen*, die Hände der benachbarten Nervenzellen, und die Lücke zwischen ihnen ist der *synaptische Spalt*. Eine Nervenzelle kann über 1.000, vielleicht sogar 10.000 solcher Kontaktstellen zu ihren Nachbarn haben. Das Gehirn besteht somit aus einem sehr feinmaschigen und verknäulten Nervennetz mit sehr, sehr vielen Lücken.

In der Nachbarschaft geschieht etwas Interessantes, wie beim Gehirnforscher John C. Eccles nachzulesen ist. Seine Untersuchungen von 1958 zeigen: Eine künstliche, elektrische Reizung einzelner Nervenzellen im Gehirn lässt neue Synapsen zwischen benachbarten Nervenzellen entstehen. Die Reizung führt zu einer Veränderung des Nervennetzes im Gehirn. Eccles machte daraufhin Experimente mit jungen Katzen. Er unterzog sie einer optischen Diät, so dass sie in einem Raum mit Streifenmuster an den Wänden lebten. Bei diesen Tieren blieb die Anzahl der Nervenverbindungen im Sehzentrum unwiderruflich und zeitlebens von der Norm abweichend gering. Die bloße Manipulation der Umwelt prägte das Nervennetz des Gehirns irreversibel.

Dieser Eingriff hatte außerdem Auswirkungen auf das Verhalten der Katzen. Ein Tier, das in einem quer gestreiften Raum aufgewachsen war, konnte später keine senkrechten Strukturen erkennen und auf keinen Baum klettern. Ein anderes, das in einem Raum mit senkrechten Streifen groß geworden war, konnte auf einen Baum klettern, aber keine Treppen steigen. Auch das, was man vielleicht die psychische Verfassung einer Katze nennen könnte, war zwangsläufig nicht normal. Die Katzen erkannten bestimmte Dinge nicht, waren in ihren Überlebensfähigkeiten eingeschränkt und erschraken häufiger.

Das menschliche Gehirn arbeitet nach demselben Prinzip. Die Nervenzellen werden ganz natürlich durch Erfahrung gereizt. Reichhaltige Erfahrungen regen Nervenzellen an, viele Synapsen zu bilden und sich mit vielen Nachbarn zu vernetzen. Fehlt die Erfahrung, entstehen weniger Synapsen, und die Vernetzung bleibt grobmaschiger. Der Gehirnforscher Wolf Singer erklärt mir in seinem Buch „Der Beobachter im Gehirn" die Folgen an einem Beispiel. Wenn während der ersten Lebensjahre die Augen wegen einer Hornhauttrübung nicht benutzt werden können, bildet das Gehirn die erforderlichen Verbindungen nicht aus. Eine nachträgliche Operation kann normale optische Bedingungen am Auge wieder herstellen, doch da die Verbindungen im Gehirn nicht entwickelt wurden, bleibt der Patient blind und kann die neuen Informationen, die vom Auge kommen, nicht verarbeiten. Für das Gehirn ist es maßgeblich, in welcher Umgebung und unter welchen Bedingungen man aufwächst.

Das geht bereits im Mutterleib los, wo mit zwei wichtigen und grundlegenden Erfahrungen die Basis für eine gute Entwicklung gelegt wird: der Verbindung mit jemand anderem, der Mutter – also mit dem Außen – und dem Wachstum an sich. Der Embryo erlebt, wie er immer größer wird und sich entwickelt – also eine Entfaltung des Inneren. Diese Grundprägungen sind fest im Nervennetz des Gehirns eingeflochten und zeigen sich zeitlebens als Bedürfnis, mit anderen in Kontakt zu sein und sich selbst zu entfalten.

Zum Zeitpunkt der Geburt sind die Nervenzellen im Wesentlichen alle angelegt. Es gibt bereits eine Basis-Vernetzung und -Prägung, allerdings nicht in allen Bereichen des Gehirns. Zu einer umfassenden Vernetzung der Nervenzellen kommt es jedoch erst durch die Erfahrungen, die man nach der Geburt als Kind und Jugendlicher macht. Die Reichhaltigkeit der Erfahrungen spiegelt sich in den fein oder grob geflochtenen Maschen des Nervennetzes. Und wie das Nervennetz geflochten ist, entscheidet wiederum darüber, wie die Psyche des Menschen später funktioniert, wie er sich fühlt und sich verhält.

Der Gehirnforscher Gerald Hüther führt mir vor Augen, wie wichtig die emotionale Sicherheit für eine reichhaltige Vernetzung im Gehirn von Kleinkindern im Vorschulalter ist. Sie steht auf drei Säulen: Kinder müssen darauf vertrauen, selbst etwas zu können. Sie müssen in der Not um Hilfe bitten dürfen. Und sie müssen wissen, dass alles wieder gut wird. Je nachdem, welche Erfahrungen ein Kleinkind macht, verknüpft sich das Nervennetz im Gehirn. Diese ersten Verschaltungen bilden das „Betriebsklima", wie Hüther es nennt, nach dem sich die weitergehende Entwicklung und Vernetzung des Gehirns richtet und nach dessen Regeln es später funktionieren wird. Ruhen die Erfahrungen des Kleinkindes auf emotionaler Sicherheit, können die im Mutterleib angelegten Grundbedürfnisse Kontakt und Selbstentfaltung ausgelebt werden. Der Mensch entwickelt später Zufriedenheit und Vertrauen in das Leben, eine positive Einstellung aus Wertschätzung und Dankbarkeit. Erlebt man als Kleinkind dagegen keine emotionale Sicherheit, entsteht ein Mangel. Die im Mutterleib angelegten Grundbedürfnisse können in der einen oder anderen Form nicht ausgelebt werden. Der Mensch hat später kaum Vertrauen ins Leben, ein psychisches Defizit entsteht. Ängste und Unsicherheiten übernehmen das Ruder und äußern sich beispielsweise als Gier, Habsucht, Geiz, Missgunst, Neid, Hass oder Eifersucht.

Ich recherchiere in der Pädagogik, dass es entsprechend den Wachstumsschüben eines Kindes bestimmte Entwicklungsfenster im Alter von einem, vier, sieben, neun und elf Jahren gibt, auch wenn die Angaben je nach Lehrmeinung variieren. Diese Entwicklungsfenster sind genetisch festgelegt und gehen Hand in Hand mit der Weiterentwicklung und Vernetzung verschiedenster Gehirngebiete. In jedem Alter existieren bestimmte Bedürfnisse, und das Gehirn ist am jeweiligen Punkt bereit, einen neuen Schritt zu tun. Verstreichen diese Möglichkeiten ungenutzt, hat das konkrete Folgen im Gehirn.

Mir ist nicht neu, dass beispielsweise sportliche oder musikalische Interessen bei einem Kind gefördert werden sollten. Aber mir war bisher nicht klar, wie umfassend der gesamte Mensch mit seinen Fähigkeiten davon abhängt, ob und wie er in der Kindheit unterstützt wurde. Ich habe, wie jeder andere auch, ein individuelles Nervennetz im Kopf, das alle persönlichen Erfahrungen in Form von Verschaltungen materialisiert hat.

Etwas kommt mir seltsam vor. Wenn sich aufgrund neuer Erfahrungen neue Kontaktstellen an den Nervenzellen bilden, legt das doch folgende Vermutung nahe: Müssten sich dann nicht nach der Geburt, wenn das Leben so richtig los geht und viele neue Erfahrungen auf das Gehirn hereinprasseln, mehr Kontaktstellen bilden, die zu einer vielfältigeren Vernetzung führen? Die Gehirnforschung beweist genau das Gegenteil. Mit drei Jahren verfügt ein Kleinkind über ein Drittel weniger Kontaktstellen als mit zwei Monaten. Wie kann das sein?

Ich versuche mir vorzustellen, wie das Gehirn eines Kindes heranreift und sich auf das Leben vorbereitet, wie es dabei Verbindungen knüpft und trainiert. Die Nervennetze festigen sich. Das Leben kann immer besser gemeistert werden. Doch von den unzähligen Erfahrungen, die sich machen ließen, macht man eben viele gerade nicht. Manche Kontaktstellen bleiben entsprechend ungenutzt. Eine Nervenzelle, die keine Kontakte zu ihren Nachbarn herstellt, wird überflüssig. Die Zelle begeht Selbstmord. Das ist nicht absonderlich, stelle ich fest. Der sogenannte *programmierte Zelltod* hat eine wichtige regulatorische Funktion für Entwicklung und Erhalt des Organismus bei Pflanzen, Tieren und Menschen. Damit sich aus den paddelartigen Händen des menschlichen Embryos im Mutterleib die Finger ausbilden können, begehen die überflüssigen Zellen Selbstmord. Auch eine Kaulquappe, die sich in einen Frosch verwandelt, braucht zur Rückbildung ihres Schwanzes den programmierten Zelltod.

Besonders wichtig ist dieser Prozess im Immunsystem. Infizierte oder beschädigte Zellen schützen den Körper, indem sie sich auslöschen. Das genetisch gesteuerte Selbstmordprogramm wird durch innere Signale in Gang gebracht. Die Zelle schrumpft, wird innerhalb weniger Stunden eliminiert und vollständig recycelt. Ist die Selbstmordrate der Zellen im Körper zu niedrig oder zu hoch, entstehen Krankheiten Bei Krebs, Diabetes und Nierenerkrankungen gibt es zu wenig, bei AIDS, Alzheimer und BSE dagegen zu viel Zellselbstmord.

Ich bin erst einmal geschockt. Von den Nervenzellen, die ich bei meiner Geburt eigentlich zur Verfügung gehabt hätte, habe ich 40 bis 85 Prozent nicht benutzt. Bei der Geburt war mein Gehirn auf alles vorbereitet. Aber es hat sich selbst auf das reduziert, was es zum Überleben brauchte. Viele Möglichkeiten sind zum Wettkampf angetreten, und nur einige davon erreichten das Ziel. Wie viel von mir ist dabei auf der Strecke geblieben? Ins Ziel kommt nämlich nicht notwendigerweise das Beste, sondern das, was am meisten gebraucht wird, um zu überleben. Als Erwachsene bin ich, wie Gerald Hüther es formuliert, vermutlich nur eine „Kümmerversion" der Person, die ich hätte sein können.

Aber es besteht noch Hoffnung: In einem gesunden Körper ist der programmierte Zelltod ein ganz natürlicher Prozess, der Heilung und Erneuerung ermöglicht. Zellen, die ausgedient haben, können durch neue ersetzt werden. Täglich teilen sich Millionen Zellen im Körper und übernehmen die Arbeit ihrer Vorgänger. Rote Blutkörperchen werden alle 120 Tage erneuert, Knochenzellen alle 25 Jahre. Jede Zellart folgt ihrem eigenen Erneuerungsrhythmus. Kurz vor dem Jahrtausendwechsel konnten Peter S. Eriksson von der Sahlgrenska Universitätsklinik Göteborg und Fred H. Gage vom Salk-Institut für Biologische Studien in Kalifornien erstmals zeigen: Auch im erwachsenen Gehirn des Menschen ist eine Neubildung von Nervenzellen möglich. Zumindest im Bereich für Gedächtnis und Lernvorgänge im Zwischenhirn. Aktiviert wird diese sogenannte *Neurogenese* durch geistige und körperliche Tätigkeit. Sie könnte helfen, Nervenerkrankungen wie Parkinson zu behandeln. Es gibt sogar Untersuchungen, die darauf hinweisen, dass auch im Großhirn generell frische Nervenzellen entstehen können – also genau dort, wo die Denkfähigkeit sitzt. Außerdem darf ich mein Gehirn nicht unterschätzen. Es ist ja bereits bewiesen, dass sich durch neue Erfahrungen neue Kontaktstellen zwischen den Nervenzellen bilden. Neue, positive Erfahrungen allein machen also bereits fast alles möglich, was ich mir an Vergangenheitsbewältigung und einer schönen Zukunft ausmalen könnte. Mein Gehirn ist bereit, mir meine geheimsten Wünsche zu erfüllen, wenn ich ihm die Gelegenheit dazu biete. Aber wie mache ich das bloß?

Was meine Kraft hinter der Stirn alles vermag

Bei der Lektüre von Joseph Chilton Pearces „Biologie der Transzendenz" stoße ich auf eine wichtige Stelle, die ich mir gleich mit einem gelben Zettel markiere. Ein Gebiet im Gehirn scheint ziemlich geheimnisvoll zu sein: das Stirnhirn. Es liegt genau hinter der Stirn und wurde von Neurowissenschaftlern früher „das stille Gebiet" genannt, weil seine Funktionen größtenteils unbekannt waren. Heute gibt es verschiedene Erklärungsansätze, wie meine Recherche ergibt.

Der amerikanische Neurowissenschaftler Paul MacLean nennt es das *Engelsgehirn* und schreibt ihm die höheren menschlichen Tugenden zu, wie Liebe, Mitgefühl und Verstehen. Der Neuropsychologe Antonio Damasio sieht im Stirnhirn die Quelle von Vernunft, Analysefähigkeit und kreativem Denken. Andere Forscher glauben, es habe einen ausgleichenden Effekt und reguliere die Emotionen, Impulse und Überlebensreflexe aus anderen Gehirngebieten. Der amerikanische Psychologe Daniel J. Siegel von der Universität von Kalifornien fasst in seinem Buch „Das achtsame Gehirn" unter anderem folgende Funktionen des Stirnhirns zusammen: Es reguliert das Autonome Nervensystem und die emotionale Balance. Es ermöglicht, den eigenen geistigen Input mit dem eines anderen Menschen abzugleichen. Mit dem Stirnhirn erhält der Mensch die Fähigkeit, vor dem Handeln innezuhalten und abzuwägen. Er kann damit Vergangenheit,

Gegenwart und Zukunft überblicken, um zu einer Einsicht zu gelangen. Hier finden sich auch Empathie und die Fähigkeit, Angst zu dämpfen. Das Stirnhirn hat Verbindungen zum Nervensystem des Herzens und ist die oberste Instanz der Intuition. Es ermöglicht dem Menschen die Wahl, sich so zu verhalten, dass es dem Allgemeinwohl dient; laut Gerald Hüther verfügt es über die Fähigkeit, Leitbilder und Ziele zu entwickeln sowie Motivation und Verantwortungsgefühl auszubilden. Die Wissenschaftler gehen entsprechend davon aus, dass das Stirnhirn die höchste kognitive Ebene im Gehirn darstellt. Menschen, deren Stirnhirn durch einen Unfall beschädigt wurde, haben die Fähigkeit verloren, Probleme zu lösen und planvoll zu handeln. Sie verhalten sich nicht mehr spontan, sondern entwickeln einen Hang, hartnäckig bei einer Sache zu bleiben. Kreativität und soziale Anpassungsfähigkeit sind eingeschränkt.

Ich bin beeindruckt, muss ich gestehen. Im Stirnhirn versammeln sich all die Eigenschaften, die mir erstrebenswert und wichtig im Leben erscheinen. Sozusagen die materielle Basis des ethischen, mitfühlenden und reflektierten Menschen. Sind der Bau seines Nervennetzes und seine Funktionstüchtigkeit genauso von Erfahrungen abhängig?

Das Neugeborene bildet im ersten Lebensjahr den unteren Teil des Stirnhirns aus, genau hinter und über den Augen. Nun kommt es darauf an, wie das Neugeborene versorgt wird. Ist es im ersten Jahr physisch und emotional gut behandelt worden, entstehen im zweiten Jahr vielfältige neuronale Verbindungen zwischen dem Stirnhirn und Teilen des limbischen Systems, das hauptverantwortlich für die Emotionen ist. Emotionen gedeihen sozusagen schon im Mutterleib. Je nach dem Grad der Versorgung bilden sich die Verbindungen zur oberen Instanz Stirnhirn aus. Diese enge Verbindung zwischen Stirnhirn und limbischem System ist eine Art Vermittler zwischen Denken und Fühlen, mit zusätzlich großem Einfluss auf die Motorik.

Das stelle ich mir so vor: Die Verbindung ist wie eine Gondelbahn, in die ich einsteigen kann, um mich vom Fuße eines Berges auf dessen Gipfel befördern zu lassen (Ich erinnere mich an meine Zeichnung zur Übersicht des Gehirns von S. 25). Die Gondelbahn in meinem Gehirn führt mich von der Ebene der Emotionen auf die Ebene der Denkfähigkeit. Je nachdem, wie die Gondelbahn konstruiert ist, fährt sie holprig ächzend, sanft gleitend, langsam oder schnell. Je nachdem, wie die Talstation – die Emotionen – beschaffen ist, von der aus die Gondel startet, verfügt sie über mehr oder weniger Energie, um mich bis zu den verschiedenen Stationen der Denkfähigkeit zu befördern. Denn Denken ist nicht gleich Denken. Die Motivation, die hinter einem Gedanken steht, entscheidet über dessen Güte. An der höchstgelegenen Gipfelstation gelange ich zu den hohen Eigenschaften des Stirnhirns: von Reflexion über Mitgefühl bis hin zu Kreativität und ethischer Kompetenz. Kurzum: Der Intelligenzquotient ist nicht das Maß aller Dinge. Wenn ich keine gute emotionale Basis habe, komme ich auch denkend nicht hoch hinaus, da die Gondelbahn über zu wenig Energie verfügt. Habe ich als Kind nie liebende Fürsorge erfahren, kann ich spezifische Verbindungen im limbischen System nicht ausbilden, was wiederum Einfluss darauf nimmt, was in meinem Stirnhirn passiert oder eben nicht. Ein Manko in Bezug auf planvolles Handeln entsteht.

Wie das im Extremfall aussehen kann, verdeutlichen die bildgebenden Verfahren der neueren Gehirnforschung, wie die *Positronen-Emissions-Tomographie*. Damit lassen sich die Gehirne lebender Menschen scannen und am Computer bei der Arbeit beobachten. Die Forscher vergleichen auf diese Weise die Gehirne normaler Menschen mit denen sehr gewalttätiger Personen. Die Unterschiede sind dramatisch. Bei gewalttätigen Menschen haben sich die Zellen zurückgebildet und sind abgestorben. Es klaffen große schwarze Löcher im Stirnhirn.

Gewalttätige Menschen haben in ihrem äußeren Umfeld Erfahrungen gemacht, die ihr Gehirn – physisch – schädigten. Oder anders gesagt: Sie konnten wichtige Erfahrungen, die das Stirnhirn betreffen – Mitgefühl, emotionale Balance, Verantwortungsgefühl etc. – gerade nicht machen. Mit dieser physischen Kümmerversion von sich selbst laufen sie in ihrem psychischen Erleben und sozialen Verhalten auf Sparflamme, und die Gondelbahn kommt nicht weit. Eines ist mir damit klarer als je zuvor: Die immense Macht, die die Psychologie der frühen Kindheit zuschreibt, hat eine neurologisch sichtbare – physische – Grundlage. Die Gondelbahn, die Verbindung zwischen erlebten Gefühlen und den Qualitäten des Stirnhirns, ist maßgeblich für die spätere Beziehungsfähigkeit, den Denkhorizont, die möglichen Handlungsfacetten und Entscheidungsmöglichkeiten eines Menschen.

Es überrascht mich daher nicht, dass die entscheidende Entwicklungsphase des Stirnhirns erst um das fünfzehnte Lebensjahr einsetzt, mitten in der Pubertät. Die Entwicklung der anderen Gehirnteile ist dann bereits abgeschlossen. Die Natur gewährleistet so, dass ihre zerbrechlichste, komplizierteste und potentiell machtvollste Errungenschaft auf einer soliden Basis steht. Mit 18 Jahren erlebt diese Entwicklung einen Höhepunkt, bevor sie mit etwa 21 Jahren abgeschlossen ist. Ich bin Regierungen wählen gegangen und habe den Führerschein gemacht, noch bevor mein Gehirn voll entwickelt war, und weiß jetzt nicht recht, ob ich das amüsant finden soll. Jedenfalls bekommt der soziale und kulturelle Lebenskontext in dieser wichtigen Phase eine besondere Bedeutung. Er prägt die neuronalen Grundlagen der sozialen Fähigkeiten. Ob man Mitgefühl erlebt oder aus einer Gemeinschaft ausgeschlossen wird, ob man geliebt oder unfair behandelt wird, ob man Aufrichtigkeit oder Gewissenlosigkeit kennenlernt, alles findet seinen Weg ins Gehirn.

Ich entdecke eine im Fachmagazin „Science" veröffentlichte Studie von Alan G. Sanfey und Kollegen, die belegt, dass unfaires Verhalten im Gehirn klare Reaktionen hervorruft. Die Wissenschaftler beobachteten die Gehirne von Probanden, die ein Ultimatumspiel spielen: Zwei Personen teilen sich einen Geldbetrag. Einer legt fest, in welchem Verhältnis geteilt werden soll, und der andere kann akzeptieren oder ablehnen. Bei unfairen Angeboten werden im Gehirn die Ekelzentren aktiviert. Eine weitere in „Science" veröffentlichte Studie eines US-Forscherteams um Naomi Eisenberger führt mir die Folgen sozialer Ausgrenzung vor Augen. Die Probanden spielen ein virtuelles Ballspiel am Computer. Sie werden in dem Glauben gelassen, bei den anderen Teilnehmern handele es sich um reale Personen. Sobald die virtuellen Mitspieler den Probanden keinen Ball mehr zuwarfen, fühlten diese sich ausgeschlossen. Das Gehirn zeigte eine vermehrte Aktivität in einem Bereich des Stirnhirns, der auch bei körperlichem Schmerz aktiv wird.

Das bedeutet doch, dass das Gehirn soziale Ausgrenzung und Demütigung als körperlichen Schmerz erlebt. Es baut diese Erfahrungen ein und vernetzt sie zu einem Selbst- und Weltbild. Der Charakter meines erwachsenen Denksystems und das Spektrum meines erwachsenen Gefühlslebens haben ihre Wurzeln in den vergangenen Erfahrungen, die wiederum die Gondelbahn im Gehirn bauten und sie mit Energie versorgen. Dementsprechend entwickle ich ein gutes Selbstbewusstsein, eine positive Einstellung zum Leben, soziale und ethische Kompetenz oder eben einen Mangel. Welche Erfahrungen in meiner Pubertät haben was genau in meinem Gehirn bewirkt? Welche Erfahrungen meiner Kindheit verschwanden unbewusst in den Tiefen meines Gehirns? Und welchen Einfluss hat beides auf mich heute?

Wenn ich diese Fragen schon nicht beantworten kann, wie soll ich dann verstehen können, was in den Gehirnen anderer Menschen vorgeht und warum? Es muss auf der Welt geradezu von Missverständnissen und Unverständnis wimmeln. Eine völlig neue oder einfach nur andere Art des Denkens und Verhaltens kann ich nur dann verstehen, wenn ich in der Lage bin, die emotionale Motivation dahinter nachzuvollziehen – wenn mein Nervennetz auf einer tieferen, menschlichen Ebene Ähnlichkeiten mit dem Nervennetz des anderen Menschen aufweist. Fehlen diese Ähnlichkeiten oder sind sie mir nicht bewusst, wird es kritisch. Die andersartigen Eindrücke finden in meinem Nervennetz keine Entsprechung. Mein Gehirn weiß nichts mit dem Neuen, dem Andersartigen anzufangen. Es ist mir dann nicht mehr möglich anzuerkennen, dass es überhaupt andere Möglichkeiten des Denkens und Verhaltens geben kann und darf. Ich laufe Gefahr, intolerant zu werden, weil sich mein Nervennetz innerhalb eines prägenden sozialen und kulturellen Lebenskontextes entwickelt hat und ich ein maßgeschneidertes Basis-Kulturwissen mit mir herumschleppe. Vom Wertesystem bis zur religiösen Überzeugung ist alles physisch in meinem Kopf präsent, und das mit spätestens 21 Jahren, wenn die Ausreifung meines Stirnhirns abgeschlossen ist. Wie wenig davon habe ich mir bewusst selbst ausgesucht, wenn die Entwicklung des Nervensystems bis hin zum Stirnhirn beginnt, bevor ich die Fähigkeit zur Erinnerung habe? Meine Persönlichkeit hat mehr mit Erziehung zu tun, als mir lieb sein kann.

Was mir meine Emotionen verraten

Das viele Nachdenken hat mich müde gemacht. Weil ich auf der Couch eingeschlafen bin, erwache ich mit steifem Nacken. Doch die Ruhepause hat sich gelohnt, weil mir plötzlich eine vereinfachte Definition von *Persönlichkeit* durch den Kopf schießt. Sie dreht sich um zwei Komponenten, die mein Verhalten und meine Entscheidungen bestimmen: meine Art zu denken und meine Art zu fühlen. Beides ist durch die Evolution miteinander verbunden. Ohne die Fähigkeit zu fühlen hätte sich die Fähigkeit zu denken nicht entwickeln können. Die Gondelbahn hält beide zusammen. Ich habe ein Leben lang dem

Verstand den Vorzug vor den Gefühlen gegeben und irrte mich. Der Dreh- und Angelpunkt im Gehirn ist das limbische System und damit meine emotionale Welt. Ich glaube, es ist an der Zeit, meine Gefühle genauer zu erkunden.

Da das limbische System sich aus Gebieten des Zwischenhirns und Gebieten des Großhirns zusammensetzt, müssten Gefühle etwas mit beiden Gehirngebieten zu tun haben. Die Hirnforschung registrierte bereits vor Jahrzehnten etwas Aufschlussreiches, wofür der Schweizer Physiologe W. R. Hess 1949 den Nobelpreis bekam. Er machte die Entdeckung mit Hilfe einer Hirnsonde, eines haarfeinen Drahts, der bis auf seine blanke Spitze mit einer Isolierschicht versehen ist. Die Spitze kann beim Versuchstier jedes beliebige Gehirngebiet berühren und einen schwachen elektrischen Strom übertragen, der einem normalen Nervenimpuls entspricht. Das Gehirn ist ein schmerzunempfindliches Organ, deshalb spürt das Tier während dieser Prozedur keinen Schmerz. Trifft die Sonde ein motorisches Zentrum, das für die Auslösung einer Bewegung verantwortlich ist, lässt sich ein entsprechender Bewegungseffekt erkennen. Ein starker Reiz führt zu einer starken Bewegung, ein schwacher Reiz wirkt weniger intensiv. Die Forscher konnten eine genaue Karte des motorischen Gebiets der Großhirnrinde erstellen und damit aufzeigen, an welcher Stelle welche Reaktion in Gang kommt. Sie brachten einen Affen per Knopfdruck dazu, die Augen zuzukneifen oder die Faust zu ballen.

Ein Reiz an einer bestimmten Stelle der Großhirnrinde führt zu einer einzelnen Aktion. Die Effekte ändern sich jedoch, je tiefer man in das Innere des Gehirns vordringt. Erreicht die Hirnsonde das Zwischenhirn, gibt es keine einzelnen Aktionen mehr. Jeder Reiz erfasst das Versuchstier jetzt insgesamt. Es zeigt ganze Handlungsabläufe und Verhaltensprogramme. Je nachdem, wo die blanke Spitze der Hirnsonde das Zwischenhirn von Hühnern reizt, läuft ihr Fress-, Balz-, Körperpflege- oder Kampfprogramm ab.

Es gibt also einen grundlegenden Unterschied zwischen der Art und Weise, wie das Zwischenhirn arbeitet, und wie das Großhirn funktioniert. Im Zwischenhirn werden komplexe, fest in sich geschlossene Schaltkreise von Nervenbahnen als Ganzes aktiviert. Ein bestimmter Schaltkreis löst ein ganzes Verhaltensprogramm aus. In der Großhirnrinde dagegen lassen sich einzelne Stellen aktivieren, die eine isolierte Bewegung einzelner Muskeln auslösen. Oder, um das Beispiel des Wissenschaftsjournalisten Hoimar von Ditfurth von einer Klaviertastatur und einer Tonbandkassette aufzugreifen und moderner wiederzugeben: Im Großhirn gibt es eine Klaviertastatur aus einzelnen Tasten, die jeweils einen einzelnen Ton erzeugen. Im Zwischenhirn gibt es dagegen einen iPod, auf dem vollständige Klavierkonzerte gespeichert sind. Einzelne Töne sind hier nicht spielbar. Auf Knopfdruck läuft das gewählte Klavierkonzert komplett durch.

Wie ist dieser Unterschied zustande gekommen? Um das zu verstehen, muss ich mich in ein Huhn hineinversetzen. Für ein Lebewesen, das von den Programmen seines Zwischenhirns gelenkt wird, gibt es nur allgemeine und austauschbare Merkmale, die Reaktionen auslösen. Ein brütendes Huhn beispielsweise erkennt anhand der Merkmale Fell und Anschleichen den Feind. Damit kennt es alle Wiesel, Füchse und Iltisse der Welt. Es nimmt jedoch nur den Feind wahr, aber nicht, ob er ein Wiesel oder ein Fuchs ist. Es interessiert auch nicht, ob derselbe Fuchs sich gestern schon einmal angeschlichen hat. Die besonderen Charakteristika eines einzelnen Lebewesens kommen in einem iPod nicht vor.

Das ändert sich im Laufe der Evolution mit einer kleinen Extraportion Nervenzellen im Großhirn. Nur für eine kurze Zeitspanne direkt nach der Geburt. Diese Entdeckung von 1935 geht auf den Verhaltensforscher Konrad Lorenz zurück. Er stellte fest, dass frisch geschlüpfte Gänseküken auch eine Holzattrappe oder einen Menschen als vollwertige Mutter akzeptieren, und nannte das *Prägung*. Die Küken erkennen die einmal akzeptierte Mutter endgültig und unwiderruflich ein Leben lang wieder. Aber nicht, weil Gänse dumm sind und man ihnen alles Mögliche als Mutterersatz vor die Nase setzen kann. Wie Gerald Hüther in seinem Buch „Die Evolution der Liebe" ausführt, akzeptieren Gänseküken nur dann eine Attrappe als Mutter, wenn sie auf das Verhalten der Küken reagiert. Das ängstliche Rufen der Kleinen bewirkt, dass der Mensch oder die vom Menschen geführte Attrappe stehen bleibt und nicht davonläuft. Das vermittelt den Küken ein Gefühl der Geborgenheit, was wiederum die Angst dämpft. Ein unbeweglicher Gegenstand, der keine Spur von Geborgenheit vermittelt, löst keine Prägung aus, weil er als Mutter eben ungeeignet erscheint.

Ein paar frische Nervenzellen, die zu keinem Programm gehören und in gewisser Weise frei von vorgefertigten Inhalten sind, ermöglichen etwas völlig Neues. Es geht plötzlich nicht mehr nur um einen allgemeinen Auslöser für ein Verhaltensprogramm, sondern darum, ein anderes Individuum zu erkennen. Es geht darum zu lernen, wie die eigene Mutter aussieht. Damit wird mir der Sinn dieser Prägung deutlich. Zum ersten Mal in der Geschichte der Evolution stellt ein Individuum eine Beziehung zu einem anderen her. Diese Ur-Beziehung ist eine enge, persönliche Bindung an die überlebenswichtige Mutter. Ein paar Nervenzellen mehr bedeuten den ersten Schritt in Richtung individuelle Lern- und Beziehungsfähigkeit, wie sie das weiterentwickelte Großhirn bietet. Gefühle sind demnach eine Mischung aus Zwischenhirn-Handlungsprogramm und Lern- und Beziehungsfähigkeit des Großhirns.

Aber wie definiert man Gefühl überhaupt und ist es das gleiche wie eine Emotion? Für den Neuropsychologen Antonio Damasio ist ein Gefühl das bewusste Erleben eines unbewussten inneren Zustandes, den er wiederum als Emotion bezeichnet. Dem bewussten Gefühl (Großhirn) liegt also eine unbewusste Emotion (Zwischenhirn) zu Grunde. Damasio unterscheidet darüber hinaus zwischen universellen Emotionen – wie Freude, Trauer, Furcht, Ärger, Überraschung und Ekel – und sozialen Emotionen – wie Verlegenheit, Eifersucht, Schuld und Stolz. Darüber hinaus gibt es Hintergrund-Emotionen wie Wohlbefinden und Unbehagen oder Ruhe und Anspannung. Auch Triebe und Motivationen, Zustände von Lust oder Unlust zählt er zu den Emotionen.

Emotionen sind demnach stammesgeschichtlich erlernte, stereotype Verhaltens- und Reaktionsprogramme. Allen Emotionen ist gemeinsam, dass sie eine regulierende Funktion haben, die den Organismus am Leben erhält. Sie bewirken, dass man auf Situationen angemessen reagieren kann, um zu überleben. Die Reaktionen sind bei Tier und Mensch prinzipiell dieselben. Ein Lebewesen flüchtet vor etwas oder greift an. Wenn es keinen Ausweg zu geben scheint, stellen Tiere sich tot. Menschen stellen sich tot, wenn sie depressiv oder unmotiviert sind. Menschen und Tiere sind besonders freundlich, wenn sie unterlegen sind oder etwas wollen.

Auch wenn Emotionen eine enorme Schwankungsbreite aufweisen, von Kultur zu Kultur variieren, sich bei jedem Menschen anders äußern und sogar innerhalb der verschiedenen Lebensphasen unterschiedlich sein können, lässt sich doch eine universale Schnittmenge bilden. Menschen sind sich in ihren Emotionen überall auf der Welt ähnlich, weil es sich dabei um stammesgeschichtlich geprägte Reaktionsmuster für lebenswichtige Situationen handelt.

Wie sie diese urzeitlichen Zwischenhirn-Programme bewusst erleben, äußert sich hingegen in einem individuellen Gefühl. Ein Mensch, der sich fürchtet, kann sich bedroht und dabei wie gelähmt fühlen und die auslösende Situation oder Person dementsprechend meiden. Er kann sich aber auch bedroht fühlen und Aggression empfinden, so dass er die auslösende Situation durchkämpft oder die auslösende Person angreift. Oder er empfindet die Furcht als aufregend und begegnet der auslösenden Situation oder Person gezielt. Der innere Zustand einer Emotion wird in den Kontext persönlicher

Erfahrung gestellt und entsprechend erlebt und empfunden. Gefühle stehen an der Schwelle zum flexiblen Großhirn, das sich nicht mehr stammesgeschichtlich, sondern individuell anpasst. Sie sind damit so etwas wie ein personalisierter iPod.

Bisher gehe ich mit meinen Gefühlen auf zweierlei Art um: Einerseits verwechsle ich sie mit einem Befehl und handle blind nach ihnen. Irgendein Auslöser lässt mich wie auf Knopfdruck ausrasten oder macht mich zu einem Häufchen Elend. Wie ich jetzt weiß, liegt das daran, dass der Mensch ursprünglich stammesgeschichtlich konditioniert war, seinen Emotionen zu gehorchen, weil sie einmal das Überleben sichern sollten. Andererseits verwechsle ich Gefühle mit dem Denksystem. Ich bewerte sie innerhalb der Kategorien Gut und Schlecht. Dabei will ich die als schlecht verstandenen Gefühle meiden. Sie erscheinen mir *nicht bekömmlich*, da sie nicht zu dem Menschen passen, der ich in meinem Umfeld sein will (oder muss).

Eigentlich ist es aber so: Gefühle gehören in keine individuelle Denkkategorie und sind auch keine urzeitlichen Befehle, sondern lediglich wichtige Informationen über meinen inneren Zustand, so etwas wie Nachrichten aus dem Inneren. Sie haben eine Ursache, die in meiner persönlichen Geschichte verborgen liegt. Ich hätte sie nicht, wären sie nicht wichtig. Gefühle offenbaren, welches unbewusste Programm mich zu steuern versucht. Und mein Großhirn wäre eine schlechte Lupe, würde das nicht irgendwann auffallen.

Warum meine Gefühle auf einen Recyclinghof führen

Wenn ich von mächtigen Gefühlen überrollt werde, kann ich schwer dagegen andenken. Da nützt mir auch ein Stirnhirn samt all seiner bewundernswerten Fähigkeiten nichts. Die Natur will mich damit aber nicht ärgern. Das Gehirn ist wie ein Auto konstruiert. Alle Teile gehören zusammen und müssen miteinander harmonieren, damit es fahren kann. Innere Probleme sind wie ein Warnlicht, das aufleuchtet. Ich übersehe das zwar gerne, mein Gehirn tut das aber nicht. Es scheint sich mit Hilfe einiger Mechanismen um Klärung zu bemühen und auf eine Lösung hinzuweisen.

Das Gehirn lässt sich nicht passiv von äußeren Eindrücken berieseln. Es empfängt nicht einfach Informationen über die äußere Welt und verarbeitet sie. In erster Linie beauftragt das Gehirn die Sinnesorgane, neue Informationen zu beschaffen. Es pickt aus der Fülle der ständig verfügbaren Signale jene aus, die zu bewusster Verarbeitung gelangen sollen. Dabei fällt dem Gehirn insbesondere auf, was es bereits kennt. Das Bekannte – von optischen Reizen über bestimmte Situationen bis hin zu Gefühlen – wird schneller verarbeitet, schneller identifiziert und interpretiert. So hole ich mir selbst genau die Informationen, die der Struktur meines Gehirns entsprechen und die ich bereits erwarte, weil sie Teil meiner persönlichen Geschichte sind. Das liegt an dem nachbarschaftlichen Verhältnis der Nervenzellen innerhalb des Nervennetzes. Nachbarn, die oft miteinander in Kontakt treten, bilden irgendwann ein eingespieltes Team. So entsteht eine Endlos-Schleife sich wiederholender Erfahrungen, in denen ich immer wieder ähnliche Gefühle durchlebe.

Das Gehirn funktioniert offensichtlich wie eine Art Recyclinghof, wo es Container für Altpapier, Sperrmüll, Elektrogeräte, Glas und so weiter gibt. Im Gehirn entsprechen die Container den Nervennetzen, die durch verschiedene Erfahrungen entstanden sind. Der eine hat beispielsweise einen Container für schöne Liebeserlebnisse, der andere für unangenehme. Fährt man auf einen Recyclinghof, hat man nur Augen dafür, in welchen Container die mitgebrachten Sachen gehören. Das Gehirn sortiert meine neuen Erfahrungen also in die bereits vorhandenen Container. Wer jeden Monat alte Zeitungen entsorgt, weiß, wo sich das Altpapier befindet. Wer alle zehn Jahre eine Waschmaschine entsorgt, muss den Container erst suchen. Genauso ist das Gehirn auf bestimmte Erfahrungen trainiert und findet die entsprechenden Container blind. Das Gehirn recycelt vollautomatisch. Wie es das macht, zeigt eine Alltagssituation: Ein Name liegt mir auf der Zunge, aber ich komme nicht darauf. Dann denke ich an etwas anderes, und plötzlich fällt mir der Name wieder ein. Nachdem sich ein Bedürfnis eingestellt hat, durchsucht das Gehirn ohne bewusstes Zutun seine Speicher und überprüft das Gefundene auf Stimmigkeit mit dem Gesuchten. Je nachdem, welche Erfahrungen ich im Leben gemacht habe, treten in meinem Gehirn automatische Prozesse in Gang, von denen ich im Alltag nichts mitbekomme.

Ein Recyclinghof ist ja eigentlich etwas Gutes. Altes wird gesammelt, um Neues daraus zu machen. Nur: Aus Altpapier kann ein neuer Pappkarton werden, aber kein Fenster. Im Recyclinghof Gehirn bestimmt das Material der alten Erfahrungen, was sich Neues daraus machen lässt bzw. was man überhaupt in sein Leben lassen kann. Der Mensch wird zu einem Altpapier-Spezialisten in seiner eigenen Pappkarton-Welt.

Jetzt ist mir klar, warum ich mir unbewusst einen Partner suche, der ähnliche Eigenschaften verkörpert wie ein Elternteil. Der Partner hat das Interesse auf sich gezogen, weil ich ihn bereits irgendwie kannte und das meine Beziehungswelt konstant hält. Das funktioniert wunderbar, denn auf diese Weise finde ich mich in meiner Welt zurecht. Bis ein Gefühl eine Nachricht überbringt, dass etwas nicht (mehr) stimmt. Ich fühle mich plötzlich in meiner Welt unwohl. So lange, bis ich bereit bin zu verstehen, was vor sich geht. Es gibt immer eine Ursache für Gefühle, und das Gehirn kennt sie, weil es die persönliche Geschichte – die als physische Verschaltung im Gehirn immer präsent bleibt – im Gegensatz zu mir nicht vergessen kann. Ich muss also tief genug in mich hineinhorchen, um eine Entdeckung zu machen. Was ich dabei entdecke, kommt in die besten Hände und wird sorgsam mit der perfekten Lupe meines Großhirns untersucht. Das Gehirn ist mein behutsamer Förderer. Es stellt alles bereit und wartet, was ich davon wie nutze. Ich muss nur wollen und meine Gefühle ernst nehmen, damit der Prozess in Gang kommt. Dabei mache ich eine neue Erfahrung: Ich brauche nicht mehr, was ich einmal zu brauchen dachte. Ich will nicht mehr, was ich einmal zu wollen dachte. Neue Gefühle führen zu neuen Gedanken. Meine Nervenzellen knüpfen neue Kontakte. Auf diese Weise gibt das Auto Gehirn wieder Gas und fährt manchmal sogar schneller und weiter als zuvor. Der neue Schwung kann sich bis ins Stirnhirn fortsetzen und neue Anstöße geben. Das Resultat: Ich sehe mich selbst mit einem neuen Bewusstsein.

Was ich im Supermarkt meines Bewusstseins einkaufe

Während ich beim Einkaufen um die Ecke bin und überlege, ob mir mein Monatsbudget Vanillecroissants erlaubt oder ich das Geld lieber für Bücher sparen soll, habe ich eine Eingebung. Der Supermarkt ist ein gutes Bild für mein Bewusstsein. Manches, wie etwa die Funktionsmechanismen meiner inneren Organe, ist mir prinzipiell nicht bewusst. Anderes wiederum ist mir prinzipiell bewusst, wie beispielsweise alle sprachlichen Vorgänge. Dazwischen liegt ein großer Supermarkt, in dem es all das gibt, was bewusst werden könnte. Doch nur einen kleinen Teil davon packe ich tatsächlich in den Einkaufswagen. Mein Bewusstsein lässt sich mit den Produkten im Supermarkt vergleichen, die ich einkaufe. Ich hätte auch andere Dinge aus dem Sortiment auswählen können, habe es aber nicht getan. Warum wird das eine bewusst, das andere hingegen nicht, und wie entscheidet sich das?

Ich schlendere durch die Regalreihen im Supermarkt des Bewusstseins. Was meine Sinne dabei erreicht, wird nach den Kriterien *bekannt – unbekannt* und *wichtig – unwichtig* vorsortiert. Ist etwas unbekannt und unwichtig, gelangt es überhaupt nicht in mein Bewusstsein. Das Gehirn schützt sich offenbar davor, sich mit allem auseinandersetzen zu müssen. Mit einer niedrigen Bewusstseinsstufe wird bedacht, was bekannt und wichtig ist. Die höchste Bewusstseinsstufe konzentriert sich auf das, was unbekannt und wichtig ist. Ich gehe an den Produkten vorbei, die ich kenne und momentan nicht brauche, und bleibe vor den Produkten stehen, die momentan wichtig für mich sind. Sollte sich unter diesen wichtigen Produkten noch etwas Neues befinden, das einen Vorteil verspricht (schöner, mehr, billiger), greife ich vielleicht zu.

Warum ich bei dem einen zugreife, bei dem anderen aber nicht, hängt von bewussten und unbewussten Variablen ab. Bewusste Entscheidungen kann ich aber nur auf der Basis dessen treffen, was ich zuvor auch bewusst wahrgenommen, bewusst erinnert und als explizites Wissen im Gedächtnis gespeichert habe. Dazu gehört nur spät Erlerntes. Frühkindliche Prägungen und unbewusste Lerninhalte stehen für eine bewusste Entscheidung nicht zur Verfügung. Trotzdem können sie eine große Macht ausüben, unser Verhalten steuern und bewusste Entscheidungsprozesse beeinflussen. Der Auswahlprozess, der festlegt, was in mein Bewusstsein rückt, findet unbewusst statt.

Das ist wieder wie im Supermarkt. Wenn ich an der Kasse stehe und die Produkte aufs Band lege, weiß ich so gut wie nichts über deren Herkunft, Herstellung und Inhaltsstoffe. Die Produktionsstätte des Bewusstseins sitzt genau in den Bereichen des Zwischenhirns, die auch für die persönliche Geschichte mitverantwortlich sind, unter anderem das Gedächtnissystem und das limbische Bewertungssystem. Die unbewussten Lerninhalte meiner persönlichen Lebensgeschichte entscheiden mit darüber, was mir bewusst wird.

Aber das kann doch nicht alles sein! Dann wäre ich ja der Vergangenheit hilflos ausgeliefert. An diesem Punkt kommt die Großhirnrinde ins Spiel, wo das Management des Bewusstseins sitzt. Ich brauche meine Großhirnrinde, damit mir überhaupt irgendetwas bewusst werden kann. Eine Fähigkeit, die höchstwahrscheinlich im Stirnhirn angesiedelt ist, erhält dabei eine besondere Bedeutung: Um im Supermarkt des Bewusstseins zuerst ein Produkt und dann den Weg zur Kasse zu finden, brauche ich Aufmerksamkeit – den Schlüssel zum Bewusstsein. Bewusstsein und Aufmerksamkeit hängen eng zusammen, wenn sie nicht gar ein und dasselbe sind. Etwas kann nur dann ins Bewusstsein gelangen, wenn wir ihm Aufmerksamkeit schenken. Wir können uns nur dann an etwas erinnern, wenn wir es durch Aufmerksamkeit gespeichert haben. Die Aufmerksamkeit hat zwei Gesichter. Ich kann sie gezielt einsetzen, wenn ich mich im Alltag auf eine bestimmte Arbeit konzentriere. Ich kann aber auch von meinem Gehirn förmlich auf das gestoßen werden, was meiner Aufmerksamkeit bedarf.

Der Einkauf im Supermarkt des Bewusstseins geht weiter. Eines Tages stelle ich beispielsweise fest, dass das gekaufte Produkt nicht hält, was es einmal versprochen hat. Es passt nicht mehr. Die alten Denk- und Verhaltensweisen, die mein Bewusstsein dominierten, funktionieren nicht mehr. Etwas ist anders als zuvor. Lebensumstände haben sich vielleicht geändert oder innere Bedürfnisse gewandelt. Ich bin in dieser Krise unglücklich und werde von allerlei Gefühlen überrollt. Das ist (jedes Mal wieder) neu und wichtig. Mein Gehirn registriert, dass irgendetwas nicht mehr zu funktionieren scheint. Als Organ der Selbsterkenntnis tut es das einzig Mögliche. Es breitet die gesammelten Erfahrungen aus und betrachtet die Ereignisse unter der Lupe. Das Gehirn richtet seine Aufmerksamkeit auf sich und beschäftigt sich mit sich selbst. Es macht eine Inventur, wie jeder gut geführte Supermarkt.

Das ist überlebenswichtig. Mein Gehirn muss immer wieder eine Einigkeit herstellen zwischen meinem wandelbaren Inneren und den Erfordernissen einer sich ständig wandelnden Lebenswelt. Das gelingt nur, indem es aufmerksam ist und versucht, einen Sinn im

Leben zu erkennen. Ist das eigene Weltbild nicht mehr in Balance mit der äußeren Welt oder gehen alte Erfahrung bei neuen Anforderungen nicht auf, gibt es ein Problem: Das alte Weltbild, die alten Verhaltensweisen und Glaubenssätze sind physisch im Gehirn präsent – als Nervennetz. Mit der Anpassung an neue innere Bedürfnisse oder äußere Erfordernisse muss sich das Nervennetz verändern. Das ist ein Dilemma. Ich will vielleicht, aber kann gar nicht. Zur Lösung des Problems brauche ich ein Nervennetz, über das ich nicht verfüge. Das erlebe ich erst einmal als psychische (Identitäts-)Krise, deren physische Ursache ein veraltetes Nervennetz ist. Was ich in der Vergangenheit erlebt habe, manifestiert sich als Nervennetz, mit dem ich in der Gegenwart nicht weiterkomme. Solch eine Krise ist absehbar, wenn ein Mensch in der Kindheit und Jugend keine oder wenig emotionale Sicherheit erlebte. Dann braucht sein Gehirn neue, emotional positive Erfahrungen, beispielsweise in einer Psychotherapie. Was währenddessen – physisch – im Gehirn passiert, entdeckte die Gehirnforschung kürzlich, wie Gerhard Roth in dem von Manfred Spitzer und Wulf Bertram herausgegebenen Buch „Braintertainment" erklärt. Die neuen Erfahrungen bewirken, dass sich im alten Nervennetz Ersatzschaltungen bilden. Mit der Zeit entsteht ein neues Nervennetz, das das alte überlagert und kompensiert. Nach einer Weile findet dieses neue Nervennetz einen eigenen Zugang zur Handlungssteuerung. Das Gehirn und damit die menschliche Psyche haben den Sinn in der Krise gefunden. Dann ist dieser Mensch erneut obenauf. Bleibt das so, kann sich aus der ausgleichenden Übergangslösung auch ein langfristig stabiles Nervennetz bilden. Das Gehirn hat sich damit – physisch – neu verschaltet und auch psychisch grundlegend verändert.

Gebaut werden die Ersatzschaltungen im Mandelkern, der mit dem Gedächtnis verbunden ist, die Folgen von Verhaltensweisen und Erfahrungen abwägt, eintreffende Sinneseindrücke mit vorgegebenen Bewertungen und Erlerntem vergleicht. Der Mandelkern ist im Auto Gehirn das Getriebe, das Räder, Motor und Lenkung miteinander verbindet. Neue, emotional positive Erfahrungen wirken etwa so, als würde man die Kupplung treten und einen neuen Gang einlegen. Das Gehirn hat aus einer Krise eine Chance gemacht, indem es die Aufmerksamkeit auf sich selbst richtete und damit das Bewusstsein veränderte.

In einer Welt, die nicht perfekt ist, macht man aber auch negative Erfahrungen. Dadurch bilden sich langfristig untaugliche Nervenverknüpfungen aus, die einen irgendwann in Form einer Krise wieder einholen. Der Mensch hat Nervenverknüpfungen im Gehirn, für die er gar nichts kann. Einfach, weil die Vergangenheit nun mal so war, wie sie war. Das mag aus der aktuellen Perspektive manchmal von Nachteil sein und zu Schmerz führen, ist aber für das Gehirn, als die Nervenverknüpfungen angelegt wurden, die bestmögliche Überlebensstrategie gewesen. Die vermeintlichen Fehler sind also eigentlich gar keine. Der Vorteil eines flexiblen Systems wie des Gehirns ist, dass nichts so bleiben muss, wie es einmal war. Einem Erwachsenen mag nicht mehr das umfassende Potenzial wie zu Beginn seines Lebens zur Verfügung stehen, es können aber innerhalb des bestehenden Nervennetzes immer noch viele neue Kontaktstellen und neue Verbindungen entstehen. Das Gehirn bemüht sich sogar darum, indem es versucht, die innere Welt immer wieder mit der äußeren Welt in Einklang zu bringen. In Krisenzeiten schlägt es eine Inventur vor. Das Gehirn kann seine eigenen Krisen nicht vermeiden. Es kann lediglich – durch Erfahrung – gut oder schlecht darauf vorbereitet sein, mit ihnen umzugehen. Es bekniet den Menschen, seine Aufmerksamkeit im Supermarkt des Bewusstseins walten zu lassen, um zu hinterfragen, ob er bekömmliche oder nicht bekömmliche Produkte kauft. Der Mensch ist nicht dazu bestimmt, derjenige zu bleiben, den die Vergangenheit formte. Das Glück liegt im Supermarkt des Bewusstseins versteckt, wo man neue Erkenntnisse nicht mit Geld, sondern mit Aufmerksamkeit bezahlt.

Wie meine Zeit vergeht, oder nicht

Wieder zu Hause, esse ich genüsslich ein Vanillecroissant. Das Thema Bewusstsein lässt mich nicht los: Wie kann sich Bewusstsein verändern, wenn es von einer teils unbewussten Vergangenheit geprägt ist? Schließlich entsprechen die vergangenen Ereignisse den Tatsachen. Das oder jenes ist einfach passiert. Punkt. Die Inhalte meines Bewusstseins müssen den Tatsachen doch treu bleiben und können sie nicht verändern.

Ich blättere in ein paar Büchern über das Gedächtnis, um mehr zu erfahren, und mache eine seltsame Entdeckung. Im Gehirn existieren gar keine Tatsachen. Der Grund dafür liegt an der Art, wie das Gehirn Erfahrungen speichert. Sie werden als Kurzzeiterinnerung im Zwischenhirn abgelegt. Vergisst man die Erfahrungen wieder, tauchen sie ins Unbewusste ab. Vergisst man sie nicht, finden sie ihren Weg in die Großhirnrinde und bleiben als Langzeiterinnerung bewusst. Es gibt im Gehirn kein extra eingerichtetes Museum, das die Vergangenheit aufbewahrt. Eine Erfahrung wird jeweils genau in den Gehirngebieten archiviert, die sie erstmalig verarbeiten haben. Parallel dazu werden dort auch neue Erfahrungen aus der Gegenwart verarbeitet ebenso wie Zukunftsfantasien. Egal, ob ich mich an etwas Vergangenes erinnere, etwas gegenwärtig erlebe oder mir etwas Zukünftiges vorstelle, alles kann an ein und demselben Ort im Gehirn geschehen. Das Gehirn verarbeitet die Erfahrungen gemäß deren Inhalten. Je nach Inhalt treten bestimmte Länder in Aktion; Zeit und Tatsachen sind dabei relativ.

Das Gehirn speichert immer einen Gesamteindruck, der aus vielen inhaltlichen Komponenten besteht. Eine wichtige davon ist das Gefühl. Ich vergesse vielleicht, was es an dem Tag zu essen gab, an dem ich eine Ohrfeige bekam, nicht aber die Tränen. Ich vergesse vielleicht, welche Schuhe ich trug, als ich meiner ersten Liebe begegnete, nicht aber die Euphorie. Erinnere ich mich Jahre später daran, erscheint es, als sei es gestern gewesen. Prägende Erlebnisse sind zunächst zeitlos.

Wenn man sich an etwas erinnert, holt man keine Tatsachen hervor, sondern einen Gesamteindruck. Das Gehirn sucht und setzt aus den verschiedenen Winkeln einzelne Mosaiksteine zusammen. Ist das Bild komplett, blicke ich nicht zurück in die Vergangenheit, sondern erlebe den früheren Gesamteindruck erneut im Hier und Jetzt. Erinnern entspricht einem Wieder-Erleben nach dem Motto: So war das damals, so fühlte es sich an.

Allerdings geschieht dieses Wieder-Erleben unter anderen Umständen als das ursprüngliche Erlebnis. Ich erinnere mich beispielsweise an etwas Schönes, während ich in einem lauten Café mit langweiligen Leuten zusammensitze. Das aktuelle Befinden während des Erinnerns speichert sich als neuer Bestandteil des ursprünglichen Erlebnisses mit ab. Erinnern bedeutet deshalb nicht das bloße Aufrufen eines gespeicherten Programms, sondern immer auch eine Neuprogrammierung. Die alte Erinnerung wird in neue Zusammenhänge eingebettet und damit aktiv verändert. Von der überwältigenden Euphorie einer Liebesgeschichte bleibt nach Jahren des Erinnerns und wiederholten Erzählens nur ein Bruchteil übrig. Der neue Kontext, in dem ich diese Geschichte erzähle, ist vielleicht nur gut oder sogar unangenehm und relativiert deshalb irgendwann die ursprüngliche Euphorie. Umgekehrt lässt der Schmerz einer Ohrfeige möglicherweise nach, je öfter man sich daran erinnert. Für die Inhalte des Gehirns ist Zeit relativ, aber die Zeit kann auch die Inhalte relativieren. Die Vergangenheit wird gewissermaßen zur Gegenwart und wieder neu gespeichert. Erinnern bewirkt eine Neuprogrammierung.

Ich spiele das einmal durch: Die Tatsache *Ich habe wegen Zuspätkommens eine Ohrfeige bekommen* gibt es im Gehirn nicht so ohne weiteres, sondern sie ist nur eine von vielen Zutaten für einen Gesamteindruck, der sich je nach aktuellem Kontext und aktuellem Erleben verändert.

Als Kind habe ich gar nicht verstanden, warum mir meine Eltern nicht glaubten, dass meine Uhr stehen geblieben war. Als Jugendliche protestierte ich gegen eine zum Himmel schreiende Ungerechtigkeit. Im mittleren Alter interessiert mich die Kleinigkeit nicht mehr. Meinem Gehirn geht es um die Bedeutung, die ein Gesamteindruck für mich hat. Die eigene Perspektive ist dabei entscheidend, nicht die Tatsache.

Ein wichtiger Punkt, wie mir scheint. Womöglich hat Bewusstsein viel mit der eigenen Perspektive zu tun. Dazu gehört auch der Blick in die persönliche Zukunft. Ich kann mir die Zukunft in der Regel nur so vorstellen, wie sie zu den Erfahrungen passt, die ich früher einmal machte. Existierende Nervennetze geben vor, was ich mir als Zukunft überhaupt ausmalen kann. Als Spezialist für Pappe träume ich eben von einer Zukunft mit schön bedrucktem Karton. Aber vielleicht habe ich eine berauschende Idee von sagenhafter Vorstellungskraft? Was, wenn der Pappkarton durchsichtig wäre, um immer ein wunderbares, sich ständig veränderndes Panorama zu bieten?

So wie das Erinnern ein Wieder-Erleben ist, wird die Vorstellung zu einem Vor-Erleben. Die Zukunft wird zur Gegenwart und damit vor-verarbeitet, weil dasselbe Gehirngebiet nicht nur für Vergangenheit und Gegenwart, sondern auch für die Zukunft zuständig sein kann. Die Vorstellungskraft bewirkt wie das Erinnern eine Neuprogrammierung. Man erlebt jetzt, wie es in Zukunft sein könnte: So könnte es sich anfühlen. Das hieße doch konkret: Visualisiere ich die Zukunft, aktiviere ich die Gehirngebiete, die auch zum Einsatz kommen, wenn ich das, was ich mir vorstelle, tatsächlich erlebe. Ich trainiere damit das Netzwerk, das ich brauche, um diese Zukunftsperspektive real werden zu lassen. So einfach und kreativ ist das. Mein Gehirn ist ein Visionär, der sich von alten, begrenzenden Einflüssen nicht unterkriegen lässt. Mir scheint, als hätte die Evolution genau das beabsichtigt. Ein Lebewesen, dessen Gehirn weder an die Zeit noch an Tatsachen gebunden ist, kann eine sich immer wieder erneuernde Zukunftsperspektive entwerfen und auf diese Weise in jeder denkbaren Zukunft überleben.

Allerdings darf man nicht vergessen, dass Erinnerungen und Vorstellungen mal beiläufig und mal sehr intensiv sein können. Nicht jedes Erinnern und nicht jede Vorstellung bewirken eine umfassende Neuprogrammierung, weil das Gehirn sich an die eigenen Regeln hält. Das Denken entstand aus Emotionen, deshalb kann sich wirklich neues Denken auch nur aus neu erlebten Gefühlen entwickeln. Es geht um innere Zustände. So ist es gewesen. So könnte es sich anfühlen. Es geht darum, für einen kurzen, aufwühlenden Augenblick in der Gegenwart tatsächlich zu erfühlen, wie die Vergangenheit oder die Zukunft jetzt wäre.

Es fällt mir schwer zu glauben, dass ich tatsächlich so viel Macht über mein eigenes Leben habe und mir meine Wunsch-Zukunft womöglich antrainieren kann. Das liegt an meiner kulturell geprägten Vorstellung von Zeit. Ich gehe automatisch von einem Zeitpfeil aus, der von der Vergangenheit in die Gegenwart und anschließend in die Zukunft führt. Die Vergangenheit liegt hinter mir und die Zukunft vor mir. Aber manche indianischen Kulturen haben eine andere Vorstellung von Zeit und gehen von einem umgedrehten Zeitpfeil aus. Weil der Mensch hinten keine Augen hat und nicht sehen kann, was dort geschieht, liegt die noch unbekannte Zukunft hinter der Gegenwart und die Vergangenheit davor. Das birgt eine gewisse Logik. Und dann setzt mein Gehirn mit seinem wieder anderen Umgang mit Zeit noch eins drauf: In der neurobiologischen Realität des Gehirns gibt es gar keinen Zeitpfeil. Das Gehirn speichert nicht die zeitliche Abfolge von Ereignissen, sondern deren Gesamteindruck, der wiederum nur in der Gegenwart abgerufen werden kann. Im Gehirn ist die Gegenwart der Fixpunkt, um den sich alles dreht, sie besitzt deshalb die größte Macht. Vergangenheit, Gegenwart und Zukunft existieren nicht nacheinander, sondern in gewisser Weise alle zur gleichen Zeit, nämlich im Jetzt. Das Gehirn ist zeitlos.

Diese Zeitlosigkeit lässt sich sogar konkret lokalisieren. Ein vergangener Gesamteindruck wird über das Stirnhirn abgerufen, dessen Kreativität wir ebenso brauchen, um uns überhaupt eine Zukunft vorstellen zu können. Das Stirnhirn ist die Instanz, die Vergangenheit, Gegenwart und Zukunft überblicken kann, um zu einer Einsicht zu gelangen. Wenn es also im Gehirn einen Ort gibt, der alle gedachten Zeiten gleichermaßen im Griff hat, dann ist das wohl am ehesten das Stirnhirn.

Aber warum räumt das Gehirn der Zeitlosigkeit eine Bedeutung ein, die es dem Ich nicht zugesteht, das im Gehirn eben keinen konkreten Platz einnimmt? Vielleicht geben mir die anderen Qualitäten des Stirnhirns Aufschluss darüber: Es ist hauptverantwortlich für die Steuerung der Aufmerksamkeit und hat eine gehobene Stellung im Supermarkt des Bewusstseins inne. Zudem vereint es als ethische Instanz Mitgefühl, Verantwortungsgefühl, Ziele und Motivationen in sich – also viele Fähigkeiten, die den Menschen als Menschen auszeichnen. Zeitlosigkeit, Menschlichkeit und Bewusstsein treffen sich im Stirnhirn. Wäre das Stirnhirn keine Materie, die ich mit Hilfe der Gehirnforschung zu verstehen versuche, sondern ein Mensch, den man mir vorstellte, hätte ich folgenden ersten Eindruck: ein entspannter Zeitgenosse, angenehm interessiert, aber zugleich zurückhaltend, scharfsinnig und ein bisschen geheimnisvoll. Könnte ich ihn näher kennenlernen, würde ich feststellen, dass er außergewöhnliche Prinzipien hat, weil er ebenso viel Wert auf ein ethisches und harmonisches Miteinander legt wie auf emotionale Balance und Selbsterkenntnis. Kurzum: eine tolle Person, mit der ich gerne befreundet wäre.

2 / 12 Jahre / Scheintod

Meine Schule ist nach einer adligen Widerstandskämpferin im Dritten Reich benannt und für Eltern attraktiv, weil sie wenig kostet und die Lehrer sich mehr um die Schüler kümmern als anderswo. Ich mag die Schule nicht.

Sie hat einen großen Park mit alten Bäumen und einem Schotterweg, der um eine Wiese herum führt. Auf halbem Weg kommt rechts ein kleiner, mit Büschen bewachsener Hügel mit einem unter Blättern versteckten Trampelpfad. Dort laufe ich in der großen Pause immer hoch und warte, bis es wieder klingelt. Das ist am sichersten. Ich möchte Katrin nicht begegnen und auch sonst niemandem aus meiner Klasse.

Alles fing aus heiterem Himmel an, als sie von einer anderen Schule zu uns kam. Ich meldete mich im Unterricht und plötzlich lachte Katrin: „Du kannst den Finger wieder runternehmen, blöde Kuh. Du bist viel zu dumm, um etwas zu wissen."

Ich erinnere mich noch so genau, weil ich so erschrocken bin. Eine Weile lang war sie meine Freundin gewesen, zumindest dachte ich das. Ich mochte ihre große Klappe und dass sie ganz anders aussah als die anderen, mit ihren schwarzen Nietenhosen und Totenkopf-Shirts.

Das ist jetzt zwei Jahre her. Endlos oft denke ich darüber nach, warum Katrin das damals gesagt hat. Mir fällt dazu nur ein, dass ich einmal nicht tat, was sie wollte, und ihr meine Mütze nicht schenkte. Es war doch meine Lieblingsmütze. Eigentlich kann das aber nicht sein. Wahrscheinlicher ist, dass jemand, der so toll ist wie sie, jemanden, der so blöd ist wie ich, eben nicht mag. Das muss unser Deutschlehrer bestimmt auch gedacht haben, sonst hätte er etwas gesagt.

Es klingelt. Widerwillig setze ich mich in Bewegung, während ich mit meinen Augen den Park absuche. Plötzlich höre ich von der Seite: „Hey, was für ein niedliches rosa Höschen. Hat dir die deine Mami gekauft?"

Das ist einer von den älteren, hübschen Jungs, die immer teure Sachen anhaben. Ich tue so, als würde ich ihn nicht hören. Meine Kehle fühlt sich an wie abgeschnürt. Die anderen Schüler lachen hinter meinem Rücken. Dafür habe ich ziemlich freie Bahn bis zum Klassenzimmer.

Im Unterricht melde ich mich lieber nicht mehr und bleibe in den kleinen Pausen still auf meinem Stuhl sitzen, so, als wäre ich gar nicht da. Das funktioniert halbwegs. Bis auf den Kloß in meinem Bauch.

Dann ist Schulschluss. Ich will schnell aus der Tür, als Katrin über mehrere Sitzreihen schreit: „Hey, Miss Piggy, ich habe heute Nacht von dir geträumt. Als ich aufgewacht bin, habe ich weiter gekotzt!"

Zu Hause wartet meine Mutter mit leckerem Essen auf mich.

„Und, wie war es in der Schule?" fragt sie.

„Gut, wie immer", antworte ich mit Kloß im Bauch.

„Was macht deine Freundin Katrin?"

Ich habe keine Lust zu reden und erkläre halbherzig: „Sie ist nicht meine Freundin, Mami."

Meine Mutter zieht eine enttäuschte Miene: „Was? Es ist doch schön, wenn man eine Freundin hat. Sollen wir deine ganze Klasse einmal zu uns einladen und ein paar Spiele machen? Vielleicht findest du dann eine Freundin."

„Nein, bitte nicht! Ich will keine Freundin!", schreie ich, lasse mein Essen stehen und flüchte in den Garten.

Meine Mutter ruft hinterher. „Dann eben nicht. Du bist schon ein seltsames Kind. Und so sensibel. Man meint es nur gut und bekommt eine so undankbare Reaktion. Ich weiß wirklich nicht, was wir bei dir falsch gemacht haben."

Ich will nur weg, zu dem mit Efeu bewachsenen Gerätehäuschen. Es ist schon ganz windschief und fällt sicher bald um. Aber ich liebe es, weil es so viele Ecken hat, in denen ich aufbewahren kann, was ich gesammelt habe: kleine Äste, Blätter, Steine, Moos, tote Käfer. Ich mache damit Bilder auf dem Boden vor der Hütte, weil sie schön aussehen, ich sie immer wieder verändern und schnell verschwinden lassen kann. Heute ist der Boden allerdings vom heftigen Regen noch matschig, so dass ich mir etwas anderes überlegen muss: Das Dach! Es ist flach und perfekt für meine Bilder geeignet. Ich hole die Leiter aus dem Schuppen und klettere hoch, um mein neues Gebiet zu begutachten. Warum bin ich erst jetzt auf die Idee gekommen? Ich klettere wieder runter, sammle noch ein paar Gänseblümchen und ein bisschen Moos und schleppe alles nach oben. Es ist wunderbar, unter den großen Fichtenzweigen zu sitzen, die über das Dach ragen. Ich könnte noch etwas Farbiges für mein Kunstwerk gebrauchen. Der Busch mit den roten Vogelbeeren sticht mir ins Auge. Also wieder runter, alles eingesammelt und in einer Dose mit einem Holzstock zerquetscht. Wieder auf dem Dach zerstreue ich den roten Matsch auf dem Moos und den Gänseblümchen. Großartig!

Das laute Gebrüll meines Vaters weckt mich aus meiner Fantasiewelt. Er läuft auf den Geräteschuppen zu und bleibt mit rotem Kopf davor stehen.

„Komm sofort da runter!", brüllt er.

Irgendetwas hemmt mich, ihm zu gehorchen, bis er noch mehr schreit. Ich verstehe nicht, was los ist. Zögerlich setze ich ein Bein nach dem anderen auf die Leiter. Fast unten angekommen, packt er mich schon am Kragen, gibt mir eine saftige Ohrfeige und schubst mich Richtung Haus.

„So weit kommt es noch, dass meine Tochter alles kaputt macht, was ich bezahlt habe!", höre ich ihn mit sich selbst reden.

„Was habe ich denn gemacht?" frage ich.

„Frage nicht so blöd! Wenn du da oben rumtrampelst, ist das Dach hinüber! Es gibt kleine Risse im Blech, und das nächste Mal regnet es rein."

„Das habe ich nicht gewusst", versuche ich mich zu verteidigen.

Mit einer abwertenden Handbewegung macht er deutlich, dass er mir nicht glaubt.

„Ach was, stelle dich nicht so an. Das weiß doch jedes Kind."

Ich bin mir in diesem Moment ganz sicher, dass die Menschen Recht haben, die mich nicht mögen. Ich habe nichts zu bieten, was man mögen könnte. Am besten wäre es, es gäbe mich gar nicht. Der Kloß in meinem Bauch ist wieder da. Er tut mir weh. Ich kann doch nichts dafür, dass es mich gibt. Ob wenigstens der liebe Gott mich mag? Plötzlich fliegt eine Krähe über mich hinweg, landet auf dem Gerätehäuschen und krächzt ohrenbetäubend, als würde sie gegen etwas protestieren. Für einen Moment vergesse ich den Kloß in meinem Bauch und hoffe, dass alles wieder gut wird.

Als Erwachsene auf der Suche:
Von der Chemie zur Liebe

Wieso mein Wille einen weisen Helden braucht

Durch die Beschäftigung mit dem Gehirn sind einige meiner alten Vorstellungen ins Wanken geraten. Zum einen hielt ich mich bisher für den Chef, der alle Entscheidungen fällt. Doch mein Ich spukt in meinem Gehirn nur herum, ohne einen konkreten Platz zu besitzen. Meine Persönlichkeit verrät mir nicht, wer ich bin, sondern nur, wie ich das Überleben gemeistert habe. Zum anderen spielt mein Unbewusstes eine größere Rolle, als ich dachte. Es fällt Entscheidungen mit, indem es vorsortiert, was überhaupt bewusst wird. Mein Ich und mein Unbewusstes stecken unter einer Decke. Ich könnte das auf einen Nenner bringen: Wenn ich unbewusste Entscheidungen fälle, bin ich ein Gespenst. Darunter verstehe ich eine Erscheinung, die meine Sinne täuscht, oder eben einen Zombie, einen lebenden Toten. Beides erscheint mir nicht sonderlich attraktiv. Aber mich fasziniert dieses Stirnhirn, das ich entdeckt habe. Es nimmt im Gegensatz zu meinem Ich sogar einen konkreten Platz im Gehirn ein, ist greifbar und kein Gespenst. Ist vielleicht mein Stirnhirn der Chef, der Entscheidungen bewusst treffen könnte?

Eine bewusste Entscheidung zu treffen ist gar nicht so selbstverständlich, wie ich dachte. Ich brauche dazu nämlich einen freien Willen. Den meine ich natürlich zu besitzen. Aber ein Blick in das Gehirn lässt auch andere Schlussfolgerungen zu, wie ich in dem Buch „Mind Time" des Neurophysiologen Benjamin Libet lese. Er beschreibt, was die deutschen Neurologen Hans Helmut Kornhuber und Lüder Deecke 1965 herausfanden. Einer Handlungsabsicht geht eine elektrische Veränderung der Gehirnaktivität vor allem am Scheitel voraus. Sie setzt ein, bevor die Versuchsperson eine Handlung ausführt, und wurde daher *Bereitschaftspotenzial* getauft.

1979 hat Benjamin Libet selbst weiter experimentiert. Er wollte herausfinden, wann genau die bewusste Absicht einsetzt, eine Handlung auszuführen. Ein denkbarer Ablauf wäre, dass die Handlungsabsicht eine Veränderung der Gehirnaktivität (Bereitschaftspotenzial) hervorruft und dann eine Handlung in Gang kommt. Die Entscheidung, eine Handlung auszuführen, gilt ja im Allgemeinen als die Ursache einer Handlung. Genau da liegt das Problem. Die Entscheidung wird aus freiem Willen getroffen – und der ist ein äußerst subjektives Phänomen. In einem Experiment lässt er sich nicht von außen beobachten, sondern die Versuchsperson muss sich dem Versuchsleiter dazu irgendwie mitteilen. Würde die Versuchsperson „jetzt" sagen oder einen Knopf drücken, sobald sie einen bewussten Willen äußern möchte, verfälschte die dazu notwenige Gehirnaktivität das Ergebnis. Libet kam deshalb auf die Idee, eine besondere Uhr für die Zeitbestimmung zu entwerfen. Ein Lichtfleck umkreist ein Ziffernblatt in 2,5 Sekunden. Die Versuchsperson wird darauf trainiert, innerhalb von 1 bis 2,5 Sekunden den spontanen Entschluss zu fassen, das rechte Handgelenk oder einen Finger der rechten Hand zu beugen. Sie muss sich zu genau dem Zeitpunkt, an dem sie die Entscheidung zu einer Bewegung fasst, die Position des Lichtflecks auf der Uhr merken und dem Versuchsleiter später mitteilen. Der Zeitpunkt der Bewegung wird von einer Elektrode am Handgelenk gemessen, der Zeitpunkt des Bereitschaftspotenzials mit Elektroden am Kopf. Dabei kam heraus: Der Entschluss findet immer 200 Millisekunden vor der Bewegung selbst statt. Das Bereitschaftspotenzial setzt jedoch mindestens 400 Millisekunden vor der Bewegung ein.

Die elektrischen Veränderungen im Gehirn treten also schon auf, bevor der bewusste Wille einsetzt. Die Handlung wird bereits eingeleitet, bevor die Versuchsperson davon weiß. Der Kognitionswissenschaftler Wolfgang Prinz hat in „Hirnforschung und Willensfreiheit", herausgegeben von Christian Geyer, dieses Ergebnis kommentiert mit: „Wir tun nicht, was wir wollen, sondern wir wollen, was wir tun."

Weil die vorbereitenden Vorgänge im Gehirn nicht bewusst ablaufen, müsste der freie Wille demnach eine Illusion des Menschen sein beziehungsweise eine nachträgliche Rechtfertigung der Entscheidung, die das Gehirn längst getroffen hat. Viele Gehirnforscher sind dieser Überzeugung. Ich kann mich damit nicht so richtig anfreunden, weil eine Frage für mich offen bleibt: Warum sollte mein Gehirn überhaupt Entscheidungen ohne mich treffen?

Ich versuche, eine Antwort darauf zu finden. Das Gehirn hat die Aufgabe, das Überleben zu sichern, möglichst schnell und effektiv. Dazu nutzt es das, was ihm zur Verfügung steht. Die unbewussten, eine Handlung vorbereitenden Vorgänge im Gehirn werden vom Nervennetz produziert. Das Nervennetz ist wiederum ein Produkt der Erfahrungen. Könnte es sein, dass die individuelle Geschichte eines Menschen – die im Gehirn eingebauten persönlichen, sozialen und kulturellen Erfahrungen – Regeln und emotionale Bewertungen vorgibt, nach denen das Gehirn das Passende aussucht und einfach schneller entscheidet, bevor der Mensch ein bewusstes Wörtchen mitreden kann?

Ich habe das Gefühl, frei zu sein, weil mir gar nicht erst bewusst wird, was mich begrenzt. Ich habe das Gefühl, einen Partner frei wählen zu können, weil ich nicht weiß, warum er oder sie eine Anziehung auf mich ausübt. Ich habe das Gefühl, mich frei für eine Karriere zu entscheiden, weil ich nicht weiß, warum ich den Erfolg brauche. Hinter dem, was ich im allgemeinen Freiheit nenne, zieht mein Ich-Gespenst unbemerkt die Fäden. Ein Ich zu sein bedeutet, begrenzt zu sein, weil die Nervennetze durch frühere Erfahrungen gewebt wurden. Ich kann nicht aus allen Möglichkeiten wählen, sondern nur aus denen, die mein Nervennetz bereitstellt. Mein Gehirn als sich selbst managender Überlebenskünstler produziert die Impulse, so oder so zu handeln, auf Basis der vorhandenen Daten. Es entscheidet ohne mich, weil ich in meiner persönlichen Geschichte eingesperrt bin. Das macht für das Gehirn Sinn, wenn man bedenkt, wie schwierig so manche Entscheidung im Leben sein kann. Eine Wahl zu treffen ist nicht einfach. Aus allen Möglichkeiten zu wählen noch schwieriger. Es überfordert schlicht. Und wer überfordert ist, kann sich dem Leben nicht mehr stellen. Die persönliche Welt ist dann nicht mehr im Gleichgewicht. Im Extremfall geht die Kraft zum Überleben verloren. Ein Ich zu haben und mit ihm einen unfreien Willen macht das Leben zunächst einmal leichter. Mein Gehirn meint es gut. Es beschützt mich vor dem Zuviel, das ich unter Umständen nicht verkraften könnte.

Doch will ich mich wirklich ungefragt von meinem Gehirn und den alten Erfahrungen behüten lassen? Als wäre ich ein kleines Kind im Laufstall, das noch nicht in der Lage ist, sein Leben in Freiheit zu meistern? Dagegen scheint nur zu helfen, Unbewusstes bewusst zu machen. Kann ich mich von den Begrenzungen alter Erfahrungen befreien und ein neuer Mensch mit neuen Möglichkeiten werden? Kann ich überhaupt bewusst entscheiden? Und wie soll das gehen?

Was ich bisher über das Gehirn recherchiert habe, dient mir nun als Wegweiser auf meiner Suche nach einer Antwort: Ich habe Gefühle (Zwischenhirn), die mir Nachrichten übermitteln. Ich habe eine Lupe (Großhirn), die mein Gehirn zu einem Organ der Selbsterkenntnis macht. Und ich habe einen neuen Freund (Stirnhirn) an meiner Seite, der still, scharfsinnig und mitfühlend mein Leben mit mir lebt. Er ist aufmerksam und behält den Überblick über Vergangenheit, Gegenwart und Zukunft. Wie mir dieser neue Freund dabei helfen kann, Entscheidungen bewusst zu treffen, beschreibt Benjamin Libet selbst. Er ist der Ansicht, dass sich die unbewussten Impulse, die aus dem Gehirn „hervorsprudeln" und es zu einer Entscheidung veranlassen, bewusst stoppen lassen. Ein Veto ist möglich.

Das stelle ich mir so vor: Falls meine bisherigen Entscheidungen nicht zu einem glücklichen Leben geführt haben, besteht Handlungsbedarf. Ich versuche etwas Neues und vertraue dabei auf meinen Freund, das Stirnhirn. Ich lehne mich zurück und lasse ihn machen. Da er ein zurückhaltendes Naturell hat, beobachtet er nur. Mein Fokus liegt auf diese Weise nicht mehr auf mir selbst, sondern darauf, mich selbst zu beobachten. Sprudeln aus meinem Gehirn Impulse hervor, kann ich als mein eigener Beobachter eine Entscheidung zulassen oder blockieren. Ich wähle aus dem Angebot, das meine persönliche Geschichte bereitstellt, bewusst aus und entscheide frei, was sich davon in meinem Handeln niederschlagen, was unterdrückt oder abgebrochen werden soll.

An der Qualität meiner Entscheidung erkenne ich, ob sie mein Ich oder mein Beobachter getroffen haben. Denn die Fähigkeiten des Stirnhirns erinnern mich an den *kategorischen Imperativ* des deutschen Philosophen Immanuel Kant: „Handle so, dass die Maxime deines Willens jederzeit zugleich als Prinzip einer allgemeinen Gesetzgebung gelten könnte." Eine Entscheidung, die ich als mein eigener Beobachter treffe, hält also hohen ethischen Ansprüchen stand. Aber was habe ich davon?

Mein (wenn auch unfreier) Wille ist in einer persönlichen Geschichte eingebettet, die wichtige Bedürfnisse in das Nervennetz eingeflochten hat. Ein Bedürfnis drückt aus, was ich brauche, damit es mir gut geht. Das Bedürfnis zu befriedigen scheint der Weg zum persönlichen Glück zu sein. Entsprechend essenziell ist mein eigener Wille zur Bedürfnisbefriedigung. Den eigenen Willen nicht durchzusetzen ist scheinbar gleichbedeutend mit Versagen und damit auch mit Glücklosigkeit. Aber führt der unfreie Wille eines Ich nicht nur zu begrenztem Glück, weil es nicht alle Möglichkeiten enthält? Ich wäre zu bescheiden, würde ich mich damit zufriedengeben. Mein (unfreier) Wille und mein Glück sind doch lediglich das Ergebnis von Erziehung und Erfahrung. Wirklich frei und glücklich kann ich erst sein, wenn

ich mich davon löse, indem ich die Position eines Beobachters ein-
nehme und so noch unbekannte Wesensteile in mir selbst kennenlerne: Jemanden, der mehr ist als meine Persönlichkeit, weil er sie um
das ergänzt, was mich zu einem Menschen im höchsten Sinne macht.
Jemanden, der erst zum Vorschein kommt, wenn ich die Eigenschaften des Stirnhirns lebe: Liebe, Mitgefühl, Verständnis, höherer
Intellekt, emotionale Balance, Kreativität, Verantwortungsgefühl,
und vieles mehr. Jemanden, der meiner Persönlichkeit als Freund zur
Seite steht: Eine Art innerer weiser Held, der mein Lebenspanorama
erweitert, weil er mir neue Handlungsmöglichkeiten erschließt, die
mir wiederum ein neues Selbstbewusstsein schenken. Er führt mich
vom unfreien Willen eines Kindes im Laufstall zum freien Willen eines
selbstbestimmten Erwachsenen. Ohne diesen weisen Helden unter-
schätze ich mich selbst als Mensch. Ich mag vielleicht noch nicht so
viel Gutes von mir selbst halten, aber die Evolution schon. Sie fördert,
was für ein besseres Leben notwendig ist. Träfe das nicht auch auf
mein Stirnhirn zu, wäre es schlicht nicht da.

Wie meine Chemie nach
einem Ur-Rhythmus tanzt

Mittlerweile habe ich zwei neue Regale gekauft, um all die Bücher
verstauen zu können, und stelle sie einfach stapelweise hinein. Ich
möchte keine Zeit verlieren und weiter über den weisen Helden nachdenken. Es würde mich nicht wundern, wenn ihm – im Gegensatz
zu meiner Persönlichkeit – Angst fremd wäre. Woher kommt Angst
eigentlich?

Mein System, die wichtige Stellen in meinen Büchern mit gelben
Klebezetteln zu markieren, bewährt sich. Mit einem Griff finde ich
die Urzelle. Als das Leben mit der Geburt des ersten Ur-Individuums
beginnt, hängt es an einem seidenen Faden. Die Urzelle überlebt,
indem sie zwischen *bekömmlich* und *nicht bekömmlich* unterscheidet.

Das eine darf herein, das andere muss draußen bleiben. Je nachdem öffnet sich der halbdurchlässige Schutzmantel der Urzelle oder er schließt sich. Die Urzelle kann nur überleben, weil sie die Balance zwischen Öffnen und Schließen hält. Das ist der Ur-Rhythmus des Lebens. Dieser rein chemische und physische Vorgang entwickelte sich im Lauf der Evolution weiter. Das Nervensystem wanderte vom Rand des Körpers ins Innere und öffnete damit eine innere Welt, die auf immer komplexere Weise mit dem Außen interagiert. Aber der Ur-Rhythmus ist bis heute erhalten geblieben. Ich entdecke ihn in meinem eigenen Erleben wieder, das sich zwischen den beiden Polen Angst und Liebe abspielt.

Wenn ich Angst habe, verschließe ich mich. Die Liebe bewirkt, dass ich mich öffne. Dann können Angst und Liebe doch eigentlich keine individuellen Gefühle und keine stammesgeschichtlichen Emotionsprogramme sein, weil sie als Ur-Rhythmus bereits existierten, bevor es überhaupt ein Gehirn gab. Angst und Liebe sind Ur-Komponenten des Lebens, die der Mensch auf eine Weise erlebt, das Tier oder die Urzelle auf eine andere. Für die Angst leuchtet mir das sofort ein. Das Sich-Verschließen rettet das Leben vor dem Tod. Als Mensch erlebe ich diesen Prozess nicht mehr nur als Schutz vor körperlicher Bedrohung, sondern auch als Ausdruck des gedachten oder gefühlten Überlebenskampfes meines persönlichen Ich, das sich möglicherweise in Gefahr befindet, auch wenn ich satt bin und mir keiner nach dem Leben trachtet. Es kann aufgrund meiner persönlichen Geschichte auf mannigfaltige Weise durch bloße Worte eines anderen verletzt oder getötet werden, auch wenn der andere gar nicht so meint und obwohl ich alle möglichen Schutzvorkehrungen getroffen habe.

Was aber macht die Liebe zu einer Ur-Komponente des Lebens? Als vor rund zwei Millionen Jahren das Gehirn einen enormen Entwicklungsschritt machte, war die Evolution am Zug. Intelligenz ist ein Überlebensvorteil. Deshalb entwickelte sich ein Denkorgan, das zu groß wurde, um vollständig im Mutterleib zu reifen. Der größte Teil des Gehirns musste sich nach der Geburt bilden, und der Nachwuchs kam hilflos auf die Welt. Da die Eltern sein Überleben sicherten, bedurfte es einer engen Bindung, insbesondere zur stillenden Mutter. Die Mutter musste verlässlich und verantwortungsbewusst sein, für Sicherheit sorgen und das Kind in seiner Entwicklung unterstützen. Dazu war es unerlässlich, dem Kind Aufmerksamkeit zu schenken – die Geburtsstunde der Liebe. Liebe ist im Ursinne die mütterliche Fähigkeit, dem Kind Aufmerksamkeit, Sicherheit und Unterstützung zu geben, ohne eine Gegenleistung dafür zu erwarten. Je komplexer und intelligenter der Mensch wurde, desto notwendiger wurde auch die Liebe. Der Mensch ist eben kein von den Genen programmierter Roboter, sondern ein „Kind der Liebe", wie ich bei Gerald Hüther in seinem Buch „Evolution der Liebe" lese. Die Liebe ermöglichte die Evolution des Menschen überhaupt erst.

Kein Wunder, dass sie sich in all ihren Erscheinungsformen tief in meine Biologie eingeschrieben hat, wie mir Joachim Bauer in seinem Buch „Prinzip Menschlichkeit" erklärt. Wenn ich eine Erfahrung mache, die den Qualitäten guter Eltern ähnelt – beispielsweise Beachtung, Zuwendung und Akzeptanz – kurbelt mein Gehirn das sogenannte *Motivationssystem* an. Zwischenhirn und Großhirn schütten Dopamin, Opioide und Oxytozin aus. Dopamin erzeugt Wohlgefühl und Handlungsbereitschaft. Opioide wirken auf die Emotionszentren des Gehirns, stärken Selbstbewusstsein und Lebensfreude. Oxytozin (auch Bindungshormon genannt) ist ein Wohlfühlbotenstoff, der die Bindungsbereitschaft und das Vertrauen in eine andere Person erhöht. Dieser „Cocktail" ist ein körpereigenes Rauschmittel, das sich Menschen gegenseitig durch ihre Zuneigung verabreichen. Dabei spielt es keine Rolle, ob es sich um freundschaftliches Interesse handelt, um ein Lob der Eltern oder um romantisches Werben: Das Motivationssystem springt immer an und reagiert auf die verschiedensten Ausdrucksformen von Liebe. „Der Liebes-Cocktail ist so gut, dass der

Mensch ihm längst verfallen ist", wie es Joachim Bauer, Internist, Psychiater und Facharzt für Psychotherapeutische Medizin am Universitätsklinikum Freiburg, formuliert.

Der versteckte Sinn meiner Entscheidungen, Zielsetzungen und Handlungen liegt also darin, zwischenmenschliche Anerkennung, Wertschätzung, Zuwendung oder Zuneigung zu erhalten und zu geben. Berufliche oder finanzielle Ziele, Mode- oder Lebensstil haben aus der Perspektive des Gehirns den meist unbewussten Sinn, zwischenmenschliche Beziehungen herzustellen beziehungsweise zu erhalten. Unsere Bemühen, als jemand Besonderes gesehen zu werden, hat eine höhere Priorität als die Selbsterhaltung. Menschen, die von der Gemeinschaft ausgegrenzt werden oder keine Beziehungen eingehen können, verlieren alles Interesse am Leben, sie verweigern die Nahrung, werden krank und sterben manchmal sogar. Wenn schon Affenbabys eine künstliche Amme mit Kuschelfell einer Drahtfigur mit Muttermilch vorziehen – sie hungern lieber, als auf Geborgenheit zu verzichten –, dann ist der Mensch erst recht ein auf soziale Resonanz und Kooperation angelegtes Wesen. Der Mensch will sich mit den anderen verstehen, weil ein gutes Miteinander ihn berauscht, weil es ohne die Liebe kein Überleben und keine Intelligenz gibt. Für mich bedeutet das: Aus neurobiologischer Sicht und aus der Perspektive des Gehirns ist der Mensch gut.

Wenn das – als Teil eines Ur-Rhythmus und als Motivationssystem – alles so einfach wäre mit der Liebe, dann müssten paradiesische Zustände auf der Welt herrschen. Da das aber nicht der Fall ist, obwohl die Liebe doch so wichtig für die Evolution des Menschen war, muss es einen Haken geben. Vielleicht handelt es sich ja wieder um ein Missverständnis? Vielleicht verstehe ich unter Liebe manchmal etwas, was sie nicht ist? Liebe ist in ihrer Urform eine Eltern-Kind-Bindung, die zuallererst Aufmerksamkeit, Sicherheit, und Unterstützung beinhaltet. Liebe kann weit über diese Grundaspekte hinausgehen und wird von den Menschen deshalb unterschiedlich erlebt und definiert. Doch eines steht fest: Wenn sich Zweifel einstellen, ob diese Grundaspekte erfüllt sind, ist das ein Hinweis darauf, dass es sich nicht um Liebe handeln kann. Dann wird möglicherweise etwas mit Liebe gleichgesetzt, das ihr nur chemisch ähnelt: die Sucht.

Auf diesen Gedanken bringt mich die New Yorker Anthropologin Helen Fisher. Sie untersuchte die Gehirne Frischverliebter im Kernspintomographen. Je verliebter die Testpersonen waren, desto mehr ähnelte ihre Hirnaktivität der von Menschen unter Drogeneinfluss.

Handelt es sich um eine zwischenmenschliche Sucht, die ich mit Liebe verwechsle, merke ich das daran, dass diese Scheinliebe an mir zerrt und mir nicht guttut. Sie fordert viel und gibt wenig, oder sie gibt alles, ohne mich auf andere Bedürfnisse achten zu lassen. Sie will mir Dinge aufzwingen und mich anders haben, als ich bin. Sie beginnt, Macht über mich zu gewinnen, bis ich an ihr festklebe. Aus Angst, etwas zu verlieren, verbiege ich mich. Und eines Tages ist die Scheinliebe gegangen, und die Entzugserscheinungen kommen. Zwanghaft kreisen meine Gedanken um den scheinbaren Verlust. Wie konnte ich auf diese Scheinliebe hereinfallen? Mein Gehirn verfügte über falsche Informationen, weil ich möglicherweise nicht allzu viele oder verzwickte Erfahrungen von Liebe in der Kindheit und Jugend gemacht habe. Es gibt die verschiedensten Arten von Scheinliebe, die auf Angst und Sucht bauen. Und alle kann ich daran erkennen, dass ich mich in ihrer Gesellschaft nicht wirklich sicher und wohl fühle.

Der Mensch hatte stammesgeschichtlich zwei Millionen Jahre Zeit, die Liebe in sich zu verankern. Ich erkenne sie intuitiv genau. Aber oft genug ignoriere ich die Hinweise, weil ich das aufgrund mangelnder Erfahrungen von Liebe einfach nicht anders gewohnt bin. Mein Gehirn ist eigentlich ein Organ der Liebe, weil es sich ohne sie stammesgeschichtlich gar nicht erst hätte entwickeln können und weil die Biologie des Motivationssystems dort noch immer regiert. Das harmonische Miteinander der Nervenzellen wundert mich ebenso wenig wie ihre gegenseitige Achtung und Transparenz. Ich verstehe das als Liebe zwischen den Nervenzellen. Die größte Kraft im Gehirn ist die Liebe. Ich brauche die Liebe, um in die Gondelbahn einzusteigen, die mich von den Emotionen bis zur höchsten Stufe der Denkfähigkeit und damit zu meinem neuen Freund, dem Stirnhirn, bringt. Dieser, mein innerer weiser Held verdankt seine Existenz der Liebe. Und wo Angst regiert, ist er gerade nicht.

Wie die Liebe meine Gene glücklich macht

Während ich in meinem Leben verschiedene Formen von Liebe erfahre – oder eben nicht –, laufen parallel zum bewussten emotionalen Erleben chemische Prozesse ab, die eine enorme Wirkung ausüben. Sie beeinflussen die ungefähr hundert Billionen Zellen, aus denen unser Körper besteht. Alle Organe und alles Gewebe sind aus diesen Zellen aufgebaut. Sie können ganz verschieden sein und unterschiedlich funktionieren, aber sie haben eines gemeinsam: Fast jede einzelne Zelle enthält in ihrem Kern das komplette menschliche Erbgut mit rund 23.000 Genen. Daher kann die Chemie des Körpers auch die Gene beeinflussen. Gene halten Kontakt zur aktuellen Lebenswelt des Menschen.

Wie das funktioniert lese ich bei Joachim Bauer. Das Gehirn übersetzt Lebens- und Liebeserfahrungen wie auch den Zustand der Psyche in biologische Signale und schüttet entsprechend Botenstoffe aus, die wiederum zahlreiche Gene im Gehirn selbst als auch im Körper beeinflussen. Gene sind eben nicht unveränderbar, wie ich immer dachte, sondern auch flexibel. Sie passen sich aktuellen Bedingungen an.

Das Stressgen CRH (Corticotropin-Releasing-Hormone-Gen) besteht beispielsweise aus zwei Regionen. Die eine ist vererbt und unveränderbar, die so genannte *Codierende Region*; die andere, *Promoter Region*, ist dagegen wandelbar. Sie wird auch *Genschalter* genannt, weil sie wie ein Schalter auf „An" oder „Aus" stehen kann. Der Genschalter, die Verpackung des Gens, ist mit dafür verantwortlich, wie das Gen gelesen wird, und damit so etwas wie das Plus- oder Minuszeichen, das vor einer Zahl steht und ihren Wert – in unserem Fall den des Gens – enorm verändern kann. Am Genschalter des Stressgens CRH docken die chemischen Signalbotenstoffe aus dem Gehirn an, die durch Angst oder Stress produziert werden. Der Entzug zwischenmenschlicher Unterstützung in der Kindheit aktiviert das Stressgen derart, dass es lebenslang auf „An" steht und übersteigerte Angst- und Stressreaktionen hervorrufen kann. Umgekehrt macht liebevolle Zuwendung das Stressgen resistenter, es steht auf „Aus", und ein Mensch ist damit lebenslang weniger leicht aus der Ruhe zu bringen. Diese Veränderung an der Verpackung des Gens nimmt keinen Einfluss auf den eigentlichen Text des Gens, die DNA-Sequenz. Es ist eine sogenannte *epigenetische* (griech. *epi:* hinzu; *genesis:* das Entstehen) Veränderung, die zusätzlich zur eigentlichen genetischen Veranlagung zum Tragen kommt.

Epigenetische Strukturen werden in hohem Maße durch Umwelterfahrungen geprägt. Die eigenen Erfahrungen prägen die Körperchemie und die epigenetischen Strukturen der Eltern, und sie verhalten sich dementsprechend. Das Verhalten der Eltern bewirkt bei ihren Kindern wiederum eine ähnliche Körperchemie und damit ähnliche epigenetische Muster. Die Psyche der Eltern, das, was sie selbst an Liebe, Harmonie, Glück und Sinn im Leben gefunden haben und vorleben, entwickelt sich indirekt zu einem Teil der Biologie und der Gene ihrer eigenen Kinder. In einer Welt, die nicht perfekt ist, scheint es wohl „normal" zu sein, Ängste und Sorgen im biologisch-genetischen System eingebaut zu haben. Doch als mein eigener weiser Held kann ich für mich da sein, mir selbst Aufmerksamkeit schenken, Sicherheit und Unterstützung geben, mich lieben. Allerdings muss ich das erst noch lernen.

Das bringt mich auf eine Spur. Lernen bedeutet in einem existenziellen Sinn herauszufinden, was gut ist. Unsere stammesgeschichtlichen Vorfahren probierten unreife grüne Früchte und reife rote.

Meist waren es die roten, die guttaten und schmeckten. Die Vorfahren wussten das nicht, sondern versuchten es einfach. Sie öffneten sich für neue Möglichkeiten und konnten dadurch die Erfahrung machen, dass etwas Unbekanntes besser als erwartet war. Dafür gibt es im Gehirn spezielle Nervenzellen, wie ich in dem Buch „Braintertainment" der Mediziner und Psychologen Manfred Spitzer und Wulf Bertram erfahre. Im Mittelhirn, einem Bereich des Stammhirns, gibt es eine kleine Ansammlung von Nervenzellen, die den Neurotransmitter Dopamin produzieren. Sie liegen in einem Gebiet mit dem Namen Area A10. Die Nervenzellen in Area A10 bewerten und vergleichen alle eintreffenden Informationen. Bleibt alles beim Alten, passiert gar nichts. Ist etwas besser als erwartet, also im positiven Sinne neu, feuert Area A10 wild. Das hat Konsequenzen für die Gehirngebiete, mit denen Area A10 verbunden ist: das limbische System und das Stirnhirn. Das limbische Belohnungssystem produziert opiumähnliche Stoffe, die glücklich machen, und schüttet sie ins Stirnhirn aus. Darüber hinaus produziert das Stirnhirn Dopamin. Das entspricht einer Art Doping: Ich kann klarer denken, bin wacher, aufmerksamer, lerne besser und verarbeite Informationen schneller. Area A10 ist dazu da, dass ich kontinuierlich nach dem strebe, was für mich gut ist. Der Schritt auf unbekanntes Terrain, der Mut zu neuen Erfahrungen (sich öffnen) abseits alter Vorstellungen und Verhaltensmuster, wird belohnt – mit Glück.

Indem ich mich selbst beobachte, lerne ich mich besser kennen, beginne zu verstehen, warum ich so bin, wie ich bin, und komme so zu einer Einsicht. Ein unvorteilhaftes Nervennetz fliegt auf. Es hat ausgedient. Jetzt gibt es neue Möglichkeiten, eine größere Freiheit entsteht. Das ist wesentlich besser als erwartet. Area A10 feuert wild. Ich bekomme quasi einen Oscar verliehen. Dazu muss ich nicht nach Hollywood fliegen, und das Ereignis wird auch nicht im Fernsehen übertragen. Aber Area A10 überreicht mir unter tosendem innerem Applaus die mit körpereigenen Opioiden getränkte „goldene Mohnkapsel" mit den Worten: „Du hast wahrlich Großes geleistet! Dank deiner selbst weißt du, was gut für dich ist." Ich trete etwas verlegen und überwältigt vor das innere Mikrophon und sage vielleicht: „Ich bin überwältigt und kann nicht fassen, dass ich hier oben stehe. Ich möchte all denen danken, die für meine veralteten Nervenverknüpfungen verantwortlich waren. Ohne sie hätte ich diesen Moment nie erlebt." Die Evolution hatte ein ganz konkretes Interesse daran, diese Biologie im Menschen zu verankern.

Wulf Bertram und Manfred Spitzer berichten in ihrem Buch außerdem von einer Studie, die 2001 in den *Annals of Internal Medicine* veröffentlicht wurde: Glückserlebnisse haben Einfluss auf die Lebenserwartung. Man verglich 762 Oscar-Gewinner für Haupt- oder Nebenrollen mit einer Kontrollgruppe aus 887 Schauspielern, die im selben Film mitspielten, das gleiche Alter und Geschlecht hatten, aber keinen Filmpreis bekamen. Die Oscar-Gewinner lebten 3,9 Jahre länger. Wer mehrere Filmpreise erhielt, lebte sogar sechs Jahre länger. Dagegen würde die Lebenserwartung der Gesamtbevölkerung nur um zwei bis drei Jahre steigen, wären alle Krebserkrankungen heilbar.

Ein Oscar-Gewinn ist ein einschneidendes emotionales Ereignis, das sich drastisch auf die Lebenserwartung auswirkt, weil es einen Liebesbeweis in Form von Aufmerksamkeit anderer bedeutet. Selbsterkenntnis kann ebenso ein einschneidendes emotionales Ereignis darstellen, weil sie ein Liebesbeweis in Form der eigenen Aufmerksamkeit ist. Das Motivationssystem springt bei Oscar-Gewinn und Selbsterkenntnis-Gewinn gleichermaßen an, da man jeweils Zuneigung erfährt. Daraus ergibt sich für mich ein Glücksrezept für ein langes Leben: liebevolle Selbsterkenntnis – die ich im Gegensatz zu einer Oscar-Verleihung selbst in der Hand habe. Womöglich ist das schon alles, worum es im Leben eigentlich geht?

Wie ich mich neu entdecke

Liebe – das Sich-Öffnen – war zu Beginn des Lebens schon ein Teil des Ur-Rhythmus der Urzelle. In gewisser Weise begann das Leben also mit Liebe. Wenn ich mir das Motivationssystem in Erinnerung rufe und Area A10, dann bin ich sicher: Das Leben ist seit seinem Anfang einen Weg der Liebe gegangen und hat auch beim modernen Menschen nicht damit aufgehört. Evolution bedeutet ein Sich-Öffnen für etwas Neues, das *bekömmlich* ist und Vorteile bietet. Sie ist für mich damit ein Weg der Liebe. Ich fühle mich tatsächlich schon ein wenig von ihr geliebt. Sie hat mir ein Carepaket mit auf meinen Lebensweg geben, ein Ich-Modell als Werkzeug zum Überleben, ein Motivationssystem zur Navigation, ein Stirnhirn, das mir als weiser Held zur Seite steht, und ein Denkvermögen, um mir all das bewusst zu machen.

Die Evolution als einen Weg der Liebe zu betrachten ist mir völlig neu. Bisher machte ich mir ein eher gewalttätiges Bild von ihr, nach dem Motto: fressen und gefressen werden. Mich ermutigt, dass meine Entwicklungsgeschichte als Mensch nicht nur grausam ist, sondern auch eine Geschichte der Liebe erzählt. Ich spüre dadurch fast einen Rückenwind, der meine Schritte im Leben unterstützt, weil ich mich plötzlich als jemanden verstehe, der aus einer Familie stammt, auf die er stolz sein kann. Zwei wichtige Erkenntnisse machen mir außerdem deutlich, wie viele neue Chancen ich habe: Mein Gehirn ist in der Lage, sich durch neue Erfahrungen anders zu vernetzen, und meine epigenetischen Muster können durch neue Erfahrungen anders verschaltet und Gene damit anders gelesen werden. Ich mag vielleicht der Ansicht sein, keine besonderen Veranlagungen, Talente und Fähigkeiten zu besitzen, doch womöglich konnten sie sich bisher einfach nicht im Nervennetz oder in den Genen durchsetzen.

Während ich darüber nachdenke, fällt mir der menschliche Recyclinghof wieder ein, der sich vor allem durch eine Maxime auszeichnet:

Selbsterkenntnis. Sein Zweck ist, Altes zu sortieren und zu sammeln, um Neues daraus zu machen. Dieses Verfahren wurde aber nicht vom Management des Recyclinghofs, dem Stirnhirn, etabliert, sondern von der Gründerin des Recycling-Unternehmens: der Evolution. Seit Jahrmilliarden schreitet die Evolution immer weiter voran. Warum sollte sie ausgerechnet beim Menschen damit aufhören? Nach all dem, was ich bisher recherchiert habe, kann die fortlaufende Evolution des Menschen nur in seinem Bewusstsein stattfinden, das sich in den letzten Jahrzehnten rasant veränderte. Umweltschutz, gewaltfreie Erziehung und Meditation sind nur drei Themen von vielen, die Mitte des 20. Jahrhunderts lange nicht so populär waren, wie sie es heute sind. Ich entdecke in diesen Themen meinen weisen Helden, der sich verantwortungsvoll und mitfühlend zu Wort meldet. Die Wertevorstellungen der Menschen verändern sich mit den veränderten Lebensbedingungen einer sich wandelnden Welt ebenso wie mit den Erfahrungen, die jeder Einzelne darin macht. Der nächste Schritt auf dem Evolutionsweg der Liebe ist die Selbsterkenntnis des Menschen, ein weiser Held zu sein.

Das hilft mir, den ersten Versuch einer Antwort auf die Ausgangsfrage meiner Recherche zu wagen: Wer bin ich und warum bin ich wozu da? Ich bin nicht die Nuria, für die ich mich immer hielt, eine Frau mit ein paar guten und ein paar mehr schlechten Eigenschaften. Ich bin einfach Nuria, die aus gutem Grund so ist, wie sie ist. Ich bin gut, wie jeder Mensch von Natur aus gut ist. Ich bin auch mein eigener weiser Held, den ich um Rat fragen kann. Obwohl ich ihn noch nicht recht kenne, spüre ich doch, dass er da ist, dass er mir freundschaftlich gesinnt ist, dass er mehr kann und weiß, als ich mir selbst zutraue. Er kann mir zeigen, wer ich eigentlich bin: ein Mensch im höchsten Sinne, so frei und voller Liebe, geistig erwachsen und selbstbestimmt, dass mir fast schwindelig wird.

Ich bin viele mögliche Entwicklungsschritte, die ich gehen kann – wann und wie ich möchte. In mir liegt alles bereit, was ich gebrauchen könnte, und mein Gehirn hört auf meine Entscheidung. Seine Funktionsmechanismen scheinen mich förmlich mit der Nase darauf stoßen zu wollen, meine Entwicklungsschritte nicht nur zu erkennen, sondern auch zu machen.

Alles was ich glaube, momentan zu sein, bin ich nur theoretisch. Ich habe Bücher gelesen, mir Gedanken gemacht, mich ein bisschen mit meiner Persönlichkeit beschäftigt. Was aber passiert, wenn ich meine theoretischen Erkenntnisse tatsächlich praktisch erlebe und erspüre? Das wäre ein weiterer Entwicklungsschritt, und dann nehme ich womöglich eine andere Perspektive ein, um neu zu definieren, wer ich bin. Genau dieser Prozess mag der Grund sein für meine Existenz auf der Welt. Wenn dem so ist, bin ich bereit, dafür alles auf den Tisch zu legen, was ich besitze: die Altlasten nicht mehr tauglicher Nervennetze und epigenetischer Muster, das Gefängnis meiner Vergangenheit und meines Unbewussten. Das fällt mir ehrlich gesagt nicht leicht, weil ein unbekanntes Leben vor mir liegt. Mir ergeht es nicht anders als einer Raupe, die sich, getrieben von einem inneren Ruf, verpuppt, ohne zu wissen, was passieren wird. Mein Gehirn beschreibt mir genau, wie es ist, in einem Kokon zu sein: unfrei und doch der Freiheit nahe, gebeutelt von persönlichen Krisen und doch mit viel mehr Möglichkeiten ausgestattet, als sich bisher zeigen konnten. Das Leben in einem Kokon ist turbulent, hin- und hergerissen zwischen zwei Extremen, dem alten Unbewussten und einem neuen Selbstbewusstsein. Ich bin Nuria, eine stachelige Raupe, die noch nicht weiß, wie es sich anfühlt, ein bunter Schmetterling zu sein, der federleicht und elegant von Blume zu Blume flattert und die Sonnenseite des Lebens genießt. Aber ich sehne mich danach und spinne voll neuer Zuversicht Gedankenfäden in meinen Kokon.

3 / 16 Jahre / Speedkatharsis

Ich habe keinen Schimmer, warum ich eine Antwort wusste, als der Lehrer den Stoff der letzten Stunde wiederholte und abfragte, wie das heiße, was die alten Griechen mit ihrer antiken Dichtung beim Publikum erreichen wollten. Er sah mich völlig ungläubig an, als ich mich meldete. Kein Wunder eigentlich, weil ich mich sonst nie am Unterricht beteilige. „Katharsis", antwortete ich, „das bedeutet innere Reinigung, das wollten die alten Griechen bei ihrem Theaterpublikum bewirken." Ich habe mich nicht daran erinnert. Ich habe es auch nicht zu Hause gelernt. Es war einfach da, als wäre nichts leichter auf der Welt. Das bedeutet aber nicht, dass mich irgendetwas in der Schule interessieren würde. Auch ein Schulwechsel hat daran nichts geändert. Wozu soll ich eine neue Sprache lernen, wie Französisch, oder eine alte, wie Latein? Ich kenne keine Franzosen, will nicht nach Frankreich und eine Zeitmaschine, um ins alte Rom zu reisen, habe ich auch nicht. Wozu soll ich physikalische Gesetze lernen, wenn ich sowieso nicht verstehe, wie diese Welt funktioniert und warum sie sich dreht? Was soll ich mit Religion anfangen, wo mir doch kein Gott je begegnet ist?

Was genau eine innere Reinigung ist, keine Ahnung. Wie kommt so etwas zustande und wie läuft das ab? Hätte mich interessiert, hat der Lehrer aber nicht erklärt. Ist auch egal. Ich fahre nach Hause. Da wartet schon mein Vater. Er ist gestresst. Das erkenne ich an seinem glasigen Blick und den leicht zerzausten Haaren. Die neue Terrasse im Vorgarten scheint gerade fertig geworden zu sein. Ein Berg von übrig gebliebenen Pflastersteinen liegt in der Toreinfahrt.

Mein Vater begrüßt mich: „Du kannst auch einmal etwas helfen. Die Pflastersteine müssen hier weg. Nimm dir die Schubkarre und bring sie in den Garten ganz nach hinten an den Zaun."

Ich schaue ihn ungläubig an: „Das ist nicht dein Ernst. Bin ich Arnold Schwarzenegger?" Der Garten ist ziemlich groß, der Berg mit Pflastersteinen auch.

Seine Antwort kommt in gestochen scharfer Tonlage: „Hier können sie nicht liegen bleiben. Ich diskutiere nicht mit dir vor den Nachbarn."

„Werden die Steine nicht von der Firma wieder abgeholt, die sie auch geliefert hat?", frage ich, jetzt auch genervt.

Er zieht mich in den Hauseingang, schließt die Türe und schreit: „Nicht vor nächster Woche! Stelle dich gefälligst nicht so an! Setz deinen dicken Hintern in Bewegung und tu, was ich dir sage! Sonst weht bald ein anderer Wind!"

Ich soll also alle Pflastersteine durch den Garten schleppen, damit sie dort nächste Woche wieder abgeholt werden können? Muss ich den Berg dann wieder nach vorne schleppen? Ich traue mich nicht mehr, das zu fragen. Mit klarem Verstand ist diese in meinen Augen sinnlose Aufgabe nicht zu bewältigen. Da kann nur das Gramm Speed helfen, das oben in meinem Zimmer liegt. Nach jeder dritten Schubkarre, die ich volllade, nach hinten in den Garten fahre und dort wieder ablade, renne ich schnell hoch in mein Zimmer und ziehe eine Nase. Ich weiß nur, dass es fit und glücklich macht. Beides kann ich jetzt gebrauchen. Eine Stunde und neun Fuhren später ist das Pulver weg. Aber die Wirkung bleibt aus. Es macht auch mit Speed keinen Spaß, und ich ärgere mich, dass das verfluchte Zeug nichts taugt. Plötzlich legt mein Vater seine Hand auf meine Schulter. Was hat er eigentlich die ganze Zeit gemacht? Erst jetzt bemerke ich, dass wir Besuch haben, einen Nachbarn. Mein Vater lässt sich, immer noch die Hand auf meiner Schulter und mit einem mir bis dahin unbekannten, wohlwollenden Ausdruck auf dem Gesicht zu der Bemerkung hinreißen: „Ja, ja, meine Tochter. Die arbeitet nicht gerne. Aber wenn sie sich mal in Bewegung setzt, dann ist sie nicht zu halten." Er lacht dabei, als habe er endlich den Teufelsbraten in mir entdeckt, den er jahrelang mit seiner Erziehung zu schaffen hoffte.

Ich muss wie eine Herde arbeitswütiger Obelixe durch den Garten gerannt sein und die Steine durch die Gegend geschleudert haben, als seien es Streusel auf einem Rhabarberkuchen. Ist auch egal. Jetzt darf ich wenigstens weg. Ich dusche und ziehe meine Lieblingssachen an, die schwarze Nietenhose und das schwarze T-Shirt mit Totenkopf, höre noch ein paar blöde Sprüche über meinen dicken Hintern beim Rausgehen, dann bin ich weg.

An unserem Platz unter der Autobahnbrücke, umgeben von Beton, mit Blick auf den Neckarkanal und die Schokoladenfabrik am Ufer, treffe ich Ludo. Ich erzähle ihm, was ich mit dem Speed gemacht habe. Er schaut vom Lagerfeuer auf und mich mit großen Augen an: „Das ganze Gramm in einer Stunde?" Großes Gelächter. „Da werden wir wohl durchmachen müssen, denn pennen kannst du heute sicher nicht mehr."

Ich werde nicht um Mitternacht zu Hause sein. Warum auch?

Von Ludo bekam ich meinen ersten Kuss, in dem dunklen Billard-Schuppen, in dem ich regelmäßig die Schule schwänze. Er ist das, was ich „meine Rettung" nennen würde: Schon 19 und kurz vor dem Abitur, eine verwegene Hülle mit schüchternem Kern und schwarz gefärbten Haaren, Gelegenheitsfahrer des elterlichen Porsches und Besitzer ungeheurer Mengen einer klebrig dunkelgrünen, hellbraunen oder schwarzen Masse, die in Plattenform gepresst ist. Er schneidet sie mit einem Fleischermesser in kleine Stücke und bröselt sie in seinen Tabak. Bevor er sie mit mir raucht, klebt er drei kleine Papers zu einem Großen zusammen und rollt einen Filter aus einem Stückchen Karton der Zigarettenschachtel. Ein faszinierendes Ritual, mit dem wir unsere Freundschaft besiegeln.

Ludo heißt eigentlich Ludowig. Aber wer will schon so genannt werden. Er ist ein schulischer Versager wie ich, zwei Köpfe größer mit breiten Schultern und O-Beinen. Ludo drückt mir ein kleines Stück Esspapier in die Hand, auf dem der Kopf eines rosa Comic-Drachen zu sehen ist. Die andere Hälfte mit dem Hinterteil des Drachens fehlt. Ich bin beleidigt, weil ich nur eine halbe Portion bekomme, aber er meint, ich hätte das noch nicht gemacht und es sei schließlich starkes Zeug. Leuchtet mir widerwillig ein. Es schmeckt nach nichts, und passieren tut auch nichts. Die Sonne zieht erste rosa Streifen über die Betonpfeiler der Brücke um uns herum. Plötzlich explodiert mein Kopf. Der graue Beton des Gehwegs kommt immer näher, bis ich darin eintauche. Ich fühle mich unendlich einsam. Je tiefer ich in den Beton versinke, desto kälter und dunkler wird es. Nach einer Weile fühlt sich alles um mich herum eisig an, so als wäre ich lebendig unter Eis begraben. Panik packt mich. Niemand kann mir helfen. Ich bin nicht in der Lage zu sprechen, so schwer ist meine Zunge. Ludo scheint mit seinem eigenen Trip beschäftigt und lacht, während er das noch glimmende Feuer mit seinem Urin löscht. Ich fühle mich getrennt von dem einzigen Menschen, der mir etwas bedeutet. Wenn ich irgendwie realisiere, dass meine Gefühle und die Bilder von dem LSD kommen, habe ich Angst, den Verstand zu verlieren, weil sie so stark sind. Bald kann ich vielleicht nicht mehr zwischen Droge und Realität unterscheiden. Dann wäre ich verloren. Womöglich erinnert mich ein bleibender Gehirnschaden mein Leben lang an diesen Abend. Andererseits sterben bei jedem Alkoholrausch Gehirnzellen, und man merkt davon gar nichts. Wahrscheinlich tut das LSD nur, was psychoaktive Drogen nun einmal tun. Sie holen an die Oberfläche, was im Verborgenen schlummert. Auch nicht gerade beruhigend.

21 Stunden später als vereinbart betrete ich wieder das Haus meiner Eltern, die gerade mit ihren Freunden beim Nachtisch eines gemeinsamen Abendessens sitzen. Das kommt mir gelegen, denn vor Publikum wird nicht geschrien. Auf dem Tisch steht Erdbeerkuchen. Die Belanglosigkeiten ihres Gesprächs höre ich mit halbem Ohr: Ihre Tennismannschaft hat gut gespielt. LSD und Erdbeerkuchen sind ein starker Kontrast. Horror und heile Welt an einem Tag. Was davon ist wahr? Der Boden unter meinen Füßen fühlt sich plötzlich durchlässig an, als könnte ich selbst ihm nicht mehr trauen. Wie auf Eiern wanke ich in mein Zimmer.

Heftige Angst packt mich, stülpt sich über mich, drückt auf meine Brust, so dass ich nach Luft schnappen muss und sich mein Herz vor Schreck verkrampft. Mein Mund ist trocken, meine Zunge dick. Ich fühle mich, als hätte meine letzte Stunde geschlagen. Mein Körper reagiert mit unkontrollierbarem Zittern. Während mein Gebiss klappert, fasse ich mit meinen Armen fest um die Knie und drücke sie gegen die Brust, um den kleinen Rest an Kontrolle nicht zu verlieren. Auszuhalten ist das Beste, was mir einfällt. Aber es erscheint mir unmöglich.

Weit entfernt höre ich im Hausgang, wie sich die Freunde meiner Eltern verabschieden. Schritte auf der Treppe. Meine Eltern stürmen wütend ins Zimmer und erschrecken bei meinem Anblick. Ich kann es an ihren hilflos fragenden Augen sehen.

„Kind", sagt meine Mutter, „was ist mit dir passiert? Wie kannst du uns das antun?"

Was für eine Welt ist das nur?

Mit einem Genie unterwegs:
Vom Herz zur Kraft

Warum mein Herz und mein Gehirn
sich etwas zu sagen haben

Bei meiner Recherche beeindruckt mich besonders, welch wichtige
Rolle die Liebe für mein Gehirn und dessen Entwicklung spielt. Es
sieht fast so aus, als könnte das Gehirn ein gutes Symbol für die
Liebe abgeben, wenn es nicht schon eines gäbe, das zusammen mit
dem Gehirn ein wichtiger Gradmesser für die Gesundheit ist. Ein
Arzt misst nicht nur die sensiblen Gehirnströme mit einem Elek-
troenzephalogramm (EEG), sondern auch die Herzströme mit einem
Elektrokardiogramm (EKG), um sich ein Bild von seinem Patienten zu
machen. Ich weiß so wenig über das Herz und bin gespannt, was ich
in den neuen Büchern entdecke, die gerade mit der Post eingetroffen
sind. Sie passen nicht mehr in mein Regal. Etwas traurig über die
Unordnung, die sich damit wieder einschleicht, platziere ich den ersten Bücherstapel auf dem Boden.

Beim Durchblättern fällt mir gleich etwas auf: Bisher dachte ich,
das Herz sei im Vergleich zum hochkomplexen Gehirn eher simpel,
eine mechanische Pumpe, ein einfacher Muskel, den man sogar
transplantieren kann. Stimmt gar nicht. Das Herz pumpt mit seinen
durchschnittlich 300 Gramm Gewicht fünf Liter Blut pro Minute. Es
schlägt bis zu 40 Milliarden Mal während eines Menschenlebens und
verarbeitet dabei mehrere Millionen Liter Blut. Das Herz erbringt also
täglich eine erstaunliche Leistung. Außerdem zeigt sich, je mehr ich

recherchiere, dass das Herz mit dem Gehirn regelrecht kommuniziert und umgekehrt. Erstaunlich. Wieso wusste ich davon nichts?

Die Kommunikation zwischen Herz und Gehirn ist mehrsprachig. Zum einen findet über direkte Nervenverbindungen ein Austausch von elektrischen Signalen statt. Zum anderen übermitteln Hormone biochemische Botschaften. Was mir sofort einleuchtet: Das Herz muss Nervenverbindungen zum Stammhirn haben, damit das körperliche Überleben geregelt werden kann. Neu ist mir allerdings, dass der neurologische Einfluss des Herzen sich bis in den Mandelkern fortsetzt, dem emotional so wichtigen Gebiet des limbischen Systems. Der Mandelkern regelt insbesondere das Stressverhalten. Er ist eng verschaltet mit dem Gedächtnis und ein – wenn nicht sogar das – Kerngebiet des limbischen Systems sowie die Quelle der universellen Emotionen wie Freude, Trauer, Furcht, Ärger, Überraschung und Ekel. Das Herz enthält sogar Nervenverbindungen, die bis in das Stirnhirn reichen. Außerdem produziert es neben dem eigenen Hormon ANF auch die Hormone Noradrenalin und Dopamin, die zu den wesentlichen Botenstoffen im Gehirn gehören. Herz und Gehirn sind demnach über einen hormonellen Austausch und über vielfältige Nervenverbindungen miteinander in Kontakt. Das erklärt, warum Infarkte und Blutungen des Gehirns auch mit Veränderungen am Herzen einhergehen können, wie Arrhythmien und Blutdruckkrisen oder sogar Herzinfarkten.

Die amerikanischen Wissenschaftler des *Institute of HeartMath* in Kalifornien haben den Herzrhythmus von verschiedenen Probanden gemessen und herausgefunden, dass selbst die kleinste Veränderung des emotionalen Zustands im Gehirn eine Variation des Herzschlages zur Folge hat. Ärger und Frustration bewirken einen willkürlich zuckenden Rhythmus ohne erkennbaren Zusammenhang. Diese Disharmonie zieht das gesamte Nervensystem in Mitleidenschaft. Liebe und Anerkennung bewirken dagegen einen geordneten und kohärenten Rhythmus, eine Harmonie, die das gesamte Nervensystem ausgleicht und darüber hinaus die Effizienz des Gehirns erhöht. Der Herzschlag wird entsprechend als ein Gradmesser der emotionalen und mentalen Balance betrachtet. Wenn sich Gehirn und Herz synchronisierten, bewirkte das bei den Probanden des HearthMath-Institutes eine erhöhte intuitive Klarheit und mehr Wohlbefinden. Herz und Gehirn sind also keine völlig voneinander unabhängigen Organe, wie ich bisher immer dachte, sondern ein Team. Aber was bedeutet das für mich?

Wenn Gehirn und Herz miteinander kommunizieren, dann kennt mein Gehirn den Zustand meines Herzens. Und umgekehrt weiß mein Herz entsprechend über die emotionale Färbung meiner Gedanken Bescheid. Das Herz reagiert auf das im Gehirn verankerte Denksystem ebenso wie auf die persönliche Geschichte und die daraus resultierende Perspektive, aus der ich mich selbst und die Welt betrachte. Meine Gedanken und Gefühle sind Botschaften meines Gehirns an das Herz. Umgekehrt gibt mein Herz Informationen über seinen Zustand an das Stammhirn, das Zwischenhirn und sogar an das Stirnhirn zurück. Herz und Gehirn haben eine weitere erstaunliche Gemeinsamkeit. Ihre Nervenzellen werden jeweils von den sogenannten *Gliazellen* umgeben. Sie existieren nur im Herzen und im Gehirn und bilden eine Art Stützkorsett, das die Nervenzellen zusammenhält (griech. *glia*: Leim). Ein Großteil des Gehirns, etwa 50 bis 80 Prozent der Gesamtmasse, besteht nicht aus Nerven-, sondern aus Gliazellen. Trotzdem sind sie noch wenig erforscht. Bei der Entwicklung des Gehirns im Mutterleib klettern die jungen Nervenzellen an den Gliazellen entlang, um ihren richtigen Platz zu finden. Auf jede Nervenzelle kommen ungefähr zehn Gliazellen, die eine besondere Eigenschaft besitzen: Sie sind lichtempfindlich. Oder genauer: Sie sind für elektromagnetische Strahlung empfänglich.

Licht ist der für den Menschen sichtbare Bereich elektromagnetischer Strahlung. Jeder Herzschlag produziert zweieinhalb Watt elektrische Energie. Ich könnte mit meinem Herzen folglich eine kleine Glühbirne zum Leuchten bringen. Die elektrische Aktivität des Herzens ist fünftausend Mal größer als die des Gehirns, sie besitzt darüber hinaus magnetische Eigenschaften. In der Schule lernte ich den Magnetismus durch ein kleines Experiment kennen. Unser Lehrer legte ein paar Eisenspäne auf ein Stück Papier und hielt einen Magneten darunter. Die Eisenspäne bildeten kreisförmige Bögen, die von den Polen des Magneten wegführten und wieder zu ihnen zurück. Dieses Experiment macht ein Phänomen sichtbar, das normalerweise für das menschliche Auge unsichtbar ist: ein Kraftfeld.

Auch das Herz ist von einem Kraftfeld umgeben, das über dessen physischen Grenzen hinaus ausstrahlt. Ich stelle mir diese Ausstrahlung wie den Lichtkegel einer Lampe vor, der von den Gliazellen produziert wird und mein Herz umhüllt. Auch die Gliazellen des Gehirns produzieren einen solchen Lichtkegel, ebenfalls ein elektromagnetisches Kraftfeld. Es gibt eine direkte Interaktion zwischen diesen beiden Kraftfeldern und damit neben den Nervenverbindungen und

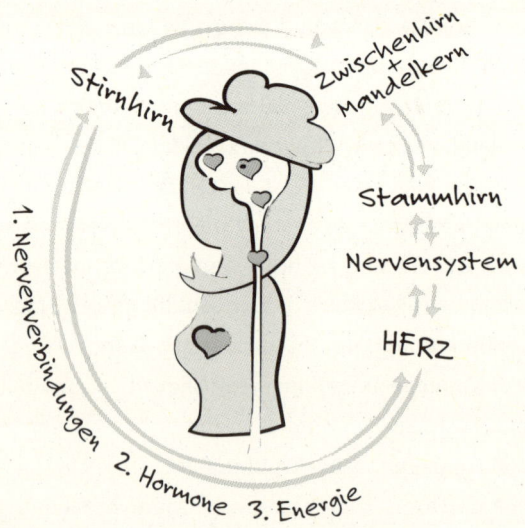

Meine Zeichnung zur Kommunikation zwischen Herz und Gehirn

Hormonen einen weiteren Kommunikationsweg zwischen Herz und Gehirn: einen energetischen Austausch.

Das Herz ist also weit mehr als eine simple Blutpumpe. Es ist ein „Herzgehirn", wie Neurokardiologe J. Andrew Armour 1991 feststellte. Es hat neurologisch gesehen alles, was es dazu benötigt: ein Netzwerk verschiedener Nervenzellen, Botenstoffe, Proteine und unterstützende Gliazellen. Vielleicht ist nicht nur das Gehirn für mein Erleben und Nachdenken entscheidend, sondern auch das Herz. Möglich, dass ich zunächst mein Herz verstehen muss, bevor ich begreifen kann, was das Leben eigentlich ist.

Wie das Kraftfeld meines Herzens funktioniert

Ich habe mich noch nie zuvor mit elektromagnetischen Kraftfeldern beschäftigt und muss gestehen, dass es mir ein bisschen so geht wie den Zeitgenossen des Physikers Michael Faraday, der dieses Phänomen im 19. Jahrhundert entdeckte. Sie hielten seine Ideen für Esoterik. Verständlich, weil sich ein Kraftfeld nicht auf einen Punkt oder eine Linie reduzieren lässt. Es dehnt sich aus und nimmt – unsichtbar, aber messbar – einen bestimmten Raum ein. Das genau macht ein Kraftfeld in der modernen Technik so nützlich für die Überbrückung von Entfernung. Die Nutzung sogenannter elektromagnetischer Kraftfelder hat uns Radio, Fernseher und Mobiltelefon beschert.

Die *University of Utah* hat mit Hilfe des *Magnetic Imaging* beeindruckende Computerbilder dazu geliefert, wie das Kraftfeld des Herzens aussieht. Es bildet kreisförmige Bögen, vom Herzen weg und wieder zu ihm zurück, die sogar über den Körper hinausragen können. Das sieht in etwa so aus wie ein überlebensgroßer Donut, den man sich um die Hüften gelegt hat.

Das Kraftfeld des Herzens kann die Entfernung zum Gehirn überbrücken und umgekehrt. Es ist in der Lage, Informationen zu versenden und zu empfangen, ähnlich wie Radio- und Fernsehprogramme von einer Sendestation augenblicklich ins Wohnzimmer gelangen.

Das Herz arbeitet gewissermaßen wie eine Art Mobiltelefon: Mit jedem Gedanken und Gefühl wähle ich in meinem Gehirn eine Nummer. Augenblicklich klingelt es im Herzen. Was ich am Telefon genau erzähle, spielt für das Herz keine Rolle, auch nicht, wer was wann warum getan hat oder ob es richtig oder falsch war. Das Herz kann als – kleines – Gehirn nicht analysieren. Es hört nur, wie es mir mit all dem geht. Das ist die einzige Information, die es versteht.

Nun haben ja alle Menschen (ebenso wie Tiere) ein Gehirn und ein Herz und damit auch ein elektromagnetisches Kraftfeld. Wenn Magnetismus bedeutet, dass ein Körper auf einen anderen eine Kraft ausübt, dann findet auch ein elektromagnetischer Austausch zwischen Gehirn und Herz zweier Menschen statt, wie das *Institute of HeartMath* bereits belegte. Halten zwei Menschen Händchen, passen sich ihr Herzschlag und ihre Gehirnaktivität aneinander an. Bedeutet das, es gibt eine zwischenmenschliche, energetische Kommunikation über das Herz? Und wenn das Kraftfeld des Herzens, wie das Mobiltelefon, eine enorme Reichweite hat, kann ich dann nicht auch über große Entfernungen hinweg mit jemand anderem Kontakt aufnehmen?

Eine Radiostation sendet ihr Programm auf einer bestimmten Frequenz, die nicht jedes Radio automatisch empfängt, weil man zuerst die passende Frequenz einstellen muss. Übertrage ich das auf mein Herz, dann geschieht die erste Einstellung meiner persönlichen Frequenz bereits im Mutterleib. Ein Embryo entwickelt zuerst ein rudimentäres Herz. Noch bevor der Grundstein für das Gehirn gelegt ist und sich der restliche Körper bildet, schlägt das Herz bereits. Die Wissenschaft kann nicht genau erklären, was den ersten Schlag des Herzens überhaupt auslöst. Entweder das Herz selbst ist der Auslöser oder etwas anderes, das man noch nicht kennt. Das Herz, das sich im Mutterleib bildet, baut das elektromagnetische Kraftfeld, das mich von Anfang an umgibt. Im Laufe des Lebens beeinflussen meine Erfahrungen und inneren Zustände nicht nur die Entwicklung meines Gehirns und die Chemie meines Körpers, sondern auch den Zustand des elektromagnetischen Kraftfeldes meines Herzens (Herzfeld). Meinem psychischen Befinden – mit all seinen möglichen Zuständen, Gedanken und Gefühlen – liegen auf der physischen Ebene elektrochemische Aktivitäten von Nervenzellen zugrunde. Sie werden von den Gliazellen in elektromagnetische Schwingungen übersetzt und müssten demnach – ähnlich wie beim Radio – von einem anderen Menschen empfangen werden können. Das, was bei ihm ankäme, wäre keine Kopie meiner analytischen Gedanken, sondern ein Eindruck meines inneren Herzenszustandes. Dieser Mensch könnte nicht meine Gedanken lesen, sondern mein Herz. Allerdings nur, wenn er in der Lage wäre, die entsprechende Frequenz einzustellen. Dazu müsste er sensibel genug sein, um seinem eigenen Herzen zuhören und zugleich ein anderes verstehen zu können.

Es kommt also nicht von ungefähr, wenn ich das Gefühl habe, dass die Chemie zwischen mir und jemand anderem stimmt. Es bedeutet nichts anderes, als dass ich elektromagnetisch erfasse, dass unsere Nervenzellen ähnlich ticken. Ich habe eine intuitive Information von meinem Herzen erhalten, die an das Gehirn weitergeleitet wurde und dort zu dem Gedanken führt: Die Person ist mir sympathisch. Dazu muss jemand nur den Raum betreten, in dem ich mich gerade aufhalte. Es braucht kein Gespräch und kein Hintergrundwissen über denjenigen. Die Macht, die ich dem ersten Eindruck zuspreche, entspringt diesem elektromagnetischen siebten Sinn. Ich besitze durch mein Herzgehirn eine intuitive Intelligenz.

Da frage ich mich doch, inwieweit es für mein Leben nützlich sein kann, diese Fähigkeit meines Herzens genauso intensiv zu trainieren wie die Fähigkeit meines Verstandes? Eine Schule des Herzens müsste es geben, in der ich lerne, diese intuitive Intelligenz bestmöglich einzusetzen und an immer neuen Herausforderungen zu messen. Vielleicht würde ich mit Hilfe meines Herzens Probleme ganz anders lösen. Globale Überlebensfragen wie die Vereinbarkeit von Klimarettung und Wirtschaftsinteressen führen mich an die Grenzen meines Verstandes. Der Mensch befindet sich in einer paradoxen, scheinbar unlösbaren Situation, die sein Leben bedroht. Darauf ist die Evolution spezialisiert. Da bietet sich das Herz mit seiner großen, noch so wenig entdeckten Kraft und Sensibilität förmlich an, um neue Anstöße zu geben. Das Zeitalter des Verstandes im 20. Jahrhundert erleichterte uns durch seine Errungenschaften das Leben zunächst, bedroht jedoch heute die Lebensgrundlagen einer gesunden Natur. Das 21. Jahrhundert sollte zu einem Zeitalter des Herzens werden, in dem die intuitive Intelligenz zu neuen Errungenschaften führt, die das Leben auf gesunde Art bereichern.

Warum ich ein schwingungsfähiges System bin

Da ich mich nirgends offiziell für eine Schule des Herzens anmelden kann, ist meine Recherche mein Lehrer. Was verrät mir das Herz über seine intuitive Intelligenz und wie funktioniert sie? Ich habe mir mein Herzfeld als eine Art Lichtkegel vorgestellt, der aus elektromagnetischer Strahlung besteht, einer für den Menschen unsichtbaren Form des Lichts. Dieser Lichtkegel nimmt einen bestimmten Raum ein, weil Licht sich bewegt wie Wasser, das gerade in ein Glas gegossen wurde. Im Inneren des Lichtkegels befinden sich Lichtwellen. Es gibt breite Wellen, die gemächlich dahinschwappen, und hohe, die hektisch herumplätschern. Ein Lichtkegel, der aus vielen hohen Wellen besteht, verfügt über entsprechend viel Kraft. Die Höhe und Häufigkeit der Wellen wird im Herzen als *Schwingung* gemessen. Das bedeutet: Was ich im Kopf denke und fühle, wird im Herzen zu einer Kraft, die sich anhand ihrer Schwingung messen lässt.

Da fällt mir etwas ein, was ich über die Urzelle gelesen habe, aber bisher nicht für wichtig hielt. Ich muss einen kleinen Exkurs zurück in die Biologie machen: Die Urzelle hatte die lebenswichtige Aufgabe, die innere Ordnung gegen das äußere Chaos zu behaupten. Ihr Motto lautete: Nicht zu viel und nicht zu wenig. Zu dessen Umsetzung benötigte sie ein Regelungssystem, das anzeigte, wann sie Nahrung von außen aufnehmen muss und wann sie damit besser wieder aufhört, bevor sie sich selbst schadet. Das Grundprinzip dieses Regelungssystems ist die Rückkopplung. Für die Zelle gibt es einen Idealwert für die bestmögliche Versorgung mit Nahrung. Alles, was unter oder über diesem Idealwert liegt, tut ihr nicht gut. Nur das, was nicht gut ist, löst eine Reaktion aus. Wenn alles gut ist, muss auch nichts getan werden. Das Optimum ist das Ziel und kann gar nichts auslösen. Das Manko dieses an sich genialen Systems ist, dass sich der Idealwert nie konstant halten lässt. Ist das Optimum erreicht, kommt noch keine Gegenreaktion in Gang. Erst wenn bereits eine Abweichung eingetreten, also der Idealwert unter- oder überschritten ist, kann das System reagieren. Ein solches System *schwingt* um den angestrebten Wert.

Dieses Rückkopplungssystem spielt auch beim Menschen noch eine existenziell wichtige Rolle. Der Regelungsmechanismus zur Aufrechterhaltung des Blutzuckerspiegels kommt erst in Gang, wenn der Traubenzuckergehalt des Blutserums um einen nennenswerten Betrag vom biologischen Optimum abgewichen ist. Sinkt er, werden Reserven mobilisiert. Die Glykogen-Depots in der Leber setzen Traubenzucker frei und geben ihn ins Blut ab. Zugleich wird die Schwelle für das Programm Nahrungserwerb herabgesetzt. Der Mensch verspürt Hunger, der sich mit zunehmender Dringlichkeit in seinem Bewusstsein durchsetzt und ihn zu beherrschen beginnt, bis er dem Drang nachgibt. Der Blutzuckerspiegel steigt wieder. Die Gegenreaktion „Stopp des Glykogen-Abbaus in der Leber" und „Stopp des Hungergefühls und der Nahrungsaufnahme" kommt in Gang, sobald das Optimum wieder überschritten ist. Somit hebt und senkt sich der Blutzuckerspiegel wie der langsame Rhythmus einer Meeresdünung. Impulsaktivität der Nervenzellen, Puls und Atmung, Blutdruck und Durchblutung, Wachen und Schlafen – alles geschieht in einem bestimmten Rhythmus, in Wellen. Das bedeutet doch: Jedes Lebewesen ist durch die biologische Rückkopplung ein schwingungsfähiges System.

Bei der energetischen Kommunikation von Gehirn und Herz handelt es sich lediglich um eine Weiterentwicklung dessen, was auf zellulärer und körperlicher Ebene bereits existiert. Das Rückkopplungssystem der rein physischen Existenz einer Zelle schwingt um das biologische Optimum der Nahrungsverwertung. Das Kommunikationssystem von Gehirn und Herz schwingt um das emotional-geistige Optimum von Erleben und Reflexion. Dabei geht es nicht mehr nur um die Chemie des Körpers, sondern um eine sensible, geisterhafte Schwingung.

Mit diesem Hintergrundwissen verstehe ich besser, was die intuitive Intelligenz meines Herzgehirns eigentlich ist: nämlich weit mehr als ein von meiner persönlichen Geschichte motiviertes Bauchgefühl. Meine Intuition deckt ein Spektrum ab, das von der in meinem Körper gespeicherten Urzeit bis heute reicht. Sie sagt mir nicht, was ich wann wie tun kann, sondern ich weiß es einfach mit einer Sicherheit, die meinem Verstand fremd ist. Im Arabischen spricht man von *Basirat*, dem Bewusstsein vom richtigen Weg, das nicht logisch erklärbar ist.

Alle Formen von Rückkopplung haben die gleiche Aufgabe. Sie regeln die Interaktion von Innen und Außen. Bei der Nahrungsaufnahme ist das klar ersichtlich. Nahrung wird aufgenommen und ausgeschieden. Äußeres wird zu Innerem, und Inneres zu Äußerem. Nur so kann das Innere überleben. Aber es verändert das Äußere, indem es ihm Nährstoffe entzieht und Düngerstoffe zurückgibt.

Bei der Kommunikation zwischen Gehirn und Herz ist das nicht anders. Äußere Eindrücke wirken sich auf Gehirn und Herz aus. Sie hinterlassen einen Eindruck, der sich in der Kommunikation zwischen Gehirn und Herz niederschlägt – in Form einer veränderten Schwingung, die wieder nach außen abgegeben wird. Gehirn und

Herz kommunizieren über Schwingungen miteinander und üben so auch eine unsichtbare Kraft auf die Umgebung aus.

Der Sufi-Mystiker Hazrat Inayat Khan beschreibt das in seinem Buch „Musik und kosmische Harmonie" so: „Die aufrichtigen Empfindungen eines Herzens können in das Herz eines anderen eindringen; sie sprechen im Schweigen, indem sie sich in der Sphäre ausbreiten, so dass die Atmosphäre, die ein Mensch um sich verbreitet, seine Gedanken und Empfindungen verkündet."

Demnach müsste es doch möglich sein, dass der innere Seins-Zustand eines jeden Menschen über das Herzfeld die generelle Atmosphäre in der Weltgemeinschaft beeinflusst. Und die intuitive Intelligenz meines Herzens führt mich zu Entscheidungen, die in einem umfassenden Sinne wohltuend sind.

Wie mein Herz im Universum geborgen liegt

Zugegebenermaßen zweifle ich daran, wie mein kleines Herz Einfluss auf etwas so Großes wie die Atmosphäre in der Weltgemeinschaft nehmen soll. Ich führe mir noch einmal das Bild vom Herzfeld als Lichtkegel, der den Menschen umgibt, vor Augen. Aus dem Physikunterricht weiß ich noch, dass Licht sich wie ein Bild aus vielen Pixeln – aus einzelnen Lichtpaketen – zusammensetzt. Diese kleinsten Teilchen der elektromagnetischen Kraft sind die Photonen. Während ich dazu im Internet recherchiere, staune ich nicht schlecht. In der Zukunft werden diese Winzlinge wahrscheinlich meinen Alltag beeinflussen. Die Photonik, die optische Technologie des Lichts, gilt als eines der zukunftsträchtigsten Gebiete zur Informationsübertragung und kommt inzwischen in vielen Bereichen der Datenspeicherung und Kommunikation zum Einsatz. Könnte das gleiche Prinzip mein Herzfeld, das aus Photonen besteht, dazu befähigen, Informationen von außen zu empfangen und zu speichern oder Informationen aus dem Inneren zu versenden?

Das Herzfeld (in meiner Vorstellung nach wie vor der Lichtkegel) hat die Ringform eines Donuts. In der Physik gilt das als eine äußerst stabile Energieform, weil sie dazu neigt, sich selbst zu erhalten. Manche Wissenschaftler vermuten sogar, dass alle Energiesysteme – vom Atom bis hin zum Universum – die Form eines Donuts haben müssten. Für die Erde ist das zumindest nachweislich der Fall. Ihr elektromagnetisches Feld führt von den beiden Polen um den gesamten Globus herum. Das sieht im Prinzip genauso aus wie das Herzfeld. Anscheinend hat auch das Sonnensystem eine solche Form, mit der Sonne im Zentrum, so wie sich das Herz im Zentrum des Körpers befindet. Der Mensch ist möglicherweise in eine Hierarchie von Donut-Energiesystemen eingebettet. Das Sonnenplasma (die von der Sonne kommenden Wasserstoff- und Heliumpartikel) transportieren die magnetischen Eigenschaften der Sonne mit sich. Es trifft auf das magnetische Feld der Erde, die Magnetosphäre, und kann an den Polen in die Erdatmosphäre eintreten. Das sieht man – manchmal sogar in Europa – als buntes Polarlicht am Nachthimmel. Die elektromagnetischen Kraftfelder von Sonne und Erde sind nicht voneinander isoliert. Sie stehen in einer Wechselwirkung. In den Kulturen, in denen diese Wechselwirkung häufig zu beobachten ist, gibt es entsprechende Legenden um die Kommunikation zwischen Himmel und Erde. Für die Indianer Kanadas in der Gegend um Ottawa ist das Polarlicht beispielsweise eine Nachricht ihres Halbgottes *Nanahboozho*. Nachdem er die Welt erschaffen hatte, versprach er den Menschen, mit ihnen in Kontakt zu bleiben und sich immer um sie zu kümmern. Als Zeichen seines Schutzes wollte er von Zeit zu Zeit kräftige Flammen entzünden, deren Spiegelungen für die Menschen am Himmel sichtbar sein sollten. Vielleicht ist diese Vorstellung näher an realer Physik, als es auf den ersten Blick scheint: Wenn Sonne, Erde und Herz jeweils ein elektromagnetisches Feld erzeugen und elektromagnetische Felder Informationen über große Entfernungen hinweg übertragen können, ist dann nicht auch eine Art Informationsaustausch wahrscheinlich?

Ist da draußen eine Wissensquelle, deren Nachrichten ich empfangen könnte?

Vielleicht ist das zelluläre Kleine nur ein Spiegel des großen Universums – das ebenfalls eine lebende Einheit ist, deren Einzelteile miteinander kommunizieren? Hardliner unter den Naturwissenschaftlern würden mir wahrscheinlich Naturverklärung oder einen Hang zur Science-Fiction vorwerfen. Aber eigentlich ist es doch in der Biologie nicht anders. Der Mensch entwickelt sich aus nur einer befruchteten Eizelle, in der bereits alle Informationen vorhanden sind. Jede Zelle des Körpers enthält alle 23.000 Gene mit sämtlichen Informationen. Aber nur die, welche die Zelle braucht, sind aktiv, der Rest liegt brach. Erhalte ich über mein Herzfeld Zugang zu einer Wissensquelle, den ich bisher nicht nütze, weil ich davon ausgehe, dass meine Nervenzellen das Ein und Alles meines Erlebens sind? Nervenzellen werden von Gliazellen überlagert und zusammengeleimt. Das heißt, dass es ohne diese keine Nervenzellen und damit kein Erleben gäbe. Schließlich finden die Nervenzellen während der Embryonalentwicklung ihren Bestimmungsort im Gehirn mit Hilfe der Gliazellen. Was also, wenn die Nervenzellen nicht die alleinige Basis des Erlebens sind, sondern auch (oder sogar vorrangig) das elektromagnetische Kraftfeld, das mit Hilfe der Gliazellen in Gehirn und Herz entsteht? Das Kraftfeld wäre dann der eigentliche Wissens- und Informationsspeicher und die Nervenzellen lediglich die Vermittler, die diese Information entschlüsseln, in die Tat umsetzen und das Erlebte wieder als Information an das Kraftfeld abgeben.

Ich versuche mir vorzustellen, welche Möglichkeiten sich so auftun. Ich könnte über mein Herzfeld Kontakt zum Herzfeld anderer Menschen aufnehmen und erfahren, wie es ihnen geht, selbst wenn sie am anderen Ende der Welt sind. Ich könnte mich mit dem Magnetfeld der Erde verbinden und herausfinden, was wo gerade passiert, bevor es in den Nachrichten kommt. Oder ich könnte die Vergangenheit meiner Familie abrufen, die in keinem Geschichtsbuch steht. Das würde natürlich voraussetzen, dass auch das elektromagnetische Kraftfeld der Erde Informationen gespeichert hat. Das kann man glauben oder nicht. Auch das globale Wissen ebenso wie das globale Miteinander eines Internets war früher einmal pure Science-Fiction. Das Herz bietet Möglichkeiten, an deren Vielfalt und Großartigkeit sich mein Gehirn, das die Welt nach wie vor für einen Pappkarton hält, erst noch gewöhnen muss.

Dafür spricht auch, dass manche Menschen ein phänomenales Wissen haben und der Wissenschaft damit Rätsel aufgeben. Sie werden Wissende oder *Savants* (franz./ engl.: Gelehrter) genannt, weil sie besondere Fähigkeiten besitzen, sogenannte Inselbegabungen, dafür aber andere (kognitive) Defizite haben. Der bekannteste Savant war Kim Peek aus Salt Lake City. Er war das Vorbild für den Film „Rain Man" mit Dustin Hoffman. Der „Kimputer", wie sein Vater ihn liebevoll nannte, wurde 1951 mit einem vergrößerten Kopf und einer Wasserblase im Kopf geboren, die seine linke Gehirnhälfte schädigte. 1988 stellten Neurowissenschaftler fest, dass Kim Peek keinen Verbindungsbalken zwischen rechter und linker Gehirnhälfte hatte. Dennoch konnte er bereits im Alter von 16 Monaten lesen und beendete die Highschool mit 14 Jahren. Als Erwachsener hatte er 2.000 Jahre Kalenderdaten gespeichert und konnte zu jedem Datum den Wochentag nennen. Er wusste alle Vorwahlnummern und Highways der USA auswendig, kannte unzählige Daten der Weltgeschichte und Melodien. Er hatte 12.000 Bücher gelesen und nichts vergessen. Er las zwei Seiten eines Buches gleichzeitig, nämlich eine mit jedem Auge. Kim Peek konnte aber bis zu seinem Tod 2009 weder etwas zu essen kochen noch sich selbst anziehen. Er war mit seiner Begabung geboren. Andere Savants, wie Orlando Serrell aus Virginia, Hausmeister einer Supermarktkette, entwickelten ihre Fähigkeiten urplötzlich nach einem Unfall oder Hirnschlag. Orlando wurde mit zehn Jahren von einem Baseball getroffen. Seitdem kennt er alle Wochentage zu jedem x-beliebigen Datum und für die Jahre nach 1979 auch noch das entsprechende Wetter in Virginia – ohne jemals dafür gelernt zu haben. Woher weiß er das? Wieder andere zeichnen ganze Städte inklusive aller Fenster, Treppen und Dachziegel nach einer halben Stunde Helikopterflug, komponieren mit sieben Jahren Jazz oder lernen wie Daniel Tammet eine neue Sprache fließend innerhalb einer Woche. Das deutsche Rechengenie Rüdiger Gamm rechnet im Kopf bis über 30 Stellen nach dem Komma genau. In der Schule hatte er in Mathe eine Fünf. Savants können etwas, das sie nie gelernt haben. Eine mögliche Erklärung dafür: Ihr Gehirn sortiert die äußeren Eindrücke nicht nach den Kriterienpaaren *wichtig – unwichtig* und *bekannt – unbekannt*. Diese Filter gibt es bei Savants nicht. Sie nutzen die Gedächtnisspeicher ungefiltert und erinnern sich an alles. Das ist prinzipiell möglich, wie der Biologe und Hirnforscher Gerhard Roth von der Universität Bremen in der TV-Serie „Expeditionen ins Gehirn" erklärt: „Das Gehirn hat eine halbe Trillion Synapsen, von denen jede zehn Aktivitätsstufen einnehmen kann. Das Gehirn kann per Kombinatorik eigentlich alles speichern, auch jedes Molekül im Weltall. Die Gedächtnisleistungen sind im Prinzip unbegrenzt."

Da frage ich mich doch: Wenn einzelne Menschen solche Fähigkeiten haben können, was sagt das über unser Potenzial aus? Der Hirnforscher Allan Snyder vom *Centre for the Mind* der Universität Sydney ist der Meinung, dass alle Menschen Savant-Fähigkeiten besitzen, doch diese werden vom Gehirn unterdrückt. Man müsste einen Teil des Gehirns abschalten, um diese ungewöhnlichen Fähigkeiten „anzuschalten". Was bei Savants als phänomenale Gedächtnisleistung möglich ist und im Gegenzug große Nachteile mit sich bringt – viele Savants sind Autisten –, könnte doch über das Herzfeld als Informationsempfänger und -versender genauso möglich sein, ohne entsprechende Nachteile? Man müsste dazu eben nur einen Teil des Gehirns abschalten und das Herz anschalten können.

Wie eine neue Herzenswelt schon
in alten Geschichten steckt

Das Herz – offensichtlich ein Medium der Kommunikation – eröffnet mir vielleicht ganz neue Welten. Nicht nur, dass es in Kontakt mit dem Gehirn steht, es ermöglicht mir vielleicht auch, mich mit anderen Menschen auszutauschen und sogar eine Verbindung mit dem Kosmos herzustellen. Hätte eine solch vielfältige Herz-Kommunikation nicht verlockende Vorteile? Ich würde mich mehr mit mir selbst verbunden fühlen, mehr in Einklang mit mir sein. Denn mein Herz kann mir innere Wahrheiten offenbaren, die mein Gehirn durch meine Geschichte zu verdrängen versucht oder zu Tode analysiert. Ein Mensch, der sich beispielsweise schon früh im Leben an ein unharmonisches Familienumfeld und negative Erfahrungen gewöhnen musste, empfindet Störungen im Herzrhythmus als normal, gute Erfahrung hingegen als abnormal und unangenehm. Er vermeidet sie folglich und trifft „gestörte" Entscheidungen, weil er sich, so absurd es auch klingen mag, damit scheinbar besser fühlt. Das Gehirn mit all seinen bemerkenswerten Eigenschaften nutzt dem Menschen rein gar nichts, wenn es nicht mit dem Herzen in Einklang steht.

Ich sehe noch mehr Vorteile, wäre mein Herz ein Medium zur Kommunikation mit anderen Menschen und dem Kosmos: Ich würde mich stärker mit anderen verbunden fühlen, weil ich über mein Herz mehr über ihren Herzenszustand erfahren könnte. Da das Herz sich nur mit zutiefst menschlichen Emotionen beschäftigt und keine Urteile fällt, entsteht von Herz zu Herz eine viel innigere und verständigere Verbindung mit meinen Mitmenschen als über den Verstand. Ich empfände mich dann weniger als Einzelkämpfer, sondern eher als Teil der gesamten Menschheit, eben weil sie mir nicht mehr fremd ist.

Wie würde ich mich wohl fühlen, wenn ich die Verbindung zwischen meinem Herzen und dem Magnetfeld der Erde wahrnehmen könnte? Wahrscheinlich würde ich die Erde mehr schätzen und mich ihr gegenüber respektvoller verhalten. Was wäre, wenn ich tatsächlich Nachrichten aus den Weiten des Kosmos empfangen könnte, Zugang zu einer ungeahnten Wissensquelle hätte? Ich bräuchte wahrscheinlich nicht weiter zu recherchieren, sondern würde die Antworten auf meine Fragen längst kennen. Ich wüsste, welche Bedeutung meine Existenz für den Himmel hat.

Vergleiche ich mein Herz mit meinem Gehirn, fallen mir noch weitere Eigenschaften des Herzens auf. Das Gehirn analysiert, beurteilt und wägt ab. Es stellt Container auf und beginnt zu sortieren. Es bildet Kategorien und ordnet ein. Es fällt Urteile. Das Herz hingegen analysiert nicht. Sein Nervensystem verfügt nicht über die notwendigen Kapazitäten, um die Informationen des Gehirns in einen Kontext einordnen zu können oder um zu beurteilen, inwieweit sie logisch und angebracht sind. Das Herz ist erfrischend unvoreingenommen, es nimmt das, was das Gehirn sendet, einfach als Tatsache und reagiert darauf. Das Herz akzeptiert die Informationen, ohne sie zu hinterfragen. Obwohl es die stärkere elektromagnetische Kraft besitzt und das Gehirn einfach mitreißen könnte, hält das Herz sich zurück. Solange der Mensch nur auf sein Gehirn hört, bleibt es unaufdringlich im Hintergrund. Es nimmt sich selbst zurück, ist bescheiden und selbstlos. Was motiviert mein Herz, so zu sein, obwohl eine starke Kraft in ihm wirkt? Mir fällt dazu nur die Liebe ein. Die intuitive Intelligenz meines Herzens wird für mich zu einer Liebe, die in zurückhaltendem Wohlwollen Herzen miteinander wie auch mit der Erde und mit dem Himmel verbindet.

Sosehr ich mich um rationale Erklärungen bemühe, kann ich nur einen flüchtigen Blick ins Herz erhaschen. Ich fühle mich ein bisschen so, wie der norwegische Kulturwissenschaftler Ole Martin Høystad in seiner „Kulturgeschichte des Herzens" den Helden des 2.000 v. Chr. entstandenen sumerisch-babylonischen *Gilgamesch-Epos* beschreibt. Gilgamesch verkörpert als Erster in der Menschheitsgeschichte das unruhige Herz, das nicht zur Ruhe kommt, bevor es eine zufriedenstellende Antwort auf das Mysterium des Lebens und des Todes gefunden hat. Mir wird durch Høystads Buch erst deutlich, wie alt die Geschichte des Herzens eigentlich ist und dass die verschiedensten Kulturen es als Zentrum der Liebe und als das, was zwischen den Menschen und den himmlischen Mächten vermittelt, betrachteten. In der ägyptischen Kultur sprach man dem Herzen eine innige Verbindung mit der Seele zu. Das Herz sollte Gott und seinen Willen hören können. Es galt als Sitz des Göttlichen im Menschen. Bei der Mumifizierung legten die Ägypter das Herz als einziges Organ wieder in den Körper zurück. Das Gehirn warfen sie weg. Sie legten den Mumien ein Modell des Herzenskäfers Skarabäus auf die Brust. So konnte das Herz – die Seele – auferstehen und mit ausgebreiteten Flügeln ins Jenseits fliegen. Das Herz entsprach in der ägyptischen Kosmologie der Sonne. Diese Analogie findet sich ebenso bei den Alchemisten des Mittelalters, in der Renaissance und in der Neuzeit. Auch die Azteken Mexikos sahen in der Sonne das Zentrum des Universums und im Herzen das Zentrum des Menschen. Um den Untergang der Welt zu verhindern, musste die Sonne vor dem Erlöschen bewahrt und mit Herzopfern genährt werden. Das Herz hatte für die Azteken etwas Göttliches. Sie machten zwischen Herz und Verstand in ihrer Sprache keinen Unterschied.

In der Naturphilosophie des griechischen Philosophen Aristoteles, der im 4. Jahrhundert vor Christus lebte, ist das Herz der Ursprung aller Organe und nimmt den ersten Rang ein. Es war für ihn das Zentrum des Lebens und die Heimat der Seele. Das Herz ist auch ein wichtiges christliches Symbol, da der Gesinnungswandel im Herzen eine Voraussetzung für den Glauben darstellt. Die Jesuiten verehren das Herz als Symbol der göttlichen Liebe, des Leides und der Erlösung. Im Islam ist es ein Organ der Wahrnehmung, der Intuition, der Offenbarung und der göttlichen Einsicht. Dem Propheten Mohammed erschien Anfang des 7. Jahrhunderts der Erzengel Gabriel in einer Vision, der ihm befahl: Lies! Als Mohammed erwachte, stand ihm Gottes Wort ins Herz geschrieben. Das Herz wurde im Islam so zum Träger von Gottes Wort und Geist. Das Symbol des Sufismus, einer mystischen Tradition des Islam, ist ein geflügeltes Herz. Al-Halladsch schreibt im 9. Jahrhundert: „Ich sah meinen Herrn mit des Herzens Auge." Das Herz ist also nicht nur ein Symbol für das Mysterium der Liebe, sondern – als Tor in eine himmlische Welt – selbst ein Mysterium.

4 / 20 Jahre / Elchsegen

Ich stehe auf einem Hügel in der Nähe von Arctic Village in Alaska. Es ist September. Der Pilot der kleinen Cessna hebt gerade wieder ab. Die dicken Gummireifen des ruppigen Fluggeräts hängen in der Luft, als wollten sie der rötlich bemoosten Tundra zuwinken. Der Motorenlärm verzieht sich langsam, und ich habe ungefähr dreißig Minuten alleine in der weiten Stille, bevor der Pilot auf dem einzigen Passagiersitz auch meinen Guide einfliegen kann. Ich setzte mich auf den Rucksack mit dem Proviant und warte. Ich habe Angst. Aber das bin ich ja gewohnt. Die letzten Jahre habe ich viele verschiedene Ängste gehabt. Ich fasse sie der Einfachheit halber unter dem Begriff Lebenspanik zusammen. Todesphobie war in der engeren Auswahl und trifft es genauso gut. Das bedeutet: Alles, was nicht normal ist oder zu schön, um wahr zu sein, löst bei mir heftige Reaktionen aus. Ein Tunnel ist keine normale Straße. Ein Stau kein normaler Verkehr. Spinnen sind keine normalen Tiere. Und Menschenmengen keine normale Menge von Menschen. Die Sonne ist zu schön, wenn sie scheint, als dass sie mir nicht das Unheil einer drohenden Klimakatastrophe vor Augen halten würde. Mein Abitur, das ich in der Tasche habe, ist zu schön, als das es mir nicht meine noch unklare Zukunft bedrohlich erscheinen ließe. Meine Kehle schnürt sich zu. Ich bin alleine in einer Welt, deren Regeln ich nicht kenne: in der Wildnis.

Ich kann so weit in die Ferne blicken wie noch nie in meinem Leben. Keine Häuser versperren den Horizont. Kein

Mensch weit und breit. Nur der Wind zerrt erbarmungslos an meiner Jacke. Plötzlich sehe ich einen braunen Punkt auf mich zukommen. Ein Tier, wie es scheint. Der Punkt verschwindet wieder für kurze Zeit. Das bedeutet, es ist entweder wieder weg, oder es läuft den uneinsehbaren Hang des Hügels hoch, auf dem ich sitze. Da, etwas wackelt in der Luft. Ein Geweih, dann eine hoch erhobene, zierliche Schnauze, ein Karibu mit weißem Stummelschwanz. Es riecht und schnaubt. Meine Gedanken bleiben stehen. Es läuft um mich herum, trabt in imponierendem Stechschritt. Die Zeit bleibt stehen. Mir stockt der Atem. So schön! So voll anmutiger Neugier und aufgeregter Furchtlosigkeit! Das Karibu streckt mir den Hintern entgegen und verschwindet wieder. Sein Zauber bleibt noch eine Weile bei mir.

Das Motorengeräusch kündigt die Ankunft meines Guides Joe an, ein Athabascan Native American vom Stamm der Kutchin. Wir packen die Rucksäcke zusammen, laufen den Hügel hinunter in die weite grüne Ebene. Sie ist eine Woche lang mein neues Zuhause. Alaska ist die letzte Wildnis, die sich der Mensch noch nicht vollständig unterworfen hat. Ich will wissen, wie sich das anfühlt. Joe habe ich engagiert, weil ich mich alleine nicht traue. Aber jetzt traue ich mich auch nicht mit ihm.

Joe erklärt, das Karibu habe noch nie einen Menschen gerochen und sich diesen seltsamen Gestank aus Waschmitteln, Deo und Körpergeruch einmal aus der Nähe ansehen wollen. Wir reden nicht viel. Ihn interessieren Gewehre, Schneemobile, Funktionskleidung und andere moderne Errungenschaften, die ihm das Leben in seinem nur mit dem Flugzeug erreichbaren Einhundertseelendorf Arctic Village erleichtern. Aber genau von diesen modernen Errungenschaften mag ich gar nichts wissen. Ich bin etwas enttäuscht von ihm. An einem kleinen See schlagen wir die Zelte auf, jeder seins, und verschwinden in den Schlafsäcken.

Am nächsten Morgen will ich am See Kaffeewasser holen gehen. Da steht er am anderen Ufer, mit den Beinen bis zum Knie im Wasser, ganz entspannt wie im Wellness-Urlaub. An den massigen, ausladenden Schultern kann ich seine enorme Muskelkraft erahnen. Er scheint in die aufgehende Sonne zu lächeln. Selbstbewusst, in Einklang mit sich selbst und der Welt steht er da. Ich bewundere ihn maßlos in diesem Moment. Gerne würde ich hinübergehen, wie zu einem alten Freund, meine Hand auf seinen Rücken legen, meine Wange an seine melonenartige Schnauze lehnen. Ich stelle mir vor, dass sein Atem nach Gras riecht und nach einer warmen Sommerbrise. Ich weiß, wir würden uns gut verstehen, könnte ich seine Sprache sprechen. Es wären Laute, die von Freiheit erzählen, von Einfachheit, von der Demut im harten Winter und dem Stolz im sanften Sommer, von der Wahrheit und Schönheit seiner Welt. Noch während ich davon träume, trabt der Elch spielerisch durch das seichte Wasser des Ufers immer weiter fort zu den Hügeln, die Schnauze stolz erhoben, als wäre er der Häuptling seines Volkes. Lange noch sehe ich den großen Schaufeln seines Geweihs nach, die im Rhythmus seines tänzelnden Schritts hin- und herwiegen und so gar nicht zu seinem dünnen Hinterteil passen wollen. Weg ist er. Ich fühle mich gesegnet. Etwas völlig Neues für mich, die Atheistin. Gesegnet von einem Elch.

Als ich mich umdrehe, steht Joe hinter mir. Er kann mich verstehen und erzählt, dass die Legenden seines Stammes meist mit *Deenaadai* beginnen, was in Athabascan so viel bedeutet wie „in der uralten Zeit", als Mensch und Tier noch miteinander reden konnten. Ich bin froh, dass er endlich etwas erzählt, das mich interessiert, und dabei nicht wie ein Macho mit dem Gewehr posiert. Früher hätten seine Leute einen *Dinjii Dazhan*, einen Magischen Menschen, im Clan gehabt, der die Tiere verstand und sich sogar in sie verwandeln konnte.

Ich werde hellhörig: „Gibt es solche Menschen noch?"

Er schaut mich etwas schräg an: „Bestimmt findest du noch ein paar in den Wäldern. Aber sie sind seltsam, verstehst du, von der alten Welt."

„Warum seltsam?", frage ich leicht irritiert darüber, ausgerechnet bei einem Native American Skepsis herauszuhören.

„Das ist nichts für uns, verstehst du. Legenden sind das. Ich ehre das Karibu, weil ich es brauche. Ich sehe in meinen Träumen, wie es im Wald auf mich wartet, und ich kenne die Stelle. Auf meiner nächsten Jagd schieße ich mein Karibu genau dort. Das zählt, verstehst du?"

„Dann bist du also selbst ein magischer Mensch", ziehe ich ihn auf.

Er lacht und zeigt seine Zahnlücke: „Nein, du verstehst nicht. Magische Menschen haben spitze Augen, die dich durchbohren können. Man weiß nie, was sie vorhaben, verstehst du. Besser ist, du lässt sie in Ruhe."

„Warum?", frage ich wieder, „glaubst du nicht an die alten Legenden?"

Ich kann eine freundschaftliche Besorgnis in seinem Gesicht lesen, als er antwortet: „Legenden von alten Zeiten sind gut. Aber die Alten sterben. Ist ein Problem. Jetzt bin ich Katholik, verstehst du."

Es macht mich traurig, dass Joe nicht so ist, wie ich mir einen Indianer vorgestellt habe. Meine Hoffnung, im entlegenen Alaska noch einen zu treffen, der nicht von der

Gegenwart beeinflusst ist, war wohl zu romantisch. Joe hat Fernsehen und schaut gerne die TV-Serie *Dallas*, in der sich alles um Öl und Familienintrigen dreht.

Ich mache noch einen Versuch: „Ich würde gerne einmal einen magischen Menschen treffen. Weißt du, wo im Wald einer wohnt?"

Joe schüttelt den Kopf und fordert mich auf, mich für den nächsten Abschnitt unserer Tour bereit zu machen.

Die ganze Woche wandern wir durch die wilde Stille, zeigen uns gegenseitig besonders schöne Flecken in der Landschaft, kochen und schlafen. Joe hat gänzlich damit aufgehört, mit seinem Gewehr zu posieren.

Dann plötzlich, gerade als ich das Zelt wieder einmal abbauen will, läuft er einfach vorbei, einen Steinwurf entfernt: der Grizzlybär. Er dreht sich kurz zur Seite und schaut mich an, als wolle er sagen: Bleib, wo du bist. Ein sehr urzeitliches Gefühl kommt in mir hoch. Der majestätische Koloss mit seinem schweren, wiegenden Gang duldet mich auf seinem Weg, wie eine Fliege, für die man sich nicht unnötig anstrengen mag. Geballte Kraft unter einem flauschigen Fell, ein Teddybär, der gehörigen Respekt einflößt. Ich dachte immer, man kann nicht gutmütig, gemütlich und gefährlich stark zugleich sein. Ich dachte immer, man ist entweder ein guter Kerl oder ein harter Brocken. Aber der Grizzly ist beides.

Joe beteuert, er hätte – wenn nötig – geschossen, und fügt hinzu: „Für Grizzlys braucht man eine Abschussgenehmigung, verstehst du."

Ich lache und beruhige ihn: „Du bist ein guter Guide, Joe. Ich habe bekommen, worum ich dich gebeten habe. Ich danke dir."

Er nickt und sagt: „Hat Spaß gemacht. Sonst kommen Touristen nur zum Schießen und sind beleidigt, wenn sie nichts vor die Flinte bekommen. Ich kann sie nicht mehr sehen, diese verdammten toten Tiere, verstehst du."

Langsam gehen wir zu dem Hügel zurück, wo uns das Buschflugzeug wieder abholt. Dabei kommt mir meine kleine, erste eigene Wohnung in Deutschland in den Sinn. Ich bin gerade nach Heidelberg gezogen, weil dort mein Studium bald beginnt. Sie erscheint mir plötzlich so surreal: der Ohrensessel meiner Großmutter, der bullernde Gasofen, der sich verzweifelt bemüht, den Raum zu wärmen, die dunklen Möbel meiner Eltern, die dreckigweißen Häuserwände der gegenüberliegenden Straßenseite, die fast durch die Fenster in mein Zimmer reichen. Ich sehne mich jetzt schon nach Alaska zurück, das mich tief im Inneren berührt und mir etwas über mich selbst erzählt.

Der Pilot ist diesmal regelrecht euphorisch gelaunt, fliegt nahe an einen Berg heran und kündigt großen Spaß mit einer verheißungsvollen Geste an, die wohl so viel wie „festhalten" bedeuten soll. Bevor ich widersprechen kann, dreht er die Tragflächen senkrecht zum Boden. Der Schwung drückt mich trotz des Gurts gegen die Türe und meine Nase gegen das Fenster. Ich schaue direkt in die Augen eines Grizzly, dessen Maul tropft, während er gewillt ist, seine gerade gerissene Karibu-Beute gegen das laute Himmelsungetüm zu verteidigen, in dem ich sitze. Vielleicht 30 Meter Entfernung? Der Pilot dreht die Tragflächen wieder waagrecht und schreit, um den Motor zu übertönen: „Den habe ich beim Hinflug entdeckt. So etwas gibt es nur bei uns in Alaska!"

Als Rationalistin im Reich der Spiritualität: Vom Gegenspieler zur Seele

Wie das Stirnhirn mich zur Spiritualität führt

Wenn mein Herz eine Art Kommunikationsmedium ist und meine intuitive Intelligenz auch daher rührt, dass mein Herz geheimnisvolle Fähigkeiten besitzt, dann bin ich als Mensch doch tatsächlich weit mehr, als ich mir selbst zugetraut hätte. Schon meine Recherche über das Gehirn hat mein Selbstvertrauen und das Vertrauen in den Menschen erhöht. Ich würde mich noch mehr bestärkt fühlen, wenn auch das Gehirn zu einer geheimnisvollen Kommunikation mit dem Himmel fähig wäre. Schließlich sind Herz und Gehirn ein Team. In der neueren Gehirnforschung finde ich dazu nichts, also tauche ich ab zu den Wurzeln der menschlichen Existenz – in die Biologie.

Und auf einmal entdecke ich in Hoimar von Ditfurths „Im Anfang war der Wasserstoff" das: Das Stirnhirn stellte in der Evolutionsgeschichte eine reale Verbindung zum Himmel dar, genauer gesagt zur Sonne. Die primitiven Wirbeltier-Vorfahren des Menschen hatten ein lichtempfindliches Scheitelauge, auch *Parietalauge* genannt. Es bestand wie das menschliche Auge aus Linse, Netzhaut und Sehnerv, lediglich die Iris fehlte. Manche Fische und Reptilien, beispielsweise Schlangen, haben dieses Scheitelauge heute noch. Es liegt auf Stirnhöhe zwischen den Augen und ist ein äußeres Lichtsinnesorgan, das als Uhr dient und die Aktivität des Tieres auf den Rhythmus von Tag und Nacht abstimmt. Im menschlichen Gehirn entwickelt sich das

Scheitelauge im Laufe der Evolution zu einer im Inneren versteckten Drüse – der Zirbeldrüse im Zwischenhirn. Bei Dunkelheit gibt sie das Hormon Melatonin ab, das Müdigkeit auslöst und den Schlaf steuert. Diese innere Uhr des Menschen liegt zwar im Gehirn, ist aber durch die Blut-Hirn-*Schranke* davon abgetrennt, die verhindert, dass giftige Stoffe aus dem Blut in den Kopf gelangen. Also ist sie bis heute kein echter Teil des Gehirns, weil sie ursprünglich einmal ein äußerlich gelegenes Lichtsinnesorgan war. Der Mensch hat noch immer eine aktive Verbindung zum Sonnenlicht. Wie die Urzelle kann auch der Mensch sich nicht vollständig von der Außenwelt lösen. Er bleibt ein Teil der kosmischen Welt und – trotz aller Unabhängigkeit und technischen Errungenschaften – biologisch an die Sonne gebunden. Das Scheitelauge, das ursprünglich eine äußere Licht-Verbindung zum Kosmos herstellte, entwickelte sich zum Licht im Menschen, zu den strahlenden Fähigkeiten des Stirnhirns.

Der Mensch kennt offensichtlich nicht alle seine Geheimnisse. Aber irgendwer muss sich doch damit auskennen. Wer beschäftigt sich mit Geheimnissen? Da gibt es natürlich die Wissenschaftler, die das Geheimnis der Natur entschlüsseln wollen. Ich nenne sie einmal Geheimnisenthüller. Daneben gibt es Spezialisten, mit denen ich mich noch kaum beschäftigt habe: die Mystiker. Sie haben Erfahrungen gemacht, die nicht wissenschaftlich erklärt werden können. Ich nenne sie daher einfach Geheimnisbewahrer. Vielleicht können mir an diesem Punkt meiner Recherche die Wissenschaftler, die eben noch nicht alles entschlüsselt haben, nicht mehr weiterhelfen, und ich muss mich an andere Experten halten?

Also bestelle ich einige Bücher zum Thema Mystik und lese mich ein. Dabei fällt mir auf, dass es verschiedene Hauptrichtungen der Mystik gibt. Die sogenannte *Persönlichkeitsmystik* hebt die Beziehung zwischen Mensch und himmlischer Kraft hervor, zwischen Geschöpf und Schöpfer, Diener und Herr, Liebendem und Geliebtem. Diese Form kommt in der islamischen Mystik des Sufismus vor und in der christlichen Mystik. Die *Unendlichkeitsmystik* hingegen sieht die himmlische Kraft nicht mehr in einem Gegenüber, sondern erfährt sie als Sein jenseits allen Seins. Das individuelle Selbst geht als ein Tropfen im grenzenlosen Meer auf. Für diese Form stehen indische Traditionen wie die vedischen *Upanishaden*, Shankaras *Advaita*-Philosophie und das System des griechischen Philosophen Plotin. Unendlichkeitsmystik und Persönlichkeitsmystik sind selten in Reinform zu finden. Beide könnten auch verschiedene Stufen auf demselben Weg sein, eine andere Art von Wahrnehmung oder Bewusstsein zu entwickeln. Das Wort *Mystik* deutet bereits an, dass es sich nicht um eine alltägliche Erfahrung handelt. Es leitet sich ab vom Griechischen *myein* – die Augen schließen. Im weitesten Sinne bedeutet Mystik für mich das Bewusstsein einer normalerweise verborgenen Wirklichkeit, die je nach kulturellem Hintergrund als *Weisheit, Licht, Liebe* oder *Nichts* bezeichnet wird. Danach zu suchen, das ist für mich Spiritualität.

Das Stirnhirn spielt auf der spirituellen Suche in verschiedenen Glaubenstraditionen eine entscheidende Rolle. Im Hinduismus steht diese Region für große Erkenntnisfähigkeit, wird *Drittes Auge* genannt und mit einem Punkt auf der Stirn angedeutet. Die *Upanishaden* sprechen in diesem Zusammenhang von dem *zehnten Tor*. Während neun Tore in die äußere Welt führen – die beiden unteren Körperöffnungen, der Mund, die Ohren, Augen und Nasenlöcher – weist das zehnte Tor den Weg in die innere Welt eines neuen Bewusstseins. Im Christentum ist es das *einfältige Auge*, das den Körper mit Licht erfüllt: „Wenn dein Auge einfältig ist, wird dein ganzer Leib licht sein" (Mt. 6, 22). Für mich hört sich das so an, als würde das einfältige Auge zu Erleuchtung führen. Die Mystiker, die Geheimnisbewahrer, sprechen ausgerechnet von dem Bereich, dem die Wissenschaftler, die Geheimnisenthüller, die höchsten menschlichen Fähigkeiten zuschreiben.

Mein Intellekt, der sich auf meine Erfahrungen in dieser Welt stützt, kann kaum begreifen, was darüber hinausgeht. Womöglich nützen meine gedanklichen Anstrengungen nichts? Womöglich brauche ich stattdessen eine praktische Erfahrung geheimnisvoller Art, um etwas Anderes – Neues – in mein altes Nervennetz integrieren und somit verstehen zu können? Dazu würde es aus der Perspektive des Gehirns Sinn machen, dem menschlichsten Teil des Gehirns die ganze Aufmerksamkeit zu schenken. Ich könnte die Augen schließen und meine Aufmerksamkeit auf das Stirnhirn richten, auf das Dritte Auge. Das ist eine Form von Meditation (lat. *Medium:* die Mitte) oder kontemplativem Gebet. Aber was passiert dann?

Wie Gegenspieler mein Nervensystem mystifizieren

Was während der Meditation im Gehirn geschieht, erklärt mir eine relativ junge neurowissenschaftliche Forschungsrichtung: die Neurotheologie. Sie beschäftigt sich nicht mit religiösen Überzeugungen, sondern mit mystischen Erfahrungen, die sich entweder unvermutet und plötzlich oder nach jahrelanger Gebetspraxis und zeitintensiver Meditation einstellen. Was solch ein spirituelles oder mystisches Erlebnis eigentlich ist, beschreibt Andrew Newberg vom *Myrna Brind Center of Integrative Medicine* in seinem Buch „Der gedachte Gott". Er fasst zusammen, was sein Proband Robert, ein gläubiger Buddhist und geübter Praktiker der tibetischen Meditation, darunter versteht:

„In vorausgegangenen Gesprächen war es Robert nicht leichtgefallen, uns zu beschreiben, wie er sich fühlt, wenn sich seine Meditation ihrem spirituellen Gipfelpunkt nähert. Als Erstes, sagte er, kommt sein bewusster Geist zur Ruhe und lässt einen tieferen, einfacheren Teil von ihm selbst in Erscheinung treten. Robert glaubt, dass dieses innere Selbst den wahrsten Teil dessen ausmacht, wer er ist, jenen Teil, der unveränderlich bleibt. Für Robert ist dieses innere Selbst nicht bloß eine Metapher oder eine Attitüde; es ist etwas Eigentliches, Konstantes und Reales. Es ist das, was bleibt, wenn Sorgen, Ängste, Wünsche und alle anderen Belange des bewussten

Geistes abgestreift werden. Er hält dieses innere Selbst für den wahren Kern seines Seins. Wenn es sein müsste, würde er es sogar als seine Seele bezeichnen. Ganz unabhängig, wie Robert dieses tiefere Bewusstsein nennt, behauptet er, dass er in den Momenten der Meditation, in denen es auftaucht – das heißt, wenn er am intensivsten in die Innenschau versunken ist –, plötzlich erkennt, dass er keine isolierte Einheit, sondern unauflöslich mit der gesamten Schöpfung verbunden ist. Wenn er jedoch versucht, diese höchst persönliche Erkenntnis in Worte zu fassen, fällt er zwangsläufig auf vertraute Klischees zurück, die seit Jahrtausenden verwendet werden, um das schwer fassbare Wesen der spirituellen Erfahrung auszudrücken. ‚Es herrscht ein Gefühl der Zeitlosigkeit und der Unendlichkeit‘, sagt er vielleicht. ‚Es fühlt sich an, als sei ich ein Teil von jedem und allem, das existiert.‘"

Robert wird während seiner Meditationserfahrung mit einer SPECT-Kamera (Single-Photon-Emissionscomputertomographie) untersucht. Dazu bekommt er vorab eine leicht radioaktive Substanz injiziert, die mehrere Stunden im Blut bleibt. Die Kamera scannt das Gehirn, während die radioaktive Substanz anzeigt, welche Gebiete im Gehirn vermehrt durchblutet werden, also aktiv sind. Das farbige Endresultat am Computerbildschirm kann mit den normalen Aktivitäten des Gehirns verglichen werden und so Hinweise darauf liefern, was während der Meditation dort geschieht. Newberg fand heraus, dass vor allem das Stirnhirn eine vermehrte Aktivität zeigt. Er berichtet, das Stirnhirn leuchte auf dem Computerbildschirm auf wie ein „Weihnachtsbaum". Meditationstechniken, die eine hohe Konzentration erfordern, brauchen Aufmerksamkeit und Zielgerichtetheit. Beides hängt mit dem Stirnhirn zusammen. Darüber hinaus ist das Stirnhirn für die verschiedenen Gefühlsqualitäten mit verantwortlich. Das erklärt die intensive emotionale Identifizierung mit den inneren Erlebnissen in meditativen Bewusstseinszuständen.

Zu einem späteren Zeitpunkt erweiterten Newberg und seine Kollegen ihre Experimente und untersuchten betende Franziskanernonnen – mit ähnlichen Ergebnissen. Was im Gehirn während der Meditation geschieht, ist zwar ungewöhnlich, liegt aber nicht außerhalb des Spektrums normaler Gehirnfunktionen. Eine mystische Erfahrung lässt sich nicht mit einem surrealen Traum oder einer krankhaften Halluzination vergleichen. Sie ist inhaltsreich, vielseitig, tiefschichtig und als Sinneserlebnis genauso komplex wie ein gewöhnlicher Bewusstseinszustand. Ein Traum kann diese Qualitäten nicht immer vorweisen. Zudem erinnert man sich an Träume meist verschwommen und vergisst sie schnell wieder. Anders verhält es sich dagegen mit einer mystischen Erfahrung. An sie erinnert man sich mit derselben Klarheit und demselben Wirklichkeitsgefühl wie an Ereignisse, die im alltäglichen Wachzustand passieren. Halluzinationen und Sinnestäuschungen haben diese Qualität nicht.

Mehr noch, meint Newberg. Menschen, die echte mystische Zustände erfahren, weisen ein viel höheres Maß an psychischer Gesundheit auf als die restliche Bevölkerung, gemessen an psychologischen Standardskalen. Das äußert sich in besseren zwischenmenschlichen Beziehungen, höherer Selbstachtung, geringerer Angst und Sorge, einem klareren Selbstbild, einem stärkeren Engagement für andere und einer insgesamt positiveren Lebenseinstellung. Genau diese Dinge vermisse ich in meinem Leben. Vielleicht brauche ich ja tatsächlich eine mystische Erfahrung durch Meditation. Aber wie kann es sein, dass manche Menschen zu einer Wahrnehmung fähig sind, die ich lange nicht einmal für möglich hielt? Was geht in diesen Menschen vor und was haben sie, was ich nicht habe?

Im Normalfall gibt es im Gehirn zwei explizite Gegenspieler: die rechte und die linke Gehirnhälfte. Sie haben unterschiedliche Schwerpunkte, ergänzen sich aber. Der linken schreibt man klassischerweise analytische Funktionen zu. Sie ist das Zentrum von Sprache und Mathematik. Die rechte arbeitet auf holistische Weise. Sie ist das

Zentrum nonverbaler Gedanken, visuell-räumlicher Wahrnehmung und emotionaler Verarbeitung. Beide Seiten müssen harmonisch zusammenarbeiten, um das vielschichtige menschliche Bewusstsein zu erzeugen.

Beide Gehirnhälften sind miteinander verbunden – über das sogenannte *Corpus Callosum*, einem Band aus Nervenzellen, das die Kommunikation zwischen beiden Hemisphären ermöglicht. Die rechte, emotional geprägte Gehirnhälfte verfügt über reiche Verbindungen mit den unteren Gehirngebieten, dem Zwischenhirn und dem Stammhirn. Die linke, analytisch orientierte hat dagegen zu den unteren Bereichen nur spärlichen Kontakt. Sie ist in der Evolution wahrscheinlich nach der rechten Gehirnhälfte entstanden, denn sie bildet sich auch beim Embryo erst später aus. Die linke Hemisphäre kann also nur über ihren rechten Gegenspieler mit dem restlichen Gehirn kommunizieren und ist in gewisser Weise von ihm abhängig. Die rechte Gehirnhälfte wiederum hängt von der linken ab, um analytische Informationen zu erhalten und sie dem Gesamtsystem zugänglich zu machen.

Meditation erhöht das Zusammenwirken beider Hemisphären durch einen aktiveren Austausch über den Verbindungsbalken. Bei tibetischen Mönchen, die 15 bis 40 Jahre lang – also 10.000 bis 40.000 Stunden – unter anderem auf *liebendes Mitgefühl* meditierten, stieg während ihrer Meditation die Synchronisation zwischen beiden Hemisphären um 30 Prozent. Sie leben dadurch in größerer Harmonie als Menschen, die nicht meditieren.

Welche Auswirkungen das hat, lässt sich an den elektrischen Aktivitätsstufen des Gehirns ablesen. Je höher die Aktivitätsstufe, desto effektiver arbeitet das Gehirn auf einem höheren Level: Mehr Informationen können verschickt, verarbeitet und parallel synchronisiert werden. Je mehr die Mönche im Verlauf ihres Lebens meditiert hatten, desto höher blieb ihre Aktivitätsstufe, auch wenn sie nicht meditierten. Sie förderten durch ihre erhöhte Konzentrationsfähigkeit die

Harmonie beider Gehirnhälften und erhöhten zudem die Qualität ihrer Gehirnaktivität. Meditation ist damit doch weit mehr als eine Entspannungstechnik. Sie bewirkt ganz konkrete – physische – Veränderungen im Gehirn, die positive Auswirkungen im Leben zeigen.

Es gibt auch noch weitere Gegenspieler im Körper, die sich durch Meditation verändern, und zwar im Autonomen Nervensystem, das die Brücke zwischen Gehirn und Körper schlägt, verantwortlich ist für die fundamentalen Körperfunktionen wie Herzrhythmus und Blutdruck, aber auch eine besondere Beziehung zu den emotional bedeutsamen Gehirnaktivitäten hat. Es besteht aus zwei Gegenspielern: dem sympathischen und dem parasympathischen Nervensystem. Ersteres regelt Wachsamkeit und Erregbarkeit mit Hilfe von Adrenalin, so wie eine Art Kampf- und Fluchtmotor, der in Gefahrensituationen anspringt. Körperlich spürt man das an einem erhöhten Blutdruck, schnellerem Herzschlag, heftiger Atmung und Muskelanspannung. Energie wird mobilisiert, und man ist bereit zur Aktion. Den Gegenpart dazu übernimmt das parasympathische Nervensystem. Es konserviert Energie, hält die Körperfunktionen in Balance, fördert die Entspannung, verteilt die Nährstoffe im Körper und regelt den Schlaf und das Zellwachstum. Das Autonome Nervensystem besteht also aus zwei antagonistischen Kräften, die einander ausgleichen sollen. Wird ein Spieler aktiviert, bleibt der andere passiv.

Das Autonome Nervensystem reagiert jedoch nicht nur auf Gefahr oder Momente der Entspannung in alltäglichen Situationen. Beruhigungs- und Erregungszustände treten auch während religiöser Rituale auf. Auslöser dafür sind die intensiven mentalen oder physischen Aktivitäten der Gläubigen, wie beispielsweise die mystischen Tänze der Derwische im Sufismus, die rituellen Trancetänze der Ureinwohner Amerikas und Afrikas, die intensive Rezitation von religiösen Schriften, wie beispielsweise im Islam und Buddhismus, oder konzentrierte Meditationen und intensive Gebete. In solchen Zuständen kommt es zu einer ozeanischen Ruhe ohne Gedanken und Gefühle

(Beruhigungssystem) oder zu einem mitreißenden Energiestrom, der alle Gefühle und Gedanken fortspült (Erregungssystem). Doch eine mystische Erfahrung ist weit mehr als die intensive physische oder mentale Aktivität eines Gläubigen während eines Rituals. Eine mystische Erfahrung ist ein völlig neuer Bewusstseinszustand, weil dabei etwas scheinbar Unmögliches passiert: Die zwei Kontrahenten des Autonomen Nervensystems vergessen einfach ihre Rivalität.

Bei einer mystischen Erfahrung kann das Beruhigungssystem derart auf Hochtouren arbeiten, dass der Erregungssystem-Gegenspieler sich fragt, was da wohl los ist, und plötzlich seine ganzen Reserven mobilisiert. Das bedeutet: Eine ruhige Meditation oder ein kontemplatives Gebet mündet zunächst in einem Gefühl großartiger Freude und Ausgeglichenheit. Erreicht das Beruhigungssystem den höchsten Grad der Aktivität, setzt zusätzlich das Erregungssystem enorme Energie frei. Dieser Aktivitätsstrudel führt zu dem gesteigerten Bewusstsein in einer mystischen Erfahrung. Umgekehrt kann die maximale Stimulierung des Erregungssystems durch lange Kontemplation oder schnellen, rhythmischen Tanz seinen Beruhigungs-Gegenspieler mitreißen. Das Ergebnis ist dann ein tranceähnliches Erlebnis mit Orgasmus-Qualitäten. Sowohl das Erregungs- als auch das Beruhigungssystem arbeiten in beiden Szenarien gleichzeitig auf höchster Stufe. Die Gegensätze sind dann im Einklang miteinander – in Harmonie.

Sympathisches und parasympathisches Nervensystem, rechte und linke Gehirnhälfte – beide Gegensatzpaare verbindet jeweils eine Art Hassliebe. Sie sind verschieden, können aber nicht ohne einander. Mal zerrt es den Menschen auf die eine Seite, mal auf die andere.

Das erinnert mich an ein ähnliches Gegensatzpaar in der indischen Mystik, über das ich in der *Bhagavad Gita* gelesen habe und das auch in den Traditionen von *Sankhya* und *Vedanta* vorkommt. Shankhya ist das tiefenpsychologische, theoretische Wissen, das die praktischen Yoga-Körperübungen ergänzt; Vedanta eine auf den Veden beruhende indische Philosophie. Dort finden sich drei Eigenschaften, die den Menschen und alle Materie allgemein auszeichnen. Eine davon ist *tamas* (Sanskrit: Finsternis, Trägheit). Sie steht für Schwere, Trägheit, Hemmung und gleicht den Funktionen des parasympathischen Nervensystems. Eine weitere, *rajas* (Sanskrit: Unreinheit, Rastlosigkeit), repräsentiert Bewegung, Erregung, Tätigkeit und entspricht den Fähigkeiten des sympathischen Nervensystems. Das Spiel dieser wettstreitenden Kräfte im Menschen, auch *Gunas* genannt, macht die Wirrnisse des Lebens aus. Daher wird empfohlen, die dritte Eigenschaft *sattva* (Sanskrit: Klarheit, Harmonie) anzustreben, die für Helligkeit, Freude, Erleuchtung und den idealen Seinszustand steht. Sie entspricht aus meiner Sicht dem gesteigerten Bewusstsein in einer mystischen Erfahrung, die die Gegenspieler des Nervensystems in einen Zustand der Harmonie versetzt. Das hört sich zwar gut an, aber was nützt es mir?

Wie ich meine Seele entdecke

Während ich über den Nutzen einer mystischen Erfahrung nachdenke, kommt mir wieder die Evolution in den Sinn, die an bestimmten Wendepunkten ein scheinbar unlösbares Paradoxon überwand: Mit der Erfindung des biologischen „Gore-Tex" meisterte die Urzelle, sich vor dem äußeren Chaos zu schützen und gleichzeitig Nahrung von außen aufzunehmen. Mit der Erfindung des inneren Ozeans schaffte es der erste Mehrzeller, seine einzelnen Bestandteile voneinander getrennt zu halten und doch zu vereinen. Solche Wendepunkte sind Entwicklungsschritte hin zu mehr Harmonie – und notwendig für das Überleben. Das bedeutet, neue Herausforderungen meistern zu können, indem das Unmögliche möglich wird und ein Paradoxon sich auflöst. Die Evolution ist kreativ und erfinderisch und gleichzeitig bodenständig und praktisch. Sie macht aus dem, was sie hat, immer wieder etwas Besseres, um ihr Ziel – die Sicherung des Überlebens –

zu erreichen. Die mystische Erfahrung fügt der Liste der Paradoxa ein weiteres hinzu, indem sie die Gegenspieler des menschlichen Nervensystems in Harmonie vereint. Die Tatsache, dass so etwas überhaupt möglich ist, weist darauf hin, dass die Evolution beim Menschen vor einer weiteren Herausforderung steht. In einer komplexen, paradoxen und von Gegenpolen geprägten Welt bedarf es einer weiterentwickelten Form der Harmonie, um zu überleben. Die mystische Erfahrung ist eine mögliche Lösung für die Sinnkrise der Menschen im 21. Jahrhundert. So unerreichbar mir eine neue innere und äußere Harmonie auch erscheinen mag, in einem Punkt kann ich mir sicher sein: Die Natur hat in vielen Bereichen Möglichkeiten verwirklicht, die schon immer als Potenzial vorhanden waren. Die Flügel des Adlers beispielsweise entwickelten sich aus einfacheren Strukturen, die einmal zur Fortbewegung auf der Erde dienten. Genauso ist der Harmonie-Höhenflug des menschlichen Bewusstseins heute bereits angelegt – mit meinem inneren weisen Helden. Er kann ein Veto gegen die hinderlichen Impulse meiner persönlichen Geschichte einlegen und mir so den Absprung vom Boden in die Luft ermöglichen. Aber das Gehirn als ein Stück Materie besteht doch aus nichts anderem als persönlicher Geschichte, die zu einem Nervennetz geworden ist. Woher soll das Veto also kommen? Aus dem Nichts? Was veranlasst das Herz, zum ersten Mal zu schlagen? Das Nichts?

Ich bin doch diesen ganzen gedanklichen Weg nicht gegangen, um jetzt vor dem Nichts zu stehen. Ich glaube, mein innerer weiser Held hält noch ein Geheimnis bereit, und die mystische Erfahrung, zu der er mich letztlich führt, stößt mich bereits mit der Nase darauf: Ich habe eine Seele. Aber ich bin ja nicht die Erste, die das glaubt. Also schaue ich mir einmal an, wie die verschiedenen Religionen den Menschen und seine Entwicklung eigentlich sehen.

In Indien und Tibet stellt man sich den Menschen anhand der sieben Haupt-Energiezentren entlang der Wirbelsäule vor, der *Chakren* (Sanskrit *chakra*: Rad, Diskus, Kreis), die als Kreise dargestellt werden.

Sie stehen für bestimmte menschliche Eigenschaften, können blockiert oder voll aktiv sein, also Kräfte unterdrücken oder offenbaren. Eines der zentralen Themen innerhalb der jüdischen Mystik der Kabbala ist der Baum des Lebens. Er besteht aus den zehn *Sefirot* (hebräisch *sephira:* Ziffer, Zahl), als Kreise dargestellt. In ihrer besonderen Anordnung und Beziehung zueinander bilden die zehn Sefirot den *Adam Kadmon,* den himmlischen Menschen. Jeder Sefira werden eine Eigenschaft und ein Körperteil zugeordnet. Im katholischen Christentum begleiten die sieben Sakramente den Menschen durchs Leben. Man spricht auch von den sieben heiligen Mysterien, von der Taufe über die Eucharistie bis hin zur letzten Ölung. Zur besseren Übersicht stelle ich die drei Glaubenssysteme in einer Tabelle zusammen und füge die Ergebnisse meiner Recherche hinzu, die ja nichts anderes sind als mein eigenes Glaubenssystem.

Während ich mich in meine Übersicht vertiefe, fühle ich mich darin bestätigt, dass das Stirnhirn eine Schlüsselposition einnimmt. In jedem System wird es anders benannt, scheint aber das Gleiche zu bedeuten: die Erkenntnis (Stirnchakra) in der indischen Mystik, die Weisheit (Chochma) und das Verständnis (Bina) in der jüdischen Mystik sowie das göttliche Verständnis durch die Priesterweihe im Christentum. Ich entdecke in allen das Stirnhirn wieder, das mir ein neues Verständnis meiner selbst schenken, mich zu neuen Erkenntnissen und dadurch zu Weisheit führen kann. Das Stirnhirn hält engen Kontakt zu meinem inneren weisen Helden mit seinen strahlenden ethischen und mitfühlenden Eigenschaften. Er schaut nach „unten", auf meine Persönlichkeit, kann beobachten und neue Entscheidungen treffen. Je mehr ich mich zu diesem weisen Helden entwickle, desto besser kann er nach „oben" schauen und erkennen, wer ich außerdem bin: eine Seele. Aber eine Beschreibung von ihr, die ich rational verstehen kann, habe ich nicht gefunden, nur Stichworte wie universelles Bewusstsein und Erleuchtung, die je nach Interpretation vieles bedeuten können, mich faszinieren, mir aber nicht weiterhelfen. Ich

Jüdische Mystik: 10 Sefirot	Indische Mystik: 7 Chakren	Christliche Mystik: 7 Sakramente	Nurias Mystik: 7 Erkenntnisse
Kether (Erleuchtung) Kopf	Kronenchakra (Universelles Bewusstsein)	Letzte Ölung	Seele
Bina – Chochma (Weisheit – Verständnis) Gehirn – Gehirn	Stirnchakra (Erkenntnis und Willenskraft)	(Priester-) Weihe	Drittes Auge (Stirnhirn-Fähigkeiten)
Gebura – Chessed (Urteil – Mitgefühl) linker Arm – rechter Arm	Halschakra (Kommunikation)	Beichte	Innerer weiser Held (Beobachter)
Tiferet (Harmonie) Herz / Rumpf	Herzchakra (Liebe)	Ehe	Herzgehirn (Liebe)
Hod – Nezach (Verletzlichkeit – Selbstvertrauen) linkes Bein – rechtes Bein	Nabelchakra (Persönlichkeit)	Eucharistie	Großhirn (Persönlichkeit)
Jesod (Rechtschaffenheit) Sexualorgane	Sakralchakra (Gefühle)	Firmung	Zwischenhirn (Gefühle)
Malchut (Königreich) ganzer Körper	Wurzelchakra (Urvertrauen)	Taufe	Stammhirn (Überleben)

Meine Tabelle zum Vergleich der Glaubenssysteme

vermute, diese Unklarheit liegt daran, dass mystische Traditionen auf einem sehr alten Wissen basieren, das intuitiv vermittelt wurde und sogar verlangte, den Verstand zu überwinden. Heute weiß der Mensch allerdings viel mehr über sich selbst, so dass er womöglich in der Lage ist, einen Zugang zu den Geheimnissen des Lebens über den Verstand zu finden. Meine intuitive Begabung, ein mystisches Naturtalent, ist leider verkümmert. Ich brauche einen rationalen Ansatz, zumindest als Einstieg. Mir fehlt eine natürliche Beschreibung der Seele, die mit meinen bisherigen Erkenntnissen korrespondiert. Ich muss mir selbst etwas ausdenken. Was genau soll ich nun unter meiner Seele verstehen?

Warum meine Seele musiziert

Meine Seele kann nicht in der Materie von Herz oder Gehirn stecken, sonst hätten die Geheimnisenthüller sie schon entdeckt. Ich muss sie also indirekt aufspüren, will ich nicht im Unklaren darüber bleiben, was meine Seele angeht, oder an etwas glauben, das ich nicht verstehe. Es muss einen Weg geben, wie ich mir meine Seele vorstellen kann. Wie fange ich das bloß an? Wo finden sich Hinweise auf etwas Unsichtbares, das bis in die Urtiefen meiner Existenz wirkt?

Und schon bin ich wieder beim Herzfeld, das einerseits ziemlich futuristisch erscheint, aber andererseits auf die urzeitliche Biologie verweist: nämlich auf die Rückkopplung, das Regelungssystem für die Nahrungsaufnahme. *Nicht zu viel und nicht zu wenig*, lautete das Motto. Die Urzelle schwingt damit um das biologische Nahrungsideal *genau richtig*. Im Menschen wirkt diese Rückkopplung nach wie vor, sie wurde sogar noch erweitert: Die Kommunikation zwischen Gehirn und Herz wird im Herzfeld zu einer Kraft, die um ein emotional-geistiges Glücksideal schwingt. Ist der Mensch damit nicht zu einem schwingenden System geworden? Aber was genau ist eigentlich ein *schwingendes System*? Ein Musikinstrument?

Da ich unmusikalisch bin, lese ich nach, wie sich der Begriff Musikinstrument definieren lässt. Eine Geige beispielsweise ist ein Klangkörper, auf dem Saiten gespannt sind. Je nachdem, wie der Klangkörper gebaut ist, kann die Saite besser oder schlechter schwingen. Er fungiert als eine Art Lautsprecher und formt den erzeugten Ton der Saite, indem er bestimmte Frequenzanteile hervorhebt oder dämpft. Auch der menschliche Körper dient als eine Art Lautsprecher für die Stimmbänder. Mit meiner Stimme mache ich auf meinem Körper Musik. Was ich dabei höre, sind Schallwellen, die Luftmoleküle anstoßen und Luftdruckschwankungen erzeugen. Im Ohr werden die Schwingungen der Luft im äußeren Gehörgang 22-fach verstärkt und in Wasserschwingungen umgewandelt, denn schließlich besteht der Körper zum Großteil aus Wasser. Für diese Übersetzung von Luftbewegung (Luftenergie) in Wasserbewegung (Wasserenergie) benötigt das Gehirn zwölf Einzelstationen. Man kann also sagen, dass der Mensch seit Urzeiten Meister im Umgang mit Schwingungen ist.

Ich lasse meiner Fantasie einmal freien Lauf und übertrage das auf das Herzfeld. Der Mensch hat – wie ein Musikinstrument – einen Klangkörper, den physischen Körper. Zwischen Gehirn und Herz ist eine Art Saite gespannt, denn beide sind auf vielfaltige Weise miteinander verbunden. Unsere Gedanken, Gefühle und Taten entsprechen dem Geigenbogen oder dem Gitarrenblättchen, mit dem sich die Saite zupfen lässt. Beispielsweise durch ein Musikstück, einen Roman oder einen Film, die mich berühren. Ein Vortrag oder ein Gespräch reißt mich mit. Verhaltensweisen und Emotionen anderer Menschen bringen mich auf positive oder negative Weise zum Schwingen. Ich kann auch von innen heraus ganz von allein schwingen, durch meine Gedanken und Gefühle. Der Mensch ist in meiner Fantasie Instrument und Musiker zugleich.

Zupft man die Saite einer Geige, ist der Grundton, die Grundschwingung zu hören. Legt man gleich danach den Finger genau in der Mitte auf die Saite, schwingt sie nicht mehr normal auf und ab, sondern verändert ihre Bewegung und klingt eine Oktave höher. Die höhere Schwingung der höheren Oktave steckt also bereits in der Saite, schließlich wurde die Saite nicht erneut gezupft. Das nennt man die erste Oberschwingung, den ersten *Oberton*. Die Schwingungen eines jeden Tons enthalten einen Anteil von höheren, nicht wahrnehmbaren Obertönen. Gerade sie verleihen einem Ton oder einem Instrument seinen eigentümlichen Charakter. Sie sind verantwortlich für die Persönlichkeit des produzierten Klangs, die *Klangfarbe*. Mit dem Oszilloskop lassen sich die Schwingungen der verschiedenen Instrumente messen und in einem Kurvenbild darstellen. Derselbe Ton in derselben Lautstärke zeigt auf unterschiedlichen Instrumenten gespielt ein ebenso unterschiedliches Bild – aufgrund der verschiedenen Obertöne und der dadurch veränderten Klangfarbe. Der klare Klang der Flöte ergibt eine weichere Kurve als der leicht nasale Klang der Klarinette oder der schrille der Oboe, deren Kurven mehr Zacken aufweisen.

Der kurze Ausflug in die Welt der Musik verdeutlicht mir, dass in einem schwingungsfähigen System mehr steckt als nur eine wahrnehmbare Möglichkeit. Hörbare Töne verdanken den im Normalfall nicht vernehmlichen Obertönen ihren Charakter. Es gibt also etwas jenseits des Tons, das seine Wahrnehmung mitprägt.

Wie kann ich das auf mich selbst als menschliches Musikinstrument übertragen? Die zwischen meinem Gehirn und meinem Herzen gespannte Saite zupfe ich mit meinen Gedanken und Gefühlen. So spiele ich ein Lied, das von meiner Persönlichkeit erzählt. Dabei schwingen unhörbare Obertöne mit, die aber meiner Persönlichkeit gerade ihre Einzigartigkeit schenken. Diese Obertöne sind die stille Melodie meiner Seele.

Ich lausche, ob ich etwas höre. Da schickt mir meine Fantasie eine weitere Idee, wie ich mir meine Seele vorstellen kann. Die Saite zwischen Gehirn und Herz ist ein Kommunikationsband aus elektromagnetischen Signalen. Sie verfügen über ein großes Spektrum, von dem ich nur einen kleinen Teil als sichtbares Licht wahrnehme. Aber der Einfachheit halber stelle ich mir die Saite zwischen Gehirn und Herz als eine Art Licht vor. Mit dieser Licht-Saite erklingen das Lied meiner Persönlichkeit und die Obertöne meiner Seele. Die stille Melodie

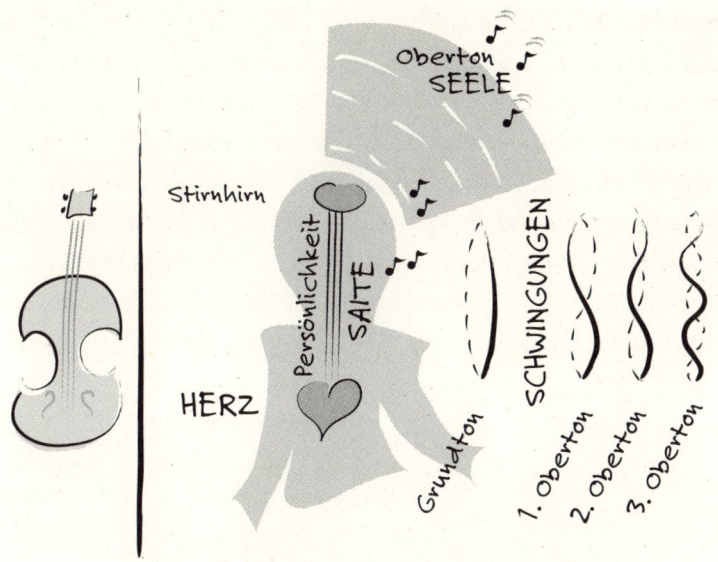

Meine Zeichnung zu Persönlichkeit und Seele

in mir tönt mit Hilfe des Lichts. Licht kann Information speichern. Genauso wie der menschliche Körper Nahrung in Energie umwandelt, könnte seine persönliche Geschichte doch in Lichtenergie übersetzt und gespeichert werden. Jeder Gedanke, jedes Gefühl, jede Tat wären in der Licht-Saite zwischen Gehirn und Herz gespeichert. Was, wenn diese Lichtenergie meinen Tod überdauert? Wenn sie zusammen mit meinen Obertönen eine unsterbliche Seele bildet? Mir gefällt die Vorstellung, dass das Geheimnis in mir eine Melodie aus Licht und Klang ist, die mich an meine zwei wichtigsten Sinne – Auge und Ohr – erinnert, mit denen ich die Welt erkunde. So deutet mir meine Seele an, dass sie womöglich auch einen Erkundungssinn für eine ganz andere Welt besitzt.

Ich habe tatsächlich meine Seele neu entdeckt – ein Ereignis, das mein Leben grundlegend verändert. Ich sehe mich nicht mehr als Menschen, der einen Körper und eine Psyche hat. Ich bin eine Seele, die sich mit Hilfe von Körper und Psyche als Mensch zum Ausdruck bringt. Das ist ein Paradigmenwechsel in meinem Selbstverständnis. Mein Leben dreht sich nicht mehr um Körper und Psyche, sondern um die Seele. Ich fühle mich wie Kopernikus, als er entdeckte, dass sich die Erde um die Sonne dreht und nicht umgekehrt. Denn die Folgen meiner Entdeckung sind für mich nicht weniger spektakulär: Meine innere Welt dreht sich anders. Die höchsten menschlichen Eigenschaften von Stirnhirn und Herz dürfen in meinem Leben keine Ausnahme mehr sein, sondern ich möchte sie zur Regel machen, um meiner Seele näherzukommen. Was für ein famoser Plan!

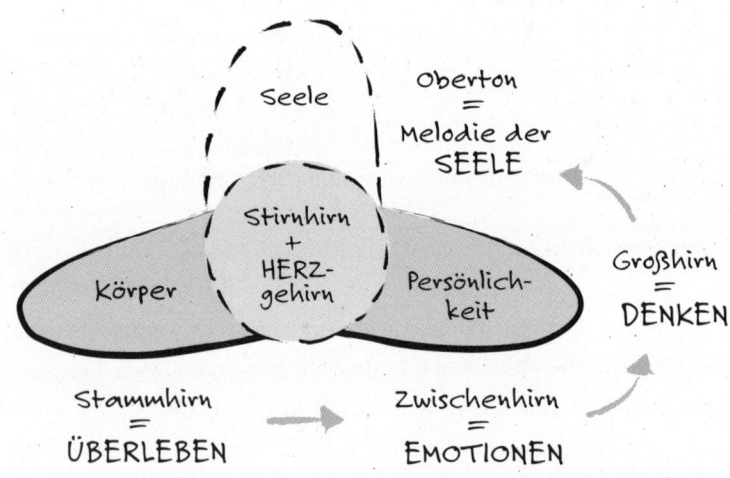

Meine Zeichnung zur Entwicklung des Bewusstseins

5 / 24 Jahre / Herzfunken

Floh ist nicht da. Auf das Klingeln reagiert niemand, und die Wohnung im Erdgeschoss sieht dunkel aus. Ich wundere mich nicht darüber, weil Floh als DJ immer lange schläft. Ich gehe zurück zu meinem Auto und setze mich hinein. Auf dem Beifahrersitz liegt die Tüte mit den Brötchen. Ich kann sie nicht wegschmeißen. Zu gerne würde ich Floh sehen. Plötzlich bemerke ich: Sein Auto ist gar nicht da. Ist er schon wach und unterwegs oder noch gar nicht ins Bett gegangen? Ich parke um, so dass ich seinen Wohnungseingang sehen kann und den Gehweg davor, wo er vorgestern mit mir stand, als ich ihn nach Hause brachte. Floh hat es charmant gemacht, als er zögerlich mit lustigen Anekdoten auf den Lippen immer näher kam, seine Hand um meine Taille legte und mich an sich zog. Ich war das erste Mal bei ihm und kenne ihn doch erst seit ein paar Tagen. Seine Stimme ist erotisch tief, und an seinem DJ-Pult zwischen all den bunten Scheinwerfern fand ich ihn unwiderstehlich. Es muss schön sein, daneben zu stehen und zu denken, das ist mein Freund, während alle die Arme heben und ihm zujubeln, weil er es wieder einmal geschafft hat, die Beats langsam so zu steigern, dass die Menge einfach schreien muss, sobald er sie endlich mit dem erlöst, was sie hören wollen. Ich hatte keine Lust zu warten, bis er anruft.

Plötzlich fährt sein Wagen in die Einfahrt. Es sieht vielleicht nicht gut aus, wenn ich gleich aus dem Auto springe, als hätte ich ihm aufgelauert. Ich warte ein paar Minuten und bemerke einen Kloß im Bauch. Es ist doch eine nette Idee mit den Brötchen? Langsam gehe ich zur Haustür und drücke noch einmal auf die Klingel.

Floh schaut mich mit großen Augen an, als er die Wohnungstür öffnet: „Was machst du denn hier?"

Um zu beweisen, dass ich einen Grund habe und es gut meine, halte ich meine Tüte hoch: „Ich dachte, du freust dich vielleicht über frische Brötchen."

Sowohl seine Körperhaltung als auch sein Gesichtsausdruck lassen keinen Zweifel, dass er total genervt und gestresst ist: „Du, ich habe jetzt wirklich keine Zeit. Ich musste noch schnell ein Geschenk kaufen und bin zum Brunch eingeladen."

Ich gebe nicht auf: „Soll ich dir die Brötchen nicht wenigstens da lassen?"

Er lässt mich rein und verschwindet durch die Ledergepolsterte James-Bond-Drehtür ins Wohnzimmer. Dort liegt ein dilettantisch eingewickeltes Geschenk. Ein Verpackungskünstler scheint er nicht zu sein.

„Kann ich dir helfen?", frage ich gewollt lässig. „Ich kann das gut."

Er verzieht sein Gesicht, als hätte er etwas Ekelhaftes gesehen, wirkt aber zugleich hilflos, während er nicht gerade freundlich antwortet: „Na gut, wenn du meinst."

Ich gehe zum Glastisch und packe das Geschenk aus. Es ist ein mit Teddybären bedruckter Schlafanzug. Ohne mir mein Grinsen verkneifen zu können, wickle ich das Geschenk wieder ein, binde eine Schleife darum und frage ganz nebenbei: „Wer bekommt denn das gute Stück?"

Er schaut verlegen an mir vorbei auf den Boden: „Meine Freundin hat heute Geburtstag."

Floh wohnt in einem Teil der Stadt, den ich einfach nicht durchschaue. Ich habe mich schon auf dem Hinweg verfahren, aber auf dem Rückweg finde ich gar nicht mehr aus dem Viertel heraus. Ich biege wahllos ab und verirre mich noch mehr. Bis ich merke, dass ich gar nicht denke. Ich halte das Steuer in der Hand, aber ich fühle nicht, was meine Finger da umkrallen. Vor einer roten Ampel bleibe ich stehen, starre auf das Farbspiel von Gelb, Grün und wieder Rot, ohne dessen Bedeutung zu erfassen. Langsam dringt Lärm an mein Ohr. Das Hupen der Schlange hinter mir setzt mich in Bewegung. Losfahren. Geradeaus fahren. Ich schreie, als würde ich selbst überfahren.

Ein sich wiederholender, bunter Fleck am Fahrbahnrand zieht meine Aufmerksamkeit auf sich. Es ist ein Plakat, auf dem ein Typ mit weißem Turban zu sehen ist. Er sieht so fremdartig aus, dass er mir skurril und deplatziert vorkommt. Der Typ mit Turban hält heute einen Vortrag in der Kongresshalle, und die Plakate weisen mir den Weg dorthin. Wie ferngesteuert parke ich mein Auto, ohne mir zu merken, wo es steht, und betrete die Eingangshalle. Es ist mir irgendwie egal, dass es nur so von Büchertischen und Ständen wimmelt, an denen überall das Konterfei des Turban-Typen prangt. Der Verkauf von Fanartikeln ist mir normalerweise zuwider. Ich bin wohl bei einem indischen Guru gelandet. Es ist Samstag, 15 Uhr, und nichts auf dieser Welt interessiert mich mehr.

Ich lehne mich an einen Pfosten im hinteren Bereich des Saals. Als der Guru eintritt, werden meine Knie schlagartig weich, noch bevor ich ihn sehe. Meine Haut prickelt, als würde ich nach einem Bad im eiskalten Wasser in eine warme Stube kommen. Ich hatte gehofft, dass so etwas in meinem Leben einmal passiert. Ein Zeichen, das mir sagt: Hier bist du richtig, alles wird wieder gut. Jetzt ist es tatsächlich da, dieses Zeichen, und ich setze mich verdutzt auf einen Stuhl.

Der Guru läuft durch den Mittelgang. Zwischen den anderen ungefähr tausend Köpfen hindurch kann ich kaum mehr als seinen Turban erkennen. Als er sich im indischen Lotussitz leger auf einem Podest niederlässt, kann ich seine weiße Kleidung sehen und den langen Bart, seitlich hochgezwirbelt und unter dem Turban festgemacht. Alles, was er sagt, ist mir fremd, so völlig anders als meine eigene Gedankenwelt. Ich verstehe nicht, wie Gott ein Freund sein soll, da ich nicht einmal an ihn glaube. Ich verstehe nicht, dass es etwas bringen soll, die Augen zu schließen und zu meditieren. In meinem Inneren gibt es nichts zu entdecken. Der Vortrag erscheint mir naiv. Das ist etwas für Leute, die nicht logisch denken, sondern sich eine heile Welt vorgaukeln wollen, in der man nur die Augen schließen muss, um glücklich zu sein. Wahrscheinlich hatte ich vorhin weiche Knie, weil ich nach Flohs Abfuhr verzweifelt nach einem Strohhalm suche. Alles nur Einbildung. Es ist Zeit für mich zu gehen.

Kaum bin ich wieder im Freien, strahlt mich die herbstliche Sonne an. Ich blinzle und muss plötzlich schluchzen. Weinend schnappe ich nach Luft. Keine Ahnung warum. Es ist mir peinlich, deshalb verkrieche ich mich lieber ins Gebüsch. Das Schluchzen kommt so tief aus meinem Innern, als würde ich etwas heraufwürgen. Die Ärmel meines T-Shirts sind ganz feucht von meinen Tränen. Auf einmal bin ich seltsam erleichtert. Ich krabble aus dem Gebüsch heraus auf die Treppe, die zum Saal führt. Die Veranstaltung ist offensichtlich zu Ende. Menschen strömen aus dem Gebäude und bilden einen Gang, durch den der Meditationsmeister genau auf mich zuzukommen scheint. Er berührt Hände, tätschelt Köpfe, geht entspannt weiter, lächelt aufmunternd, nickt manchen zu oder hört ihnen kurz zu. Dann kommt er an mir vorbei.

Für den Bruchteil einer Sekunde schaut er mich an. Seine Augen sind voll. Voll von was? Ich glaube, noch nie hat mich jemand so angesehen. Mir wird warm ums Herz. Er hat mir keine vernünftigen Ratschläge gegeben, keine Bedienungsanleitung für meinen Liebeskummer oder meine Angstzustände, und auch keine Lösung. Aber dennoch weiß ich mit jeder Zelle meines Körpers, dass etwas Schönes geschehen ist. Für einen Augenblick erkannte ich in seinen Augen, was ich schmerzlich vermisse.

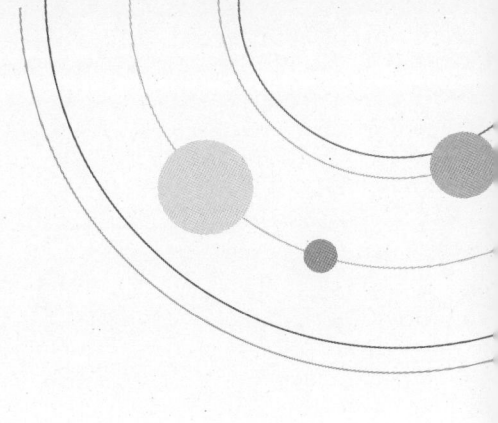

Schläft ein Lied in allen Dingen,
die da träumen fort und fort,
und die Welt hebt an zu singen,
triffst du nur das Zauberwort.
JOSEPH VON EICHENDORFF

Was ist die Welt und warum ist sie wozu da?

Als Touristin in Einsteins Universum: Von der Unsicherheit zur Flexibilität

Warum mich Einstein etwas angeht

Meine Recherchen haben sich gelohnt. Nichts wie weg vom Schreibtisch und hinaus in die Welt, um zu testen, wie sich meine theoretischen Erkenntnisse praktisch umsetzen lassen! Doch plötzlich huscht ein Schatten über meine Stirn, die sich unversehens in Falten legt. Ich will nicht raus in diese Welt, die so riesig und mir unbegreiflich ist. Sie zeigt mir eine hässliche Fratze, und ich kann nichts dagegen unternehmen. Ich fühle mich in ihr verloren und unwohl. Finster und grimmig blickt das Universum auf mich herab. Als winziger Erdbewohner schaue ich nur eingeschüchtert in den schönen Sternenhimmel.

Muss das so sein? Vielleicht beruht mein nicht gerade motivierender Eindruck vom Universum ja nur auf veraltetem Schulwissen? Damals hatte ich eine Fünf in Physik, weil mir dieses Fach so abstrakt vorkam. Aber die Physik hat etwas mit meinem Leben zu tun. Ohne das Universum, das die Sonne hervorbrachte, die wiederum das Leben auf der Erde ermöglicht, würde ich gar nicht existieren. Genau genommen begann das Leben nicht mit der Urzelle, sondern mit der Entstehung des Universums. Die Urzelle entstand ja, weil lange vor ihr bereits ein Universum existierte, in dem sie sich entwickeln konnte. Was, wenn ich mich in der Welt wohl und aufgehoben fühlen könnte, um mit mehr Sicherheit und Zuversicht durchs Leben zu gehen? Kann mir das Universum etwas über das Leben verraten, das darin stattfindet? Verwundert registriere ich, dass ich die Homepage für meine Buchbestellungen schon aufgerufen habe, noch bevor ich zu Ende denken konnte. Ich freue mich tatsächlich auf mein erstes Physikbuch, das ich freiwillig lesen werde. Ungläubig schmunzelnd klicke ich mich durch das Angebot. Mein Monatsbudget ist schon verbraucht, doch zu Ehren der Physik sammle ich gern ein ansehnliches Minus auf meinem Konto.

Dank der schnellen Post liegen bereits am nächsten Tag meine ersten, freiwillig ausgewählten Physikbücher vor mir. Doch ich bin unsicher, mit welchem Thema ich beginnen soll. Am besten mit etwas Grundlegendem, das ich in der Schule nicht verstanden habe: Warum dreht sich die Erde um die Sonne?

Ich lerne, dass das an der großen Masse der Sonne liegt, der Gesamtzahl der kleinsten Materiebausteine – der Atome –, aus denen sie besteht. Jedes Ding mit Masse übt eine Anziehung auf jedes andere Ding mit Masse aus. Je größer die Masse, desto größer die Anziehung auf ein anderes Objekt. Hätte die Sonne keine große Masse, hätte sie keine große Anziehung. Die Erde würde irgendwo im All umherirren – ohne Licht, Wärme und Leben.

Während ich die Sache mit dem Gesetz der Anziehung, das der britische Physiker und Philosoph Isaac Newton Ende des 17. Jahrhunderts entdeckte, noch einmal nachlese, fällt mir etwas auf, was ich in der Schulzeit nicht bemerkte. Gäbe es die Anziehungskraft der Sonne auf die Erde nicht, gäbe es auch mich nicht. Damit ich existieren kann, ist neben der Wärme der Sonne auch entscheidend, welche Masse sie hat. Das Universum geht mich persönlich etwas an. Umso mehr möchte ich endlich verstehen: Warum bewirkt Masse überhaupt eine Anziehung? Ich lasse mich nicht mehr von der Komplexität der Physik frustrieren, wie ich es als Jugendliche getan habe. Jetzt lese ich ein Buch über die Geschichte der Physik, weil es darin auf einmal auch um mich geht. Meine Frage ist für die Physiker ein lange ungeklärtes Problem gewesen – bis Albert Einstein Anfang des 20. Jahrhunderts eine Antwort präsentierte, die ihn als Genie auswies.

Für Einstein ist das Universum zwar ebenso etwas Riesiges und Unerklärliches, aber es verfügt über eine Art innere Struktur, die eine wunderbare Ordnung bewirkt. Ich stelle mir das so vor: Das Universum ist wie ein Croissant mit Vanillefüllung. Ein gutes Croissant besteht aus einem in mehreren dünnen Schichten übereinander ausgewälzten Teig, der beim Backen dadurch besser aufgeht, dass das Innere luftig wird. Dann wird die Vanillefüllung hineingespritzt. Sie hat mit dem eigentlichen Croissant nichts zu tun, gibt ihm aber eine besondere Note und verdrängt den Teig an manchen Stellen.

Was Einstein *Raumzeit* nennt, entspricht für mich dem luftigen Teig des Universums-Croissants. Die Materie im Universum ist die Vanillefüllung, die den Teig an manchen Stellen verdrängt. Ist die Füllung besonders gehaltvoll und umfangreich – vergleiche die große Sonne mit ihrer enormen Masse –, wird der Teig entsprechend stark verdrängt und dehnt sich zu einer Delle, in der die Sonne Platz hat. Könnte ich mein Universums-Croissant durchschneiden und sein Inneres genau untersuchen, würde ich die Vanille-Sonnenkugel erkennen, die auf einem hauchdünnen Teigband liegt, das sich wegen der Masse dehnt und zu einer Delle krümmt. Das Problem dabei ist, dass man natürlich den Teig des Croissants, also die Struktur der Raumzeit, nicht sehen kann.

Was in die Nähe der Sonne kommt und weniger Masse besitzt als sie, bewegt sich nicht mehr auf einem geraden Teigband, sondern auf einem gebogenen. Die kleine Erde rollt am Rand der Delle entlang, die die Sonne verursacht. Die Frage, warum Masse eine Anziehung bewirkt, kann ich mir jetzt beantworten: Sie dellt die innere Struktur des Universums derart ein, dass etwas anderes mit geringerer Masse davon beeinflusst wird und sich nicht mehr frei bewegen kann, sondern einer vorgegebenen Spur folgen muss. Die Krümmung der inneren Struktur ist der Grund für die Anziehung, die man auch *Gravitation* nennt. Im Grunde bedeutet es nichts anderes, wenn ich mich auf der Erdoberfläche nach den vorhandenen Begebenheiten richte.

Ich kann nicht weiter geradeaus laufen, wenn ein See vor mir liegt, sondern muss dem Weg außen herum folgen.

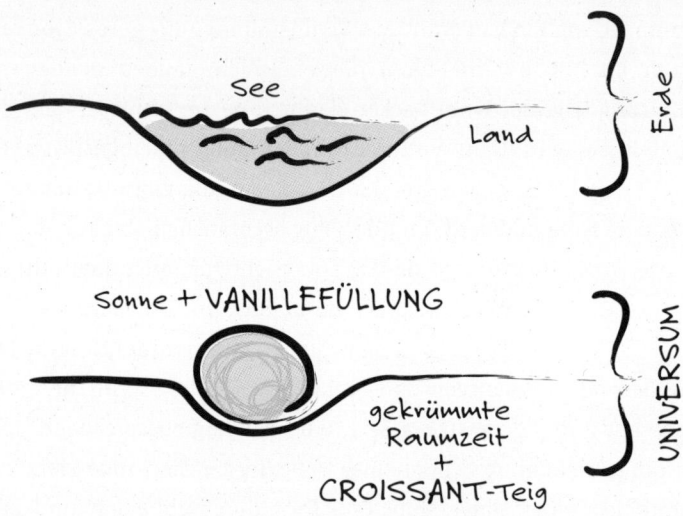

Meine Zeichnung zur Raumzeit

Ich lebe in einem Universum, das über eine innere Struktur verfügt, die mir bisher verborgen geblieben ist. Sie geht mich konkret etwas an, weil sie die Bedingungen vorgibt, die mir mein Leben innerhalb des Universums ermöglichen. Die innere Struktur ist flexibel, reagiert auf das, was darin passiert, indem sie die Masse von Materie in angepasster Weise integriert und damit alles mit allem verbindet und aufeinander abstimmt. Sie stellt auf sehr geordnete und verlässliche Weise eine Harmonie von allem mit allem her. Die Raumzeit hat erreicht, dass das Universum gar nicht mehr so dunkel und bedrohlich auf mich wirkt. Vielmehr scheint es liebevoll auf alles zu achten, was in ihm geschieht. Ich möchte noch mehr solch erstaunlicher Erkenntnisse und frage mich, ob mir das Universums etwas über die Bedingungen verrät, unter denen mein Leben am besten gelingt?

Wieso ich eine Bedeutung
für Raum und Zeit habe

Ich gehe davon aus, dass mein Leben sich in einem bestimmten Raum und in einer bestimmten Zeit abspielt, also unter Bedingungen, die für alle Erdbewohner gleich sind. Die Zeit lässt sich zwar in verschiedenen Ländern unterschiedlich messen, ist aber immer dieselbe Zeit. Der Raum wird in verschiedene Maßeinheiten eingeteilt, ist aber immer derselbe Raum. In jedem Land gibt es jeweils nur eine richtige Antwort auf die Fragen „Wie viel Uhr ist es?" oder „Wie groß ist die Entfernung von hier nach dort?" Mein Leben zeichnet sich vor allem dadurch aus, dass ich beide Fragen vereine und wissen will, wie lange ich von Zuhause zu meiner neuen Freundin im Supermarkt brauche. Meine Bewegung im Raum und die Zeit, die ich dazu brauche, sind ein wichtiger Bestandteil meiner Tagesplanung. Je nachdem, in welcher Geschwindigkeit ich wie viele Dinge erledige und welche Strecken ich dabei zurücklege, komme ich in Stress und fühle mich überfordert, oder ich bin mit meinem Tagwerk zufrieden und fühle mich erfolgreich. Raum und Zeit üben eine Wirkung auf mich aus, weil Bewegungen zu meinem Leben gehören und ich ihre Effekte spüre, nicht nur psychisch, sondern auch physisch ganz ohne mein Zutun, wenn mich beispielsweise jemand versehentlich anrempelt und ich hinfalle oder ein kühler Wind mein Gesicht streift.

Eigentlich müsste ich auch die Bewegung der Erde um die Sonne bemerken, tue es aber nicht. Das liegt daran, dass sich alles um mich herum mit derselben Geschwindigkeit bewegt und ich dadurch das Gefühl bekomme, es würde sich nichts vom Fleck rühren. Warum das so ist, veranschaulicht mir das bei Physikern beliebte Beispiel eines sich gleichmäßig bewegenden Zuges ohne Fenster. Sitze ich in einem solchen Zug, kann ich nicht aus dem Fenster schauen und auch die an mir vorbei ziehende Landschaft nicht sehen. Ich habe keine Ahnung, wie schnell der Zug fährt, und weiß auch nicht sicher, ob er sich überhaupt bewegt. Ich brauche die vorbeirauschende Landschaft als Bezugssystem, um die Bewegung des Zuges in einer bestimmten Zeit zu bemerken.

Auch die gemächlichen Bewegungen der Erde bleiben meinen Sinnen verborgen, weil ich mich unmerklich mit ihr bewege und der Himmel mir ohne astronomische Kenntnisse keine wahrnehmbaren Hinweise liefert, weil er wie ein Zug ohne Fenster ist. Allerdings gibt es eine Bewegung, die nicht diesen Regeln entspricht: die unveränderliche Geschwindigkeit des Lichts von 300.000 Kilometern in der Sekunde. Sie ist unfassbar viel schneller als alle Bewegungen von und auf der Erde, bleibt aber ohne Effekt. Das Licht trifft mich täglich, prallt wie ein schnelles Auto gegen mich, tut mir jedoch nichts. Diese Ausnahme von der Regel machte Albert Einstein nachdenklich. Das Licht müsste, da es sich permanent mit derselben Geschwindigkeit bewegt, ein Bezugsystem haben, anhand dessen seine Bewegung ersichtlich wird. Was ist für das Licht die vorbeirauschende Landschaft? Über das Licht weiß man nur eines mit Sicherheit: Egal, unter welchen Umständen und auf welche Weise Licht ausstrahlt, es ist immer 300.000 km/s schnell – für denjenigen, der es beobachtet. Jeder mögliche Beobachter ist also für das Licht die vorbeirauschende Landschaft.

Das ist Albert Einsteins Grundidee, die meine bisherige Vorstellung vom Universum zu verändern beginnt. Wenn sich Bewegung als Geschwindigkeit messen lässt, man also eine Entfernung im Raum in einer bestimmten Zeit zurücklegt, sind der Raum und die Zeit unveränderlich, aber die Bewegung ist flexibel. Die Tatsache, dass mit der Lichtgeschwindigkeit eine unveränderliche Bewegung im Universum existiert, verkehrt alles. Raum und Zeit müssen flexibel sein und sich verändern können, damit die Lichtgeschwindigkeit konstant bleiben kann.

Raum und Zeit richten sich nach der Lichtgeschwindigkeit. Für das Licht bin ich die vorbeirauschende Landschaft. Ein wesentlicher Bestandteil des Universums, ohne den es auf meinem Heimatplaneten

Erde kein Leben gäbe, hat einen Bezug zu mir. Raum und Zeit sind vom Licht abhängig und das Licht ist es von mir. Also nehme ich indirekt Einfluss auf die Flexibilität von Raum und Zeit. Bedeutet das, ich könnte theoretisch Raum und Zeit verändern, wenn ich praktisch wüsste wie? Habe ich geheime Zauberkräfte? Ich bin skeptisch, aber auch fasziniert von dieser Möglichkeit. Mehr und mehr fühle ich mich, als hätte mich das Universum längst ohne mein Wissen in seine Geheimnisse eingeweiht, als hätte ich für die Phänomene, die im Universum passieren, eine ungeahnte Bedeutung.

Wie sich ein flexibles Universum anfühlt

Wie verändert sich meine Welt, wenn ich für das Licht die vorbeirauschende Landschaft bin und Raum und Zeit flexibel sind? Nehmen wir einmal Folgendes an: Ich fahre ein Auto mit der Lichtgeschwindigkeit von 300.000 km/s und überhole ganz locker einen futuristischen Rennwagen, der sich mit 200.000 km/s fortbewegt. Ein Schiedsrichter am Rand der Rennbahn misst, dass ich 100.000 km/s schneller bin als der Rennfahrer. So weit alles normal. Da ich jedoch mit Lichtgeschwindigkeit fahre, die für jeden Beobachter immer gleich bleibt, sieht mich der Rennfahrer mit 300.000 km/s davondüsen. Für den Rennfahrer bin ich 300.00 km/s schneller als er selbst, für den Schiedsrichter hingegen nur 100.000 km/s schneller. Beide haben verschiedene Auffassungen darüber, was geschehen ist, und beide haben Recht. Damit die Lichtgeschwindigkeit für jeden Beobachter konstant bleibt, passen sich Raum und Zeit in genau abgestimmter Weise aneinander an und verändern sich entsprechend. Wie kann das sein?

Ich bewege mich gleichermaßen durch den Raum und durch die Zeit. Bleiben der Rennfahrer und ich an der Startlinie im Auto sitzen und tun nichts, erfolgt unsere gesamte Bewegung durch die Zeit. Sobald wir losfahren, wird ein Teil unserer Bewegung durch die Zeit umgelenkt und in Bewegung durch den Raum umgewandelt. Je mehr

Strecke wir zurücklegen, desto weniger Zeit verstreicht. Befände sich in meinem Lichtgeschwindigkeits-Auto eine Uhr, wäre weniger Zeit vergangen als auf der Uhr im langsameren Rennwagen. Auf der Uhr des Schiedsrichters wäre die meiste Zeit verstrichen, weil er sich gar nicht bewegte.

Gleichzeitig wirkt sich Bewegung auch auf den Raum aus. In dem Moment, als ich am Schiedsrichter vorbeisauste, bereits wieder abbremste und mit 98% der Lichtgeschwindigkeit fuhr, erschien ihm mein Auto um 80% kürzer, als es im Ruhezustand war. Aus der Perspektive des Schiedsrichters verging mehr Zeit. Deshalb passt der Raum sich entsprechend an und wird geringer. Das bedeutet: Jeder Mensch nimmt eine minimal andere Beobachterposition im Universum ein. Raum und Zeit verändern sich entsprechend der jeweiligen Perspektive. Das Einzige, was immer gleich bleibt, ist die Lichtgeschwindigkeit. Erst das Licht schweißt Raum und Zeit zu der Einheit namens Raumzeit zusammen.

Im Alltag fallen mir diese Phänomene nicht auf, weil ich mich zusammen mit anderen Menschen am mehr oder weniger gleichen Ort im Universum befinde und unsere Geschwindigkeiten verglichen mit der Lichtgeschwindigkeit so gering bleiben. Doch je näher man der Lichtgeschwindigkeit kommt, desto weniger stimmen die Beobachtungen über Raum und Zeit überein. Sie können sich sogar widersprechen. Trotzdem hat jede dieser Perspektiven ihre Gültigkeit, viele Möglichkeiten sind korrekt. Es gibt in der Raumzeit keinen Chef, der alles überblickt und damit behaupten kann, die wahre oder einzig korrekte Sicht auf die Dinge zu haben. Alle Perspektiven sind gleichberechtigt, und es gibt viele Wahrheiten. Eben weil die Lichtgeschwindigkeit Raum und Zeit zusammenhält und sich wiederum nach allen möglichen Beobachtern gleichermaßen richtet. Die Raumzeit ist der ideale Platz, um Selbstvertrauen und Urvertrauen ins Leben zu entwickeln. Denn es gibt niemanden über mir, der mir sagen kann, dass ich etwas falsch mache oder etwas falsch sehe. Mein Leben in der

Raumzeit ist frei, weil ich sein darf, wie ich bin. Die Raumzeit legt sogar Wert darauf, dass es so ist.

Wie die Zeit meinen Tod umgeht

So frei ich mich in der Raumzeit auch fühlen mag, sie wird doch nichts daran ändern, dass mein Leben zeitlich begrenzt ist. Eine geordnete Vorstellung von der Zeit, ihr klar definierter Ablauf von der Vergangenheit über die Gegenwart zur Zukunft ist tief in mir verwurzelt. Um die Raumzeit in diesem Punkt genau zu prüfen, schicke ich den Rennfahrer mit meinem Lichtgeschwindigkeits-Auto in eine andere Galaxie, sagen wir Nummer 1, und bleibe selbst auf der Erde. Sobald er angekommen ist, ruft er mich mit seinem präparierten Mobiltelefon an, das über eine enorme Reichweite verfügt. Wir besprechen, dass er sich noch weiter mit Lichtgeschwindigkeit von der Erde entfernen und mich kurz vor der nächsten Galaxie, Nummer 2, noch einmal anrufen soll. Es geht los. Der Raum zwischen ihm und mir vergrößert sich, folglich verringert sich die Zeit in der Raumzeit. Er versucht, mich während der Fahrt anzurufen, doch aus seiner Perspektive vergeht die Zeit auf der Erde anders, so dass ich noch gar nicht geboren bin. Er erschrickt, weil er mich nicht erreicht, macht kehrt, nimmt Kurs auf die Erde, rast an Galaxie 2 vorbei und ruft noch einmal an. Der Raum zwischen ihm und mir verringert sich, und es vergeht mehr Zeit. Wieder erreicht er mich nicht, weil aus seiner Perspektive die Zeit auf der Erde wieder anders vergeht. Diesmal bin ich bereits gestorben. Der Rennfahrer bremst mit aller Wucht und bleibt irgendwo zwischen Galaxie 1 und Erde stehen. Er ruft mich an, und endlich kann ich mich beschweren, dass er sich nicht melde. Da wir uns beide nicht bewegen, verhält sich die Raumzeit für uns jetzt gleich. Doch sobald sich einer von uns mit Lichtgeschwindigkeit bewegt, wird es kompliziert. Und ich frage mich natürlich: Wie konnte ich für ihn tot sein, wenn ich doch lebe?

In der Raumzeit wird die Zeit relativ. Sie ist die immerwährende Gegenwart aller Perspektiven und Möglichkeiten – die Ewigkeit. Das verändert mein Verständnis vom Universum. Meine alte Vorstellung ließ mich glauben: Du bist klein und unwichtig, die Räder aus Zeit und Raum drehen sich gnadenlos und werden dich eines Tages zermalmen, ohne dass du je verstehen wirst, was passiert. Meine neue Vorstellung hingegen verheißt mir: Du spielst eine Rolle in einem freundlich lächelndem Universum, das dein Leben weich wie ein Federkissen umhüllt und dich sanft auffängt, weil sich die Räder aus Zeit und Raum für dich drehen, nicht gegen dich. Fast spüre ich die Umarmung eines ewigen Augenblicks ohne Angst, wo selbst der Tod zu einer Frage der Perspektive wird. Je besser ich die Raumzeit kennenlerne, desto mehr Vertrauen setze ich in sie.

Was die Raumzeit mit meinem Gehirn gemeinsam hat

Die Raumzeit enthüllt mir etwas über die Geheimnisse des Universums, die ich aus meiner begrenzten Perspektive von der Erde aus nicht ohne weiteres erkennen kann. Die Bedingungen, die auf der Erde herrschen, prägten die Biologie des Lebens. Das beginnt bei der Urzelle mit einem Wechselspiel zwischen innen und außen – mit Balance. Die Idee dazu existierte jedoch schon zuvor in der Raumzeit, die eine Balance zwischen allen Elementen im Universum herstellt. Die Raumzeit weiß, was wichtig ist, damit ich ein gutes Leben in ihr führen kann: meine Perspektive zu kennen und ihre Bedeutung zu verstehen.

So wie ich auf der Erde lebe und von ihrer Bewegung um die Sonne nichts mitbekomme, lebte ich bisher mein Leben, ohne zu bemerken, worum es sich dreht. Da ich unter bestimmten Bedingungen aufwuchs, bildeten sich aufgrund der Erfahrungen, die ich währenddessen machte, Kontaktstellen zwischen den Nervenzellen, die ich brauche, um in meiner Umgebung zu überleben. Daraus entstand ein Nervennetz, das auf meine ganz persönlichen Bedürfnisse zugeschnitten ist. Es funktioniert wie ein Sicherheitsnetz, mit dessen Hilfe ich die Kraft und das nötige Erfahrungswissen entwickle, um mein Leben zu meistern. In einer Krise fängt es mich auf, indem es mir Lösungen anbietet, die meinen Erfahrungen entsprechen. Mein Nervennetz umsorgt mich und gibt mir Sicherheit innerhalb dieser Erfahrungswelt. Aber schaue ich genauer hin, entdecke ich eine gewisse Schwerfälligkeit, die mich an den Teig des Universums-Croissants erinnert. Besonders schwerwiegende Erfahrungen haben in meinem Nervennetz – bildlich gesprochen – *Dellen* hinterlassen und es *gekrümmt*. Ich verarbeite neu eintreffende Eindrücke nicht mehr unvoreingenommen, sondern gerate auf eine schiefe Spur, die mich automatisch in die Nähe einer Delle bringt. Manche Erfahrungen meiner Kindheit haben – wie die Sonne die Raumzeit – mein Nervennetz derart extrem eingedellt, dass mein Leben wie eine kleine Erdkugel dem Lauf der Krümmung folgt. Die so entstehende permanente Nähe zur Kindheitserfahrung nährt mein Leben so, wie die Sonne die Erde nährt. Ich bin erstaunt, wie leicht es mir fällt, die Abläufe im Gehirn mit den Abläufen im Universum zu vergleichen. Vielleicht, weil es gar nicht so abwegig ist, dass in einem Universum nur das leben kann, was zu ihm passt.

Die Krümmung, die durch Erfahrung im Nervennetz entsteht, ist die Schwerkraft des Lebens, die immer wieder die gleichen Lebensthemen anzieht. Das Gewicht eines Ereignisses kann mich in seinen Bann ziehen, so dass es den weiteren Verlauf meines Lebens bestimmt. Es folgt der Schwerkraft unbewusster Glaubenssätze, nach denen ich handle, ohne mir dessen bewusst zu sein. Bis ich aus meinem Nervennetz, das mich eigentlich auffangen und unterstützen soll, nicht mehr herausfinde. Wenn meine alten Erfahrungen mich derart dominieren, dass ich nicht mehr frei und glücklich sein kann, dann muss ich die Perspektive wechseln.

Meine Perspektive ist in der Regel die eines Passagiers, der im Schnellzug durch sein Leben rast. Schaue ich aus dem Fenster, sehe ich meine persönliche Geschichte vorüberziehen, mein Leben vergehen. Die persönliche Geschichte ist mein Bezugssystem, an dem ich mein Leben messe. Währenddessen ist mir nicht bewusst, dass das Licht meines Gehirns – das elektrische Pieps-Signal, die Sprache der Nervenzellen – mit Hilfe meiner Vergangenheit meine Persönlichkeit und Weltsicht gebildet hat. Seit ich das weiß, schaue ich nicht mehr aus dem Fenster, sondern beobachte, was in mir passiert. Mit Hilfe dieser neuen Perspektive, die sich nicht nach außen, sondern nach innen richtet, stelle ich mehr und mehr fest, dass es in meinem Inneren ein neues Bezugssystem gibt. Mein innerer weiser Held zeigt mir mit seinen Stirnhirn-Fähigkeiten neue Möglichkeiten auf. Ich bin als weiser Held mein eigenes Bezugsystem, weil meine persönliche Geschichte mich nicht mehr ablenkt bzw. dominiert. Nicht die Zeit heilt alle Wunden, meine Perspektive tut das.

Wie die Lichtgeschwindigkeit Raum und Zeit zu einer Einheit verbindet, schweißen elektrische Signale meine innere Erlebniswelt zusammen. Innerhalb dieser Erlebniswelt bin ich der Überzeugung, eine Sichtweise sei *richtig* und eine andere *falsch*. Aber alle Menschen leben ihr Leben mit Hilfe eines Stamm-, Zwischen-, Groß- und Stirnhirns, also mit den gleichen Funktionsmechanismen und Möglichkeiten des Gehirns. Das ist die Raumzeit des Gehirns. Was ich persönlich damit anfange, ist dagegen relativ und nur eine Wahrheit von vielen. Jedes Gehirn hat seine eigene Sichtweise, die innerhalb seiner inneren Erlebniswelt schlüssig und gültig ist. Sobald ich mich selbst oder andere beurteile, gehe ich davon aus, eine besondere Position einnehmen zu können, von der aus ich einen besseren Überblick bekomme. Aber es gibt im ganzen Universum keine solche Position. Im Universum gibt es nur Möglichkeiten.

In der Raumzeit und meinem Gehirn existiert kein Chef. Das Licht hält die Raumzeit zusammen und zieht hinter meiner Persönlichkeit unbemerkt die Fäden, da es diese Persönlichkeit ohne die elektrischen (Licht-) Signale meiner Nervenzellen nicht geben würde. Im Inneren wie im Äußeren erschafft das Licht in gewisser Weise die Welt. Universum und Gehirn funktionieren nicht nach dem Prinzip der einen – einzigen – Wahrheit sondern nach dem Prinzip der Kreativität.

6 / 26 Jahre / Feuergeburt

Quetzal heißt der ziemlich kleine und bunte Nationalvogel Guatemalas, dessen Porträt die Geldmünzen ziert und aus dessen außergewöhnlich langen Schwanzfedern die Herrscher der Maya ihren beeindruckenden Kopfschmuck anfertigten. In den Kulturen Mittelamerikas ist *Quetzalcoatl* (aztekisch: Gefiederte Schlange) der Natur- und Schöpfergott, als eine Klapperschlange mit den Federn des Quetzals dargestellt. Die Maya glauben, dass jeder Mensch ein geistiges Schutztier hat, mit dem er auf Leben und Tod verbunden bleibt – auch *Nagual* genannt (aztekisch *Nahualli:* etwas, das meine Haut ist). Sie glauben auch, dass man sich in dieses Alter Ego verwandeln kann, um Krankheiten zu heilen oder zu zaubern. Mich fasziniert daran, dass der Mensch ein Geheimnis in sich trägt, das bereits während des Lebens Schutz und Zugang zu Wissen und Wundern gewähren kann. Deswegen bin ich nach meinem Studium für ein paar Monate nach Guatemala gegangen.

Der Geruch von Holzfeuer liegt in der Luft und weckt in mir urzeitliche Assoziationen von Gefahr und zugleich heimischem Frieden. Die Aasgeier, die eher an schwarze Raben erinnern, sitzen auf dem Müll am Straßenrand und an den Flüssen. Die Nachfahren der Mayas, die Indigénas, scheinen noch zu denken, dass alles, was sie wegschmeißen, auch verrottet. Die Frauen tragen bunt bestickte Blusen und Röcke, an denen sie gegenseitig erkennen, aus welchem Gebiet sie stammen. Sie waschen ihre Kleider am Seeufer auf einem Stein. Das Leben ist in den Bergdörfern noch fast so wie früher – im

Land des ewigen Frühlings, wie Guatemala genannt wird, mit dem es die Sonne gut meint. Die Menschen sind mir ans Herz gewachsen seit der Tour durchs Hochland der Cordillera de los Cuchumatanes bis zu den Touristen-Hochburgen Panajachel und Antigua.

In Guatemala fahren ausrangierte amerikanische Schulbusse, für die unkomfortabel eine noch schmeichelhafte Bezeichnung ist. Sie sind voll bepackt mit Menschen, manchmal auch mit Gemüsekörben und Hühnern, so dass es mich immer wieder in Erstaunen versetzt, wie schnell sie dennoch um die Kurven schießen können, obwohl am Straßenrand der Abhang des Berges in ein Tal stürzt. Einmal rannte ich schreiend einem dieser voll bepackten Busse hinterher. Es war die letzte Chance, ein abgelegenes Dorf ohne Hotel zu verlassen. Das hin und her wackelnde Gewicht des Rucksacks trickste meinen Gleichgewichtssinn aus. Ich fiel in den Dreck, fluchte innerlich und sah mich schon ausgeraubt die ganze Nacht im Straßengraben liegen. Lautes Gelächter und Getöse vom Dach des Busses. Die Menschen klopften so lange auf das Dach, bis er anhielt. Sie lächelten mich an, als sie zusammenrückten, meinen Rucksack wie einen ihrer Körbe sicher verschnürten und mir tröstend auf die Schulter klopften. Im Gedränge sitzend nahm ich ihren Geruch nach Brennholz und Erde wahr. Die Männer trugen weiße Cowboy-Hüte aus Plastikstroh, die Frauen ihre Trachten, und die Hühner in den mit Netzen bespannten Körben putzten ihr Mitleid erregendes Federkleid. Ich fühlte mich wohl unter diesen Fremden.

Der sympathische alte Mann neben mir war Bauer, auf dem Rückweg von einem Familienbesuch. Er stellte mir die Frage, die in seiner Welt am wichtigsten ist: „Wie ist die Erde dort, wo du herkommst?"

Ich hätte ihm von berühmten deutschen Philosophen erzählen können oder von den gerade angesagten Turnschuhen und Sportarten. Aber ich sah ihm an, dass er mit dieser Art Information nichts hätte anfangen können. Ich erklärte daher: „Ich weiß nicht viel über Erde."

Er schaute mich mit großen Augen an: „Si, pues?" Das bedeutet in mittelamerikanischem Spanisch je nach Mimik und Tonfall so viel wie „Ja, wirklich?". Gemeint ist aber „Ist das möglich?".

Während wir in angenehmer Stille nebeneinander saßen, ging mir durch den Kopf, was meine Reise für mich bedeutet. Unterwegs zu sein befreit einen davon, Entscheidungen treffen zu müssen. Immer zwischen zwei Orten, auf dem Weg, aber nie da. Nicht verantwortlich sein müssen für das eigene Leben. Nicht erwachsen werden müssen. Der Mann neben mir war angekommen und fest verwurzelt mit seinem Land, das spürte ich. Wenn er das Brennholz für den Herd auf seinem Rücken den Berg hochtrug, in seinen Gummistiefeln, vielleicht mit einer blauen Plastikplane als Regenschutz über dem Kopf, dann dachte er über Dinge nach, die ich nie erfahren würde.

Da nickte mir der Mann kurz zu und sagte: „Ich bin übrigens Mardomiano. Sehr erfreut."

Wieder saßen wir still nebeneinander. Ich glaube, wir wussten beide, wie unvereinbar unsere Lebenswelten waren. Die Stille zwischen uns war die erste Erfahrung von vollkommener Akzeptanz, die ich in meinem Leben machte – Schulter an Schulter mit Bauer Mardomiano, dicht gedrängt zwischen Gemüse- und Hühnerkörben und fremden Menschen. Wir alle wiegten uns im Rhythmus der unsanften Fahrt hin und her.

Diese Szene kommt mir immer dann in den Sinn, wenn ich mit Menschen zusammen bin, mit denen ich mich ganz

anders fühle, wie gerade jetzt unter meinen Mitreisenden.
Wir fahren in den *Parque Nacional – Volcan de Pacaya*, genauer
gesagt in das kleine Bergdorf San Francisco. Der Pacaya ist
23.000 Jahre alt und hat in den letzten Jahrzehnten die eine
Stunde Autofahrt entfernte Hauptstadt Guatemala City mehr-
mals mit Asche bedeckt. Im Moment schläft der 2.544 Meter
hohe Koloss, sagt die Broschüre. Ich habe gestern einen Ausflug für Freizeit-Abenteurer gebucht, die einmal etwas tolles
Erleben wollen: den Mythos Vulkan für 15 Dollar.

Noch eine Stunde Aufstieg. Ich bin die Letzte und ärgere
mich darüber. Meine Beine fühlen sich unendlich schwer an
und wollen sich nicht vom Boden heben lassen. Wie Beton-
klötze. Schon seit heute Morgen ist das so. Dabei bin ich normalerweise sportlich. Nur mit Mühe schaffe ich es mit meinen
Betonfüßen den Bergrücken hoch, der den Vulkan flankiert.
Ich beschimpfe mich innerlich für meine Unfähigkeit. Träge
spritzen ein paar Lavabrocken aus dem noch entfernten, hinter Büschen versteckten Krater. Der guatemaltekische Guide
meint, es sei ein guter Tag, und wir hätten Glück. Ich bin der
festen Überzeugung, dass er das jeder Gruppe erzählt. Der
Boden unseres Pfades verändert sich plötzlich. Wo ich zuvor
auf Lehm ging, knirschen jetzt winzige, schwarze Lavasteine
unter meinen Schuhen. Vor mir liegt eine schwarze Hoch-
wüste, die hier und da auf Inseln aus frischem Grün wieder zu
atmen beginnt. Ich setze mich an den Abhang, den Vulkan vor
der Nase. Beißende Hitze steigt mir ins Gesicht. Der schwarze
Lavastrom schlängelt sich dampfend unter mir vorbei. Stau-
nend mache ich es mir bequem und frage mich, was eigentlich
los ist, wenn der Vulkan nicht schläft. Rote Glut schießt immer
höher aus dem Vulkan. Glimmende Steinbrocken brechen don-
nernd in die Tiefe. Ein beeindruckendes Schauspiel für einen

Berg, der nach einem harmlosen Gemüse aus den Zeiten der Maya benannt ist. Hinter mir schlendert eine Gruppe junger Hippies vorbei. Sie erörtern die Möglichkeit eines Ausbruchs. Einer sagt: „Das Wichtigste habe ich schon erlebt, also was soll's." Was für ein Idiot, denke ich. Der Guide stellt sich neben mich und murmelt mit offenem Mund, dass er so etwas noch nie gesehen habe.

Plötzlich ist der Abhang, an dem ich saß, schon einige Meter weit weg. Ich spüre, wie meine Beine rennen, ganz von allein und federleicht. Im Laufen drehe ich mich um. Die Lava schießt hoch und scheint sich über mich stülpen, mich verschlingen zu wollen. Schwarzer Rauch bohrt sich durch die Luft. Der Himmel ist rot. Die Erde bebt. Keine Zeit, um zu begreifen. Keine Erinnerung an den ersten Moment des Ausbruchs. Angstvoll verzerrte Gesichter rennen auf mich zu. Panik. „GO! GO! GO!", schreit einer, „Don't panic!" ein anderer. Jemand zückt hysterisch sein Handy und stottert auf Spanisch: „Mama, das ist das letzte Mal, dass ich dich anrufe." Ich renne weiter. Das Atmen fällt mir schwer. Weiter unten schart sich meine Gruppe um den alten amerikanischen Schulbus. „Gott hat diesen Bus gesegnet", steht auf der Frontscheibe, wie bei fast jedem Bus in Guatemala. Manche streiten mit Todesangst in den Augen. Andere sind ganz still. Der Fahrer will auf die warten, die noch fehlen.

Die Männer des Bergdorfes San Francisco stehen in ihren Plastiksandalen und den zerschlissenen Hosen ruhig daneben, die Hände in den Taschen. Sie sind mir sympathischer als meine Gruppe. Ich spreche einen von ihnen an.

„Nein, hier ist es nicht gefährlich, der Wind treibt den Rauch in die andere Richtung. Und wenn er dreht – wir glauben an Gott."

Über mir teilt sich der Himmel in dämmerndes Blau und schwarzen Rauch. Das sieht aus wie düstere Zuckerwatte. Bedrohlich nahe. Der Lavastaub hat sich bereits als brennender Kajal in meinen Augenliedern abgesetzt. Ich halte einen Pick-up an, der noch Platz auf der Ladefläche hat. Der Fahrer nimmt mich mit. An einer Kurve kommt die Lava der Straße ziemlich nahe, aber es geht gerade noch. Wieder in Sicherheit, auf der Straße Richtung Stadt, den Feuer speienden Vulkan am entfernten Horizont, bin ich zweifach geschockt, vom Vulkan und von mir selbst.

Hat mein Inneres gewusst, was passieren würde? Waren meine Beine deswegen so schwer gewesen? Aber wie konnte ich das wissen, bevor es passierte, ohne dass es mir bewusst war?

Am nächsten Tag sehe ich das Ereignis auf allen Titelseiten der Zeitungen. Wie schön der Vulkan auf den Bildern aussieht, ein wunderbares Naturspektakel, aber verdammt gefährlich. Obwohl er gar nichts mit dem Odenwald gemein hat, erinnert er mich daran. Ich kaufe ein paar der Zeitungen und lese sie im Innenhof meines Hostels. Es heißt, der Vulkan habe seine Lava zum ersten Mal seit der Verzeichnung seiner Ausbrüche Richtung Süden ausgespuckt und nicht gen Norden zur Hauptstadt hin. Wäre es anders gewesen, stünde das Bergdorf San Francisco nicht mehr und ich hätte noch viel Schlimmeres erlebt. Die Richtung des Windes hat viele Leben gerettet – auch meines. Die Einsicht trifft mich wie ein Stromschlag, dass das kein Zufall war. Meine Beine bewegten sich nicht zufällig so schwerfällig an diesem Tag. Plötzlich fühlt sich mein Körper butterweich an, als trügen ihn keine Knochen, als wäre nichts Hartes mehr in mir. Mein Herz fließt über wie ein voller Brunnen, und süßes Wasser füllt meine Augen. Ich lebe noch, weil mein Inneres mich liebt. Ich lebe weiter, weil es für die Kräfte des Universums, von denen der Wind ein Teil ist, Sinn macht. Mein Leben hat noch Bedeutsames mit mir vor. Ich spüre den Blick des indischen Meditationsmeisters, als stünde ich gerade jetzt auf den Stufen des Kongresszentrums, als seien nicht zwei Jahre seitdem vergangen, und höre mich schluchzen wie ein kleines Kind.

Als Sucherin in der Quantenwelt:
Von der Wahrscheinlichkeit zum Sinn

Was meine Welt zu einem Wunderland macht

Da die Lichtgeschwindigkeit eine so wichtige Rolle dabei spielt, wie Raum und Zeit für mich aussehen, und die elektrischen (Licht-) Signale in meinem Gehirn dafür sorgen, wie ich die Welt wahrnehme und erlebe, frage ich mich: Was haben die Physiker eigentlich über das Licht herausgefunden und verrät mir das etwas über das Leben?

Um diese Frage zu klären, muss ich mich in ein völlig neues Gebiet einarbeiten: in die Quantenphysik. Ich kann mir ein lautes Stöhnen nicht verkneifen, habe ich doch schon so oft gehört, wie schwierig das sein soll. Doch angesichts der Erkenntnisse, die mir meine Recherche bisher brachte, bleibe ich einigermaßen zuversichtlich, bestelle ein paar Bücher und stürze mich in das Nachschlagewerk Internet.

Die Quantenphysik (lateinisch *quantum*: wie groß, wie viel) untersucht und beschreibt Phänomene im atomaren und subatomaren Bereich. Sie dient mir als eine Art Mikroskop, durch das ich erkennen kann, was meinen Augen verborgen bleibt, weil es viel zu klein ist. Schaue ich mir Licht durch dieses Mikroskop an, sehe ich seine kleinsten Teilchen, die Photonen. Genauso lassen sich auch die kleinsten Bausteine von Materie erkennen, die Atome. In meiner Vorstellung haben Licht- und Materie-Teilchen nichts miteinander gemeinsam. Außer, dass sie jeweils bestimmte Eigenschaften besitzen. Sie können dies, aber nicht jenes. Sie sind hier, aber nicht dort. Weil die Welt aus festen, klar definierten Teilchen besteht, ist sie für mich mit dem gesunden Menschenverstand berechenbar. Manches ist einfach nicht möglich, beispielsweise, an zwei Orten gleichzeitig zu sein.

Während ich mich einlese, fällt mir auf, dass sich das Licht gar nicht an meine Vorstellung von der Welt zu halten scheint, wie der britische Physiker Thomas Young im 19. Jahrhundert mit einem Experiment entdeckte. Er stellte eine Wand auf, in der sich eine vertikale Spalte befand. Dahinter platzierte er eine photographische Platte, die wie der Film in einem Fotoapparat funktioniert. Er projizierte einen Lichtstrahl auf die Wand, der durch die Spalte hindurch die photographische Platte belichtete. Das Ergebnis war ein heller Streifen. Allerdings geschah etwas Seltsames, als Young einen zweiten Spalt in die Wand machte. Er projizierte erneut einen Lichtstrahl auf die Wand, der durch beide Spalten fiel und die photographische Platte dahinter belichtete. Dieses Mal erhielt er eben nicht – wie erwartet – zwei helle Streifen, sondern mehrere Streifen unterschiedlicher Helligkeitsgrade. Das Young'sche *Doppelspaltexperiment* zeigt, dass die einzelnen Photonen des Lichtstrahls sich nicht immer so verhalten, wie man es von festen, klar definierten Teilchen erwartet. Sie bewahren ein Geheimnis, das es ihnen ermöglicht, in der für menschliche Augen unsichtbaren Quantenwelt seltsame Dinge zu tun.

Die Physiker nennen dieses Geheimnis *Welle*, weil das Muster der Lichtstreifen auf der photographischen Platte unterschiedliche Intensität aufweist, also einmal heller und ein anderes Mal dunkler ist. Das erinnert mich an die Wucht von Meereswellen. Türmt sich die Welle auf wie ein Berg, besitzt sie die meiste Kraft. Während sie in der Talregion ganz harmlos ist. Treffen zwei Wellen aufeinander, vereinigen sich die zwei Wellenberge, und die Welle wird insgesamt größer und kräftiger. Wellenberg und Wellental können sich auch gegenseitig aufheben. Oder zwei Wellentäler stoßen zusammen und vertiefen das Tal. Dazwischen gibt es alle denkbaren Abstufungen. Licht verhält sich ähnlich. Es wird nur nicht höher oder tiefer, sondern heller oder dunkler. Die kleinsten Bausteine des Lichts – die Photonen –

können Eigenschaften eines Teilchens haben, aber gleichzeitig auch die einer Welle.

Allerdings verstehe ich noch nicht, was ich mir unter dieser Licht-Welle vorstellen soll. Eine Wasserwelle besteht aus vielen H_2O-Molekülen, die sich in einem koordinierten Muster bewegen. Einen Strom aus vielen Teilchen kann ich mir entsprechend als eine Welle denken. Da aber bereits ein einziges Licht-Teilchen die Eigenschaft einer Welle besitzt, ist das so, als wäre ein einziges H_2O-Molekül schon die gesamte Welle. Außerdem lässt sich eine Welle nicht auf einen Punkt begrenzen, vielmehr nimmt sie eine ganze Region im Raum ein. Wo befindet sich ein Teilchen dann genau?

Um das zu verstehen, halte ich mich wieder an den Vergleich mit Wasser. Eine Wasserwelle hat eine hohe Intensität in der Berg-region und eine niedrige im Tal. Im Bereich hoher Intensität ist die Wahrscheinlichkeit, das Teilchen anzutreffen, besonders hoch. Die Welle ist, wie es die Physiker nennen, eine *Wahrscheinlichkeitswelle*, die sich im Prinzip über das gesamte Universum erstreckt. Das allein erscheint mir schon schwer zu begreifen, aber die Physiker setzen noch eins drauf. Ihre Experimente mit Materieteilchen belegen, dass auch diese die Eigenschaften einer Welle besitzen können. Nicht nur Licht, auch Materie ist in ihren einzelnen, kleinsten Bestandteilen eine Wahrscheinlichkeitswelle. Das bedeutet doch: Was ich in der Welt sehen und anfassen kann, ist nicht mit absoluter Sicherheit so, wie ich es sehe oder erfasse. Eigentlich ist alles möglich und manches lediglich wahrscheinlicher als anderes. Weil hinter dem für mich Offensichtlichen noch etwas verborgen liegt, das ich mit meinen Sinnen nicht wahrnehmen kann.

Die kleinsten Teilchen von Materie und Licht besitzen die gleiche Eigenschaft, nämlich dass sie sich auch wie eine Welle verhalten können. Ich lese nach, warum das so ist. Licht und Materie waren für mich ja bisher zwei völlig verschiedene Dinge. Ich stoße auf Einsteins berühmte Formel $E = mc^2$. Sie zeigt, dass Materie komprimierte Energie ist: Multipliziere ich die Masse (m) einer winzigen Büroklammer mit dem Quadrat der Lichtgeschwindigkeit (c), erhalte ich eine Energie (E), die einer Tonne Sprengstoff entspricht. In den kleinsten Teilchen der Materie steckt unglaublich große Energie. Diese Tatsache ermöglicht mir das Leben. Denn die Sonne erzeugt Wärme und Licht, indem sie jede Sekunde 4,3 Millionen Tonnen Materie in Energie umwandelt. Also sind es genau die Eigenschaften von Materie und Licht, von denen ich bisher gar nichts wusste, die mein Leben überhaupt erst ermöglichen.

Mich erinnert das an die *Maske der Persönlichkeit*, an mein Ich, hinter dem sich die eigentlichen Darsteller meines Lebens verbergen: mein innerer weiser Held – und meine Seele. Hinter der Maske der Persönlichkeit eines Teilchens liegt eine Welle. Sie lässt sich nicht auf bestimmte Eigenschaften begrenzen, sondern schwappt durch ein Meer der Möglichkeiten. In der Welt der kleinsten Bausteine von Materie und Licht ist vieles möglich und einiges wahrscheinlich. Die kreative Freiheit, die ich in der Raumzeit und im Gehirn kennengelernt habe, existiert auch in der Quantenwelt der winzigsten Dinge.

Das Wellenmeer braucht ein Bezugssystem, damit aus einer Wahrscheinlichkeit Gewissheit wird. Dieses Bezugssystem ist beispielsweise ein Physiker, der gerade einen Versuch genau beobachtet und eine Messung vornimmt. Nur durch genaue Beobachtung lässt sich das Teilchen „festnageln" und sein Aufenthaltsort bestimmen. Davor und danach sind alle Aufenthaltsorte möglich, und manche sind lediglich wahrscheinlicher als andere. Erst die Beobachtung macht wirklich, was sie eigentlich über die Wirklichkeit herausfinden will.

Das kann ich doch wieder auf das Gehirn übertragen. Aus dem Möglichen, das ich auch hätte werden können (hätte ich andere Erfahrungen gemacht), entsteht meine persönliche Geschichte, die vorgibt, was in meinem Leben wahrscheinlich ist und was nicht. Erst durch die Beobachtung meiner Geschichte wird real, was ich zuvor nicht für möglich hielt – dass in mir ein weiser Held steckt. In meiner

Welt, in Einsteins kosmischer Welt und in der winzigen Quantenwelt kommt es also auf den Beobachter an. Und dessen Perspektive entscheidet, welche Welterfahrung er gerade macht. Bin ich im Wunderland gelandet, dessen Geheimnisse ich mit meinem gesunden Menschenverstand nicht dingfest machen kann, weil sie weit über das hinausgehen, was mein Vorstellungsvermögen zulässt?

Was Photonen mit meinem Bewusstsein verbindet

Gibt es in der Quantenwelt noch mehr zu entdecken, was für mich und mein Verständnis von der Welt von Bedeutung sein könnte? Ich überlege, inwieweit mich mein gesunder Menschenverstand auch in der Annahme täuscht, dass Dinge, die an verschiedenen Orten im Raum zu finden sind, auch tatsächlich verschiedene Dinge sind. Raum trennt für gewöhnlich. Ich kann von hier nach dort nur eine Wirkung erzielen, wenn ich den Raum überbrücke. Besitzen die kleinsten Teilchen jedoch auch Eigenschaften einer Welle, befinden sie sich nur wahrscheinlich hier oder dort. Raum kann demnach nicht so absolut trennend sein, wie ich immer dachte.

Tatsächlich finde ich in der Quantenphysik ein entsprechendes Schlupfloch: Objekte, die weit voneinander entfernt sind, können Teil eines quantenmechanisch verschränkten Ganzen sein. Sie sind zwar voneinander getrennt, tun aber so, als wären sie es nicht, und koordinieren sich miteinander. Das haben die Physiker durch Experimente mit Photonen herausgefunden, die aus derselben Quelle stammen: Ein Calcium-Atom, das zerfällt, gibt dabei Energie in Form von Photonen ab. Obwohl die Photonen räumlich voneinander getrennt sind, wissen sie, auf welche Weise sich die anderen Photonen desselben Calcium-Atoms um sich selbst drehen. Sie richten sich danach und tun das Gleiche. Sie sind auf geheimnisvolle Weise miteinander verbunden.

Es handelt sich hierbei nicht um eine Informationsübertragung mit Lichtgeschwindigkeit, sondern um ein augenblickliches Wissen voneinander, weil sie durch ihren gemeinsamen Ursprung im Grunde immer ein und dasselbe physikalische Gebilde bleiben. Das, was hier passiert, kann eine Auswirkung auf das haben, was dort passiert, auch ohne Überbrückung der räumlichen Entfernung. Nur gibt es eben unendlich viele Teilchen, die mit unendlich vielen anderen Teilchen zusammenstoßen und mit ihnen wechselwirken. Dieses Zusammenprallen hat Auswirkungen auf ihre Eigenschaften. Je mehr sich ein Photon in der Welt bewegt, desto mehr verstrickt es sich darin und die Verbundenheit mit seiner „Verwandtschaft", die aus derselben Quelle stammt, löst sich. Es macht im Laufe seines Photonen-Lebens Erfahrungen, die es beeinflussen, ob es will oder nicht. Steht ein Photonen aber noch in enger Verbindung zu einem anderen Photon, dann richten sie sich nacheinander. Sie achten aufeinander, behalten sich gegenseitig im Blick und gehen aufeinander ein. Fast möchte ich diese Verbindung als liebevoll bezeichnen und meine, im Leben eines Photons menschliche Züge zu erkennen. Wenn ein Photon wissen kann, wie es einem anderen – weit entfernten – Photon ergeht, warum sollte der Mensch nicht auch über sein Herzfeld mit einem anderen ihm nahestehenden Menschen verbunden sein und intuitiv über ihn Bescheid wissen können, selbst wenn er von ihm getrennt ist?

Je mehr ich mich mit Photonen beschäftige, desto mehr drängt sich mir eine grundlegende Frage auf: Wie kann ein winziges Licht-Teilchen überhaupt irgendetwas wissen? Braucht es nicht ein Bewusstsein dafür? Bewusstsein ist vielleicht gar kein Privileg, sondern im ganzen Universum in verschiedenen Ausprägungen enthalten, in all den darin enthaltenen Dingen und Phänomenen? Diese Vorstellung fasziniert mich, weil sie mir ein Gefühl von Geborgenheit schenkt. Als wäre ich auf der Welt gar nicht allein, sondern hätte überall Freunde.

Wie Energiefäden mir
neue Dimensionen eröffnen

Ich habe das Universum bisher aus zwei verschiedenen Perspektiven betrachtet. Einsteins Theorien beschäftigen sich mit Sternen und Planeten. Sie dienen als eine Art Weitwinkel-Objektiv, das mir eine Panorama-Perspektive ermöglicht und ein Universum zeigt, das ziemlich ordentlich und gepflegt aussieht. Die Quantenphysik beschäftigt sich mit den kleinsten Bestandteilen. Sie ist eine Art Mikroskop, das mir in einer Detail-Ansicht ein recht chaotisches und unberechenbar wirkendes Universum präsentiert. Beide Perspektiven passen nicht zusammen. Sie liefern den Physikern so unterschiedliche Ergebnisse, dass sie erst vereint werden müssten, bevor man eine Aussage darüber wagen könnte, wie das Universum tatsächlich beschaffen ist, also wie es in seiner Gesamtheit funktioniert.

Genau das würde ich aber gerne wissen, um zu verstehen, warum ich in diesem Universum existiere. Ich brauche das, was die Physiker noch nicht gefunden haben und eifrig suchen: Eine allumfassende Erklärung – eine Theorie, die zwischen Einsteins Weitwinkel-Objektiv und dem Mikroskop der Quantenphysik eine Verbindung herstellt. Dazu lese ich mich oberflächlich durch einige Artikel, die ich im Internet finde. Es gibt einige Theorien, die in Frage kommen. Eine davon spricht mich rein intuitiv an, deshalb nehme ich sie mir genauer vor: Die Stringtheorie. Sie besagt, dass die kleinsten Teilchen der Quantenwelt aus noch winzigeren Elementen bestehen, nämlich vibrierenden Energiefäden, den sogenannten *Strings*. Die Stringtheorie hat Einsteins berühmte Formel $E = mc^2$ beim Wort genommen, wie mir der Physiker Brian Greene in „Der Stoff aus dem der Kosmos ist" erklärt. Wenn sich Masse in Energie umwandeln lässt und Energie in Masse, dann steckt in jedem noch so winzigen Teilchen Materie eine enorme Menge Energie. Sie könnte in Form eines Energiefadens, eines Strings, vorliegen, der die Masse eines Teilchens durch seine Bewegung erschafft. Je rascher und heftiger ein String schwingt, desto schwerer ist ein Teilchen. Raschere und heftigere Schwingungen bedeuten höhere Energie, und höhere Energie übersetzt sich dank Einsteins Gleichung in größere Masse. Umgekehrt gilt: Je weniger heftig die Stringschwingung, desto leichter ein Teilchen. Ein masseloses Teilchen wie ein Photon entspricht einem String, der nur ganz sanft und leicht schwingt.

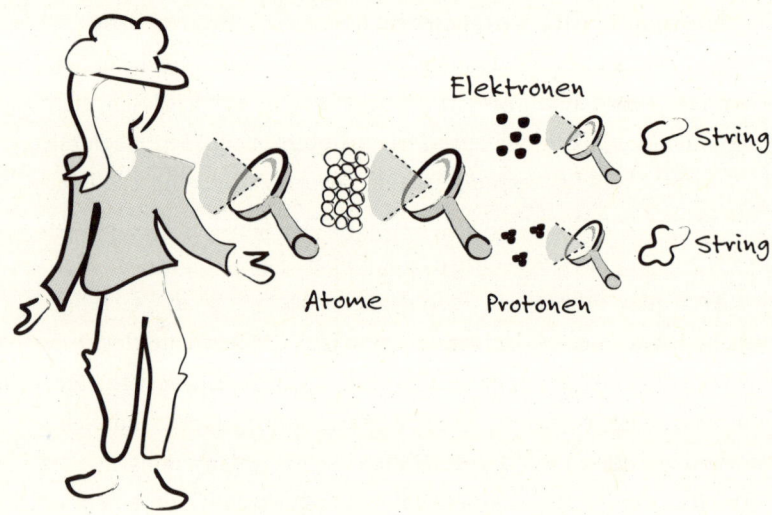

Meine Zeichnung zu Atomen und Strings

Die Raffinesse der Stringtheorie besteht darin, dass sie zwischen Einsteins Weitwinkel-Objektiv und dem Mikroskop der Quantenphysik vermittelt, indem sie das chaotische Durcheinander der Quantenwelt glättet und punktartige Teilchen durch Energiefäden ersetzt, die eine bestimmte – wenn auch winzige – Länge haben. Das Chaos beruhigt sich dadurch und lässt sich mit der Ordnung von Einsteins Theorien besser vereinbaren.

Das Prinzip der Stringtheorie gefällt mir immer besser, je mehr ich darüber lese. Im Grunde ist es ganz einfach: Wie die Saite einer

Geige oder Gitarre in verschiedenen Frequenzen schwingen kann und unterschiedliche Töne hervorbringt, so können Strings in verschiedenen Mustern schwingen und unterschiedliche Teilchen hervorbringen. Je nachdem, auf welche Weise sie schwingen, entstehen Licht-Teilchen (Photonen) oder Materie-Teilchen (Protonen und Elektronen), aus denen Atome bestehen – aus denen wiederum alles zusammengesetzt ist, was man in dieser Welt sehen oder anfassen kann. Das bedeutet, dass alles aus ein und demselben Stoff entsteht: einem String. Nur dessen jeweils unterschiedlich schwingende Bewegung erzeugt die Vielfalt der verschiedenen Teilchen. So gesehen wird ein winziges Teilchen zum Ton eines Strings und das große Universum zu einer kosmischen Symphonie.

Während mir die Poesie, die dieser Idee zugrunde liegt, ein seliges Lächeln auf die Lippen zaubert, trifft es mich wie ein Blitz. Die Stringtheorie erinnert mich an die Urzelle, denn sie versucht zu vereinen, was zuvor unvereinbar schien, nämlich Einsteins Theorien mit der Quantenphysik. Ist das nicht eine ähnlich paradoxe Situation? Im ersten Mehrzeller konnten die Zellnachbarn nicht mit und nicht ohne einander. Es entstand eine Verbindung in Form des inneren Ozeans, der das scheinbar Unmögliche möglich machte: Die Kooperation von Einzelgängern. Genauso braucht es vielleicht das scheinbar Unmögliche, damit sich zwei unvereinbare Theorien plötzlich durch eine neue Idee miteinander verbinden lassen. Die Stringtheorie tut genau das. Sie geht davon aus, dass es mehr Raum-Dimensionen gibt, als im Alltag erfahrbar sind.

Kann das sein? Das ist für mich eine wichtige Frage. Schließlich bin ich in diesen Raum hineingeboren worden, und die Evolution hat mich an ihn angepasst. Mein Körper ist dreidimensional und ich sehe dreidimensional. Ich teile den Raum in drei Möglichkeiten auf: vorne – hinten, rechts – links, oben – unten. Würde mir nur eine Bewegungsrichtung fehlen, wäre mein Leben wesentlich ärmer an Erfahrungsmöglichkeiten. Oder umgekehrt: Hätte der Raum tatsächlich mehr

Dimensionen, als ich wahrnehmen kann, erhielte ich mehr *Freiheits-grade*, wie die Physiker sagen. Je mehr Freiheitsgrade bzw. Dimensionen es gibt, desto mehr kann ich im Raum unternehmen. Was, wenn das Universum hinter seinem alltäglichen Erscheinungsbild ein ebensolches Geheimnis verbirgt wie mein Ich? Wenn zusätzliche Raum-Dimensionen meinen Erlebnishorizont gleichsam erweitern – wie mein innerer weiser Held und meine Seele, die ich ja genauso gut als eine weitere Dimension meines Selbstbewusstseins bezeichnen könnte?

Also möchte ich herausfinden, was eine Dimension eigentlich ist. Ein Blick auf einen Strommast macht mir deutlich, dass meine Perspektive dabei eine wichtige Rolle spielt. Das Stromkabel sieht aus großer Entfernung aus wie eine Linie bzw. ein eindimensionaler Strich. Aus der Perspektive einer Ameise, die auf dem Kabel entlangspaziert, erscheint das Kabel jedoch zweidimensional. Die Ameise kann sich nach vorne und hinten auf dem Kabel entlang (Strich) oder nach rechts und links um das Kabel herum (Kreis) bewegen. Zusätzliche Dimensionen könnten sich entsprechend länglich ausgedehnt oder kreisförmig aufgewickelt im alltäglichen Raum verbergen – in Form eines sogenannten *Calabi-Yau-Raumes*, benannt nach dessen Entdeckern Eugenio Calabi und Shing-Tung Yau. Das ist eine Art raffiniert zusammengeknülltes Blatt Papier, in dem sich viele Flächen ineinanderrollen und umeinander schlingen – milliardenfach kleiner als ein Atom. Ich kann die zusätzlichen Dimensionen nicht sehen, weil ich nicht die erforderliche Perspektive und die notwenigen Qualitäten habe. Genauso wie ich eine Ameise sein müsste, um die zwei Dimensionen eines Stromkabels erleben zu können.

Laut Stringtheorie gibt es neben den drei alltäglichen Raum-Dimensionen noch sieben weitere sowie eine Zeit-Dimension. Meine Erfahrungswelt hat womöglich elf Dimensionen, von denen ich den Großteil nicht wahrnehme, ihn mir nicht einmal annähernd vorstellen kann. Beweise dafür gibt es bisher keine. Aber die Schwerkraft

(Gravitation) könnte sie eines Tages liefern. Sie müsste wie das Licht und wie Materie ebenfalls aus kleinsten Teilchen bestehen, den bisher unentdeckten *Gravitonen*. Um sie aufzuspüren, schicken die Physiker in einem langen Ringtunnel Teilchen mit Lichtgeschwindigkeit auf Kollisionskurs. Wenn sie zusammenprallen, entsteht ein Schauer noch kleinerer Teilchen. Die Wissenschaftler des CERN-Labors in der Nähe von Genf hoffen, mit dem Teilchenbeschleuniger *Large Hadron Collider* darunter eines Tages auch ein Graviton zu entdecken. Und die Stringtheoretiker rechnen damit, dass ein Graviton in eine andere Dimension entweicht und sie das messen, fotografieren oder indirekt mathematisch erschließen können. Dann wäre bewiesen, dass es andere Dimensionen gibt.

Für mich ist schon jetzt wahrscheinlich, dass das bekannte Universum nur ein kleiner Ausschnitt von etwas noch viel Größerem ist. Und dass es – wie in meinem Gehirn und der Raumzeit auch – in diesem Fall auf meine Perspektive ankommt, wie viel davon ich erkennen und erleben kann.

Was die Quantenwelt mit meinem Gehirn gemeinsam hat

Mein Verständnis des Universums wandelt sich nach meinem kurzen Ausflug in die Quantenphysik und Stringtheorie einmal mehr. Ich dachte früher, das Universum sei zu groß, um es zu verstehen, und werde ebenso kalt wie grausam vom Gesetz des Stärkeren regiert. Als Lebewesen in solch einem Universum hielt ich mich für klein, bedeutungslos und hilflos ausgeliefert. Seit ich über Einsteins Theorien nachgedacht habe, fühle ich mich sicherer im Universum, weil seine innere Struktur mich sorgsam umhüllt und ich selbst eine Rolle dabei spiele, wie sich Raum und Zeit für mich zusammensetzen. Die Quantenphysik fügt meiner neuen Einstellung zum Universum noch einiges Positives hinzu. Ich bin zuversichtlicher geworden, dass es

Wunder gibt. Was ich für Unmöglich hielt, ist es gar nicht. Das verleiht dem Universum einen Zauber, der auch mein Leben berührt, denn in ihm darf ich wünschen und hoffen und auf seine verborgene Magie vertrauen, wenn ich nicht weiterweiß. Selbst die winzigsten Teilchen haben sympathische Eigenschaften. Sie wissen voneinander und richten sich freiwillig nacheinander. Seine kleinsten Bestandteile attestieren dem Universum einen grundlegend guten Charakter. Es ist für mich freundlicher geworden und ein guter Ort zum Leben. Ich fühle mich im Universum wohler als je zuvor und betrachte mich dadurch selbst wohlwollender. Auf einmal kann ich mich selbst und das Universum viel besser leiden.

Meine neue Einstellung scheint neue Kräfte in mir zu mobilisieren. Ich beobachte mich dabei, wie ich ganz allgemein mehr Elan und mehr Lust aufs Leben verspüre. Das bringt mich auf die Idee, in meinen Physik-Büchern nachzulesen, was Kräfte eigentlich sind. Ich staune nicht schlecht, dass es nur vier Kräfte im Universum gibt, die eigentlich für alles Geschehen verantwortlich sind. Die Schwerkraft (Gravitation) habe ich durch Einstein bereits kennengelernt. Die Quantenphysik beschreibt drei weitere Naturkräfte: starke Kernkraft, schwache Kernkraft sowie die elektromagnetische Kraft. Die elektromagnetische Kraft bestimmt, wie stark ein Teilchen elektromagnetisch wirken und reagieren kann. Sie liegt der Naturgewalt eines Blitzes zugrunde, aber auch dem sanften Prickeln einer Berührung auf der Haut. Die starke Kernkraft bindet die Protonen und Neutronen im Atomkern zusammen. Die schwache Kernkraft wiederum verursacht Radioaktivität, den Zerfall eines Teilchens. Jegliches Ereignis im Kosmos ist ein Zusammenspiel dieser vier elementaren Kräfte mit Materie.

Dieses Zusammenspiel ist nur möglich, weil nicht nur Materie aus kleinsten Teilchen besteht, sondern auch jede Kraft durch ihre kleinsten Teilchen übertragen wird. Bei der elektromagnetischen Kraft sind das die Photonen, bei der schwachen Kernkraft die schwachen

Eichbosonen, bei der starken Kernkraft die Gluonen (engl. *glue:* Leim) und bei der Schwerkraft die Gravitonen. Überall dort, wo eine dieser Kräfte wirkt, schwirren ihre Teilchen herum und wirken wechselseitig mit Materie.

In meinem Leben gibt es eine Parallele dazu, denn es stellt in gewisser Weise auch ein Wechselspiel dar zwischen Materie und vier elementaren Kräften, die in mir wirken. Einmal gibt es die Schwerkraft der Vernunft: die Gewohnheit. Sie hält mich auf der immer gleichen Bahn meiner persönlichen Geschichte. Die kleinsten Teilchen dieser Schwerkraft entsprechen der rationalen Quintessenz der Erfahrungen, die ich gemacht habe: Glaubenssätzen. Genauso wie ich ein Graviton nicht sehen kann, nehme ich einen Glaubenssatz nicht bewusst wahr und weiß nicht einmal, dass er existiert. Ich lebe einfach danach, ohne ihn zu hinterfragen, weil er meine Art zu Denken geprägt hat. Er ist das kleinste Teilchen meines Selbst- und Weltbildes und übt eine Kraft auf meine Umgebung aus. Er zieht genau die Erfahrungen an, die ihm entsprechen. Das ist einfach die Natur eines (Glaubenssatz-)Kraftfeldes. Auch die elektromagnetische Kraft entdecke ich in mir wieder: die Kommunikation zwischen Gehirn und Herz über Energie. Die kleinsten Teilchen dieser Energie sind die emotionalen Erlebniserinnerungen, die mein Bewusstsein formen.

Neben der Schwerkraft (rationale Glaubenssätze) und der Energie zwischen Herz und Gehirn (emotionale Erlebniserinnerungen) gibt es weitere Kräfte in mir. Die schwache Kernkraft, die für den Zerfall eines Teilchens verantwortlich ist, spiegelt sich in mir als mein eigener Zerfall: der Tod. Sein kleinstes Teilchen ist die Angst. Die Angst ist wie Radioaktivität, die alles in meinem Leben verstrahlen und ungenießbar machen kann. Jedoch hat sie auch einen Gegenpol: die starke Kernkraft, die die verschiedenen Bestandteile eines Atoms zusammenhält. Sie verbindet mehrere kleine Dinge und erschafft dadurch ein größeres Ganzes. Die starke Kernkraft ist die Kraft des Lebens überhaupt. Das kleinste Teilchen dieser Lebenskraft scheint mir die

Liebe zu sein. Die Liebe kann alles in meinem Leben heilen und zu neuem Leben erwecken.

Während diese vier Kräfte und ihre kleinsten Teilchen mein Leben ganz schön durchschütteln, schwingt die zwischen Gehirn und Herz gespannte Saite auf vielerlei Weisen unbemerkt mit. Sie spielt das Lied meiner Persönlichkeit, erschafft meine innere Welt. Dabei klingen unhörbare Obertöne als stille Melodie mit – und bilden meine Seele, die mir verborgen bleibt.

Ich sehe eine Parallele dazu im Universum. Ein String erschafft durch seine Art zu schwingen verschiedene Teilchen und mit ihnen die äußere Welt. Dabei erklingt eine kosmische Symphonie aus unhörbaren Obertönen, die eine andere – unsichtbare – Welt erschaffen. Auch wenn es die Stringtheoretiker so nicht bezeichnen, könnte man diese anderen Dimensionen als eine Art Seele der materiellen Welt betrachten. Wie die Obertöne der Seele ständig in mir mitschwingen, sind die anderen Dimensionen permanent um mich. Passt meine verborgene Seele nicht gut zu verborgenen Dimensionen? Ich frage mich, welche Verbindung es zwischen beidem gibt.

Wie ich ein Teil des Universums werde

Die in mir wirkenden Kräfte und ihre kleinsten Teilchen – Lebenskraft (Liebe), Tod (Angst), Energie (Erlebniserinnerungen) und die Schwerkraft der Vernunft (Glaubenssätze) – sind einem Prinzip untergeordnet, das sich immer wieder um ein gutes Zusammenspiel bemüht: der Harmonie. Ohne Harmonie läuft mein Gehirn auf Sparflamme. In Harmonie kann das Gehirn Außergewöhnliches leisten, wie mir die Ergebnisse der Versuche mit tibetischen Mönchen zeigten. Für die Physiker gibt es ein ähnliches, übergeordnetes Prinzip, das die Welt außergewöhnlich macht und immer wieder in ihr zu finden ist: Die Symmetrie.

Je mehr man ein Objekt drehen, wenden oder manipulieren kann, ohne dass sich sein Erscheinungsbild ändert, desto symmetrischer – und auch schöner – ist es. Ein Gesicht ist besonders attraktiv, wenn beide Gesichtshälften gleichförmig sind. Eine Schneeflocke ist so erstaunlich, weil sie immer gleich aussieht, egal aus welcher Perspektive man sie betrachtet. Physikalische Gesetze sind in einem abstrakteren Sinne symmetrisch, da sie überall gelten. Ein Apfel fällt Cowboys in Montana genauso auf den Kopf wie der Bäckersfrau in Deutschland oder dem Aborigine in Australien. Man braucht den Planeten nicht einmal zu verlassen, da sich dank der Symmetrie in Erfahrung bringen lässt, welche Gesetze wo im Universum den jeweiligen Umständen und Kräfteverhältnissen entsprechend regieren.

Gerade weil es die Symmetrie gibt, sind die Naturgesetze so, wie sie sind. Unter Naturgesetzen versteht man die festen, auch mathematisch formulierbaren Regeln, nach denen das Naturgeschehen erfahrungsgemäß verläuft. Symmetrie ist keine Folgeerscheinung dieser festgeschriebenen Regeln der Natur, sondern deren Ursache. Eigentlich liegt es nicht an den Naturgesetzen, dass die Welt so ist, wie sie ist, sondern an der Symmetrie. Das kommt mir irgendwie bekannt vor. Es erinnert mich an die Evolution des menschlichen Nervensystems. Der Mensch ist nicht einfach ein höheres Lebewesen, weil er über ein komplexes Nervensystem verfügt. Das komplexe Nervensystem ist die Ursache dafür, dass es den Menschen überhaupt geben kann. Und es kann erst dann komplex werden, wenn seine Einzelteile kooperieren und in der Lage sind, Harmonie herzustellen. Eigentlich liegt es an der Harmonie, dass der Mensch so ist, wie er ist, nicht am Nervensystem. Die Harmonie regiert das Nervensystem als Naturgesetz des Körpers, wie die Symmetrie umgekehrt die Naturgesetze als Nervensystem der Welt regiert. Die Harmonie in mir ist die erlebte und erfühlte Symmetrie des Universums.

Je mehr ich von dieser Harmonie erfahre, desto mehr verändert sich mein Bewusstsein, führt mich weg von den Belangen meiner Persönlichkeit hin zu meinem inneren weisen Helden und gipfelt in der Seele. Genauso verändert sich die Welt durch mehr Symmetrie zu einem immer schöneren Ort und gipfelt in zusätzlichen Dimensionen, die ich mir mit etwas Fantasie als die Heimat meiner Seele vorstelle.

Warum das Universum für mich Sinn macht

Es wundert mich nicht mehr, dass ich so viele Erkenntnisse aus der Physik auf mich als Menschen übertragen kann. Einsteins zentrumslose Raumzeit deckt sich irgendwie mit dem cheflosen Gehirn. Die Naturkräfte finden sich im psychischen Spannungsfeld des Menschen zwischen Liebe, Angst, der Macht der Gewohnheit und neuen Erkenntnissen wieder. Die Quantenphysik beschreibt eine Wunderwelt der Verbundenheit, die mir bereits vom Herzfeld her bekannt vorkommt. Die Stringtheorie entwirft ein Szenario um das Wechselspiel von Materie und schwingender Energie, das ich in mir selbst als Körper-Musikinstrument und Oberton-Seele erfahre. Der Mensch selbst ist für mich längst zu einem Mikrokosmos geworden, der mit dem Makrokosmos Universum in Verbindung steht.

Wie die Physiker eine mathematische Weltformel suchen, die alle Geheimnisse der Natur erklärt, suche ich das Pendant dazu: eine *Weltweisheit*, die mir die Geheimnisse des Menschseins innerhalb dieses Universums erschließt. Die Physiker grenzen den Menschen aus ihren Betrachtungen aus, einfach weil er nicht zu ihrem Forschungsgebiet gehört. Für den Menschen sind andere zuständig, wie die Gehirnforscher, die Psychologen oder die Philosophen. Ich kann diese traditionelle Trennung gar nicht aufrechterhalten. Das Universum gehört zu meinem Leben als Mensch, weil ich ihm mein Leben verdanke und seinen Regeln zugleich ausgeliefert bin. Wenn ich mein Ziel erreichen will, mein Leben bewusst auszukosten, darf ich nicht vergessen, in welchem Gesamtgefüge ich mich bewege. Vielleicht konnte ich mir gerade dashalb die Sinnfrage bisher nicht beantworten. Eines liegt für mich persönlich auf der Hand: Das Spiel der Naturkräfte ergibt einen Sinn, da sie den Lauf der Welt gewährleisten. Die Symmetrie in der Welt ergibt einen Sinn, da ohne sie diese Welt gar nicht existieren würde. Die Funktionsmechanismen des Gehirns ergeben einen Sinn, da sie das Überleben sichern. Innerhalb dieses Sinngefüges ist es unwahrscheinlich, dass mein Leben keinen Sinn haben soll. Die Parallelen zwischen Gehirn und Physik bestärken mich in der Annahme, dass der Sinn des Menschseins gerade in der Verbindung des Menschen mit dem Universum liegt.

Ich empfinde das Leben in der heutigen Welt manchmal als bedeutungs- und glücklos, gerade weil mir diese Verbindung abhandengekommen ist und unter anderen Interessen begraben liegt. Die Verbindung des Menschen mit dem Kosmos setzt etwas voraus, das dem aktuellen Weltbild zuwiderläuft: Mensch und Universum passen gar nicht zusammen. Ich sehe mich selbst als ein bewusstes Wesen. Das Universum habe ich dagegen lange als etwas rein Materielles betrachtet. Wie kann aber Bewusstsein aus etwas hervorgehen, das selbst nichts davon enthält? Meine Vermutung, Bewusstsein sei im Universum kein Privileg, wenn selbst ein winziges Licht-Teilchen weiß, wie es seinen Verwandten ergeht, holt mich wieder ein. Das Universum kann für mich keinen Sinn machen, wenn ich von falschen Annahmen ausgehe. Die Probleme in der modernen Physik, wie das Paradoxon der Unvereinbarkeit von Einsteins Theorien mit der Quantenwelt, lassen sich möglicherweise auf einen veralteten Glaubenssatz zurückführen, der sich in der Wissenschaft hartnäckig hält: *Alles ist Materie.* Mir leuchtet das nicht mehr ein. Das Universum besteht aus Materie, aber es ist vielleicht keine Materie. Wie auch der Mensch aus Beinen, Händen, Gehirn etc. besteht, aber all das nicht ist.

Es gibt mit der Quantenphysik bereits eine Physik des Bewusstseins. Aber die für mich entscheidende Frage kommt zu kurz: Was veranlasst einen Energiefaden überhaupt dazu, mit seinen Schwingungen Materieteilchen ins Sein zu bringen? Das Universum weiß womöglich, was es tut, und tut es aus einem bestimmten Grund: Weil es Sinn für das Universum macht, eine Verbindung zu haben mit den Dingen und Lebewesen, die sich darin befinden. Ich brauche mich gar nicht eingeschüchtert oder verloren zu fühlen. Das Universum lächelt mir freundlich zu.

Das ist fast zu schön, um wahr zu sein, denn das bedeutet ja, dass ich, Nuria, wirklich wichtig für das Universum bin. Oder packt mich nach der großen Unsicherheit, die ich zu Beginn meiner Recherche empfand, jetzt der Größenwahn? Wenn die Harmonie in mir ein Pendant zur Symmetrie im Universum ist und meine Harmonie mich zu einem Bewusstsein als Seele führt, bringt die Symmetrie mich dann zu einer bewussten Seele des Universums – zu einer höheren Kraft? Ich bin ziemlich ratlos, wie ich das herausfinden soll. Bis ich mich erinnere, womit meine Recherche überhaupt begann: mit dem Anfang des Lebens. Vielleicht hilft mir jetzt der Anfang des Universums weiter? Damit lande ich beim nächsten ungeklärten Rätsel der Physik, dem Urknall. Es ist Zeit, neue Bücher zu bestellen.

7 / 27 Jahre / Zellentanz

Ich habe in den Büchern des Meditationsmeisters gelesen, ein guter spiritueller Lehrer lasse sich daran erkennen, dass er mir eine innere Erfahrung schenkt. Entsprechend gespannt bin ich, während ich hier sitze und auf sein Eintreffen warte. Der Saal ist typisch amerikanisch, großzügig geschnitten und mit Stühlen in einem gewöhnungsbedürftigen rotgoldenen Ton eingerichtet, gehobenes Niveau, aber nicht luxuriös, wie das gesamte Hotel. Ich bin gerade rechtzeitig angekommen und noch etwas benommen von dem langen Flug. Mein Gepäck liegt ungeöffnet im billigsten Zimmer. Es irritiert mich, dass das Hotel so normal ist und auch im Saal normale Leute sitzen. Ich war der Meinung gewesen, nur mit Problemen beladene und irgendwie ausgeflippte Menschen würden sich von einem indischen Guru in die Meditation einweisen lassen – und das nur in orangefarbenen Kutten in einem indischen Ashram. Auch wenn ich keine Ahnung habe, was da auf mich zukommt, spüre ich, dass hier am Stadtrand von Chicago etwas Außergewöhnliches auf mich wartet.

Die erste Begegnung mit dem Meditationsmeister bei seinem Vortrag in Deutschland beeindruckte mich, und ein Vulkan hat mich wieder daran erinnert. Das kann ich nicht ignorieren. Andererseits: Wird mir jemand Geld abknöpfen, mir eine Glatze rasieren, mich in Zwangsgewahrsam nehmen oder einer Gehirnwäsche unterziehen? Ich lauere wie ein Luchs auf meinem Stuhl, ob sich derartiges ankündigt. Meine Gedanken sind damit beschäftigt, jede Bewegung im Saal und jeden Gesprächsfetzen, der zu mir dringt, zu analysieren, um mögliche Gefahren frühzeitig zu erkennen. Mein Verstand ist auf der Hut, mein Herz dagegen entspannt. Es fühlt sich wohl.

Neben mir sitzt Ron. Das erkenne ich an seinem Namensschild. Scheinbar ist er schon länger initiiert. So nennt man das, wenn man von seinem Lehrer in die Meditation eingewiesen wurde, habe ich von ihm gelernt, denn er betreut die Neuankömmlinge, die in meiner Reihe sitzen. Er gratuliert mir zu meinem Entschluss und freut sich wahnsinnig für mich. Damit weiß ich gar nichts anzufangen. Ron lacht und erklärt: „Gib dir Zeit. Deine Seele weiß, wo sie zu Hause ist, und sie hat Sehnsucht danach. Stell dir die Freude vor, wenn du nach einer sehr, sehr langen Reise endlich erfährst, dass es bald nach Hause geht, dorthin, wo es vertraut und schön ist."

Ron ist so ziemlich der Letzte, von dem man solche Sätze erwarten würde. Er ist ein großer, schwarzer Schrank, dem man nicht einmal mit einem Baseball-Schläger in der Hand begegnen mag. Erst wenn man genauer hinschaut, erkennt man ein leichtes Strahlen in seinem Gesicht und die gutmütigen Augen.

Als könnte er meine Gedanken lesen, erzählt er: „Noch vor zwanzig Jahren war ich das wütende Kind von Alkoholikern im Ghetto, das noch nie etwas von Liebe gehört hatte. Heute bin ich ein glücklicher Jurist in Washington, gebe Meditations-Workshops und könnte keiner Fliege etwas zu Leide tun. Das kann passieren, wenn du zu unserem Meditationsmeister gehst."

Der Schrank bebt, während er über sich selbst lacht. Da weiß ich, dass ich ihn mag.

„Und, wie soll das gehen?", frage ich.

„Eigene Anstrengung und Gnade", antwortet er, „obwohl, eigentlich ist es auch Gnade, wenn du es schaffst, dich anzustrengen." Wieder bebt der Schrank, als hätte er den weltbesten Witz über seine eigenen Unzulänglichkeiten gemacht.

Er scheint in einem anderen Universum zu wohnen, in dem die gewöhnliche Denkweise der Menschen ein Anlass zu köstlicher Erheiterung ist.

Eine Frage schießt mir förmlich aus dem Mund: „Und du bist nicht in den Himalaja und hast der Gesellschaft den Rücken zugekehrt, um erleuchtet zu werden?"

„Wozu hätte das gut sein sollen?", fragt er zurück. Als er meinen enttäuschten Gesichtsausdruck sieht, redet er weiter: „Ich möchte gerne so sein wie mein Meditationsmeister, vollkommen bewusst, wenn du das meinst. Aber das steht nicht in meiner Macht. Ich kann nur ein Mensch werden, der die Qualitäten seiner eigenen Seele entfaltet. Das ist das Spiel, das wir so oder so spielen, deswegen sind wir hier und deswegen sind wir in der genau richtigen Gesellschaft, egal wo wir geboren wurden. Außerdem, was hätte deine Gesellschaft davon, wenn du erleuchtet im Himalaya säßest?"

Ich fühle mich ertappt und lache etwas verlegen.

Dann entsteht Unruhe im Saal. Der Meditationsmeister kommt, geht durch den Mittelgang des Saals. Die Menschen falten die Hände wie zum katholischen Gebet. Das möchte ich nicht tun und stecke meine Hände verunsichert in die Hosentaschen. Als er auf seinem Podest sitzt, erklärt er diese Geste: „Im Osten ist es üblich, die Hände zu falten und sich vor dem anderen zu verneigen. Damit grüßen wir Gott respektvoll in unserem Gegenüber. Die aufeinandergelegten Finger symbolisieren verschiedene Menschen, die miteinander in Harmonie leben. Dass die Hände dabei nach oben zeigen, verdeutlicht, dass die Aufmerksamkeit der Menschen auf Gott gerichtet ist. Wenn ich also meine Hände falte und mich vor euch verneige, grüße ich Gott in euch."

Der Meditationsmeister erläutert mir und ungefähr 300 anderen, wie man meditiert und welche Erfahrungen man dabei machen kann. Obwohl er routiniert spricht, kann ich die große Bedeutung spüren, die der Inhalt seiner Worte für ihn selbst hat. Vielleicht, weil er sich selbst gar nicht als einen Wissenden versteht, sondern sich auf seinen eigenen Meditationsmeister beruft. Ich höre großen Respekt und liebevolle Verbundenheit heraus und wundere mich, dass er gar nicht unterwürfig wirkt, sondern gefestigt und stark. Dann üben wir zusammen die Meditation. Das ist der Moment, wo man eine innere Erfahrung geschenkt bekommt, damit man sich sicher sein kann, mit einem kompetenten Lehrer auf einem guten Weg zu sein. Bei mir passiert nichts. Ich kann einfach meine Gedanken nicht abstellen. Ich bin müde, habe Hunger und Sorge, dass die Türen abgeschlossen sein könnten. Als die Einweisung vorbei ist, bin ich enttäuscht. Bedeutet das jetzt, dass dieser Weg nicht der richtige ist?

Ich beschwere mich auf meine typische Art bei Ron: „Vielleicht habe ich nichts gesehen, weil es bei mir nicht funktioniert hat?" Sein Blick ist mitfühlend: „Es kann gar nicht nicht funktionieren. Wir sind oft zu abgelenkt und zu sehr mit den Gedanken beschäftigt. Wir verpassen die Show sozusagen, weil wir uns den Kopf über das zu erwartende Programm zerbrechen."

Das reicht mir als Antwort nicht: „Dann könnte ich eben auch bei einem unfähigen Meditationsmeister gewesen sein und würde es gar nicht merken?"

Der Schrank bebt wieder: „Es ist wichtig, dass du dir sicher bist. Ich sage den Organisatoren mal Bescheid."

Ich werde gebeten, in einen kleinen Nebenraum zu gehen und dort noch einmal zu meditieren. Mir kommt es vor, als würde eine Ewigkeit vergehen, und konzentrieren kann ich mich auch diesmal nicht. Dann höre ich, wie sich die Tür öffnet, und spüre, wie der Meditationsmeister den Raum betritt. Ich traue mich nicht, die Augen zu öffnen. Sein Daumen berührt meine Stirn. Jede Zelle meines Körpers fängt an zu pulsieren. Oder tanzen und singen sie? Es ist alles gut, sagen sie mir. Lange noch bleibe ich sitzen.

Mit dem Urknall in die Zukunft: Vom Rätsel zum Frieden

Warum das Universum einen Anfang hat

Um dem Himmel das Geheimnis seines Anfangs wissenschaftlich zu entlocken, brauchen die Geheimnisenthüller zwei Dinge: Technik und Wissen. Sie beobachten den Himmel und müssen die Eigenschaften des Lichts kennen, um ihre Beobachtungen interpretieren zu können. Also rufe ich mir in Erinnerung, was Licht ist: elektromagnetische Strahlung, eine Form von Energie, die ich mir als Welle vorstellen kann. Die Entfernung zwischen zwei Wellenbergen – die Wellenlänge – sagt mir fast alles, was sich über das Licht herausfinden lässt. Je größer die Wellenlänge, desto niedriger ist die Energie. Als sichtbares Licht haben Rot und Orange größere Wellenlängen, etwa 700 Nanometer, und weisen niedrige Energien auf. Gelb und Grün liegen im mittleren Bereich. Blau, Indigo und Violett entsprechen kürzeren Wellenlängen um 475 Nanometer und höheren Energien. Betrachtet man beispielsweise einen Stern, der Lichtwellen aussendet, kann man deren Länge messen und daraus auf seine Temperatur schließen. Ein bläulich leuchtender Stern sendet Licht kürzerer Wellenlänge aus und ist heißer als einer rötlichen Lichts. Mit diesem Hintergrundwissen ausgestattet verstehe ich auf einmal, wie die Physiker überhaupt darauf kamen, dass das Universum einen Anfang gehabt haben muss.

Jede Art von Welle, egal ob Wasser, Schall oder Licht, wird durch Bewegung beeinflusst. Wenn sich ein Körper, der Wellen aussendet, auf mich zubewegt, dann nehme ich eine verringerte Wellenlänge wahr. Umgekehrt bewirkt es eine Vergrößerung der Wellenlänge, wenn sich der Körper von mir wegbewegt. Entfernt sich also ein Stern von der Erde, nehme ich eine größere Wellenlänge wahr, eine sogenannte Rotverschiebung, weil Rot am längerwelligen Ende des sichtbaren Lichtspektrums liegt. Nähert sich ein Stern der Erde, kommt es zu einer Abnahme der Wellenlänge, die man als Blauverschiebung bezeichnet. Die meisten bekannten Galaxien zeigen eine Rotverschiebung. Sie entfernen sich also von der Erde. Je weiter weg, desto schneller. Eine 3.260.000 Lichtjahre entfernte Galaxie bewegt sich mit unglaublichen 558 Kilometern in der Sekunde von der Erde weg.

Damit ist klar: Das Universum ist in Bewegung, es dehnt sich aus und entwickelt sich. Könnte man die Zeit zurückspulen, würde sich alles immer weiter zusammenziehen. Bis vom großen Universum nur noch ein winziger Punkt übrig bliebe. Umgekehrt muss zu Beginn des Universums eine gigantische Kraft den winzigen Punkt wie einen Luftballon aufgeblasen haben, so dass das Universum immer größer wurde. Wenn ich wüsste, wo der winzige Punkt herkam und wie genau er sich zu einem riesigen Universum entwickelte, fände ich dann eine Antwort auf die Frage, warum das Universum überhaupt existiert – und ich mit ihm?

Wie der Urknall mein Leben verschönert

Die Geburt des Weltalls war eine gigantische Explosion, aus der im Zeitraum von ungefähr 13,7 Milliarden Jahren das heutige unendlich scheinende Universum erwuchs, inklusive aller Sonnen, Planeten und allen Lebens. Eigentlich kann ich mir das alles gar nicht richtig vorstellen, zu groß sind die Zeitabschnitte und das Endprodukt. Ich nehme mir deshalb erst mal kleinere Abschnitte vor.

Im ersten winzigen Bruchteil einer Sekunde nach dem Urknall ist das Universum unvorstellbar klein und heiß. Raum und Zeit sind noch nicht zu unterscheiden. Es gibt keine Spur von den heute geltenden

Naturgesetzen. Im nächsten winzigen Bruchteil einer Sekunde dehnt sich das Universum zu gewaltiger Größe aus. Die Energie des Urknalls verwandelt sich in die Urform von Materie: ein extrem heißes *Plasma* aus Elementarteilchen und hochenergetischer Gammastrahlung, durch deren Energie die ersten Elektronen entstehen. Aus den Elementarteilchen bilden sich erste Protonen, die späteren Atomkerne. Die ersten drei Minuten im Leben des Universums sind vergangen.

Die weitere Expansion des Universums lässt die Gammastrahlung zunehmend längerwellig werden und an Energie verlieren. Es wird langsam kälter. Dreihunderttausend Jahre später bewegen sich die aus der Gammastrahlung entstandenen Elektronen wesentlich langsamer und lassen sich von den Atomkernen einfangen. Die ersten Atome entstehen: Protonen (Atomkerne) und Elektronen verbinden sich zu einem Wasserstoffatom. Fast hundert Millionen Jahre nach dem Urknall bilden sich die ersten Strukturen im All. In den dichten Regionen entstehen erste Gaswolken und später Sterne.

Wieder 100 Millionen Jahre später existieren immer gewaltigere Strukturen. Große Gas- und Staubwolken kollidieren und entwickeln sich zu Riesenwolken, deren Eigenbewegung zu einer Rotation führt. Diese Riesenwolken flachen zu Scheiben ab, und die ersten Galaxien sind geboren. Die Gravitation der Materie hält alles zusammen und lässt diese (Spiral-)Galaxien weiter wachsen, weil sie alles Gas aus der Umgebung anziehen und mit kleineren Galaxien verschmelzen. Während das Universum sich weiter ausdehnt, entstehen so Bereiche mit großer Materiedichte – und eine Weite, die unendlich und leer erscheint. In den dichteren Bereichen entsteht nach einer weiteren Abkühlung Leben.

Ich erkenne in dieser Anfangsgeschichte des Universums eine stufenweise Entwicklung von Materie. Sie entsteht in den ersten Bruchteilen einer Sekunde aus Energie und befindet sich damit in ihrem heißestmöglichen, energiereichsten Plasma-Zustand, in dem alle Teilchen frei herum fliegen. Durch Abkühlung gelingt es einigen

Teilchen, sich erstmals zu Atomen vereinen. Die Materie ist jetzt gasförmig. Eine weitere Abkühlung hilft den Atomen, sich lose miteinander zu verbinden. Die Materie wird flüssig. Sobald sich die Atome fest aneinanderbinden, erreicht die Materie den niedrigsten Aggregatzustand; sie befindet sich im energieärmsten festen Zustand. Der Wechsel der Materie von einem Zustand in einen anderen nennt man *Phasenübergang*. So wie bei Eis, das sich erwärmt und erst zu Wasser und später zu Wasserdampf wird.

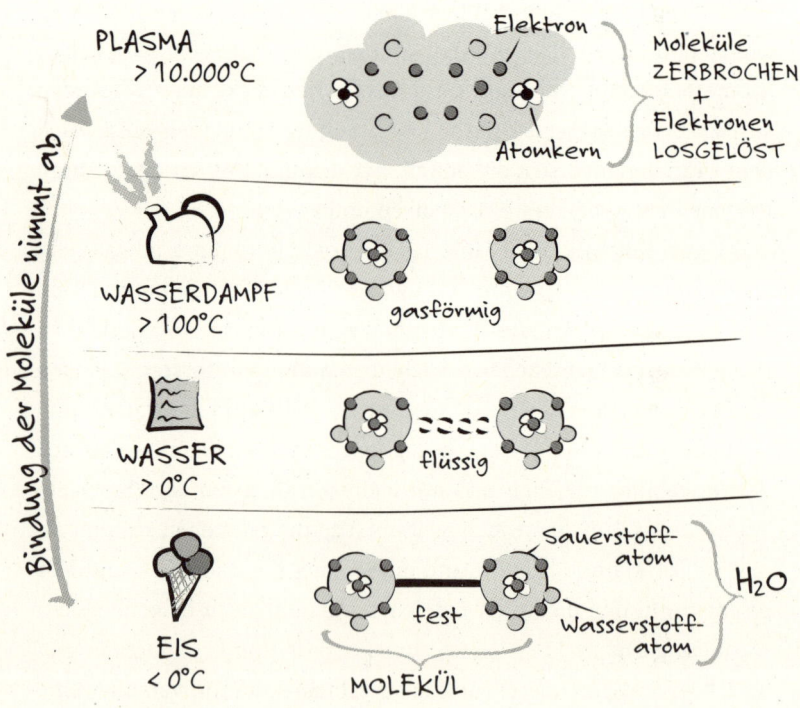

Meine Zeichnung zu den Aggregatzuständen von Materie

Jeder Phasenübergang bedeutet in der Regel eine Verringerung bzw. eine Brechung der bis dahin vorliegenden Symmetrie. Plasma und Gas sind symmetrischer als Wasser, das wiederum symmetrischer als Eis ist. Je kühler und energieärmer das Universum wurde, desto weniger symmetrisch wurde es. Zu Beginn des 21. Jahrhunderts liegt die Temperatur nahe der niedrigstmöglichen Grenze, dem absoluten Nullpunkt, bei etwa minus 273 Grad Celsius. Ich lebe in einem *gefrorenen* Universum, das wie Eis die niedrigste Symmetrie aufweist. Trotzdem gilt die Symmetrie auch heute noch als übergeordnetes Prinzip, das die Welt am Laufen hält und den Naturgesetzen zu Grunde liegt. Der Anfang des Universums scheint mir nach wie vor maßgeblich im Universum präsent zu sein – so wie auch der Anfang des Lebens mit der Urzelle in mir weiterlebt.

Dieser Vergleich bringt mich auf einen Gedanken: Durchlaufe ich selbst nicht eine ähnliche Entwicklung wie das Universum seit dem Urknall? Seit meinem persönlichen Urknall Geburt ist viel passiert. Prägende Ereignisse waren oftmals Wandlungsphasen, die mich veränderten. In manchen Punkten bin ich in meinem Denken fest eingefroren, weil ich bestimmte Erfahrungen zu vermeiden versuche oder Ereignisse entsprechend negativ interpretiere. Das hat meine Welt kristallisiert. Dabei war zu Beginn meines Lebens alles offen, das Nervennetz in meinem Gehirn war noch nicht geflochten, es hätten sich alle möglichen Verknüpfungen bilden können. Mein Gehirn kannte noch keine Überlebensstrategie und war auf alles vorbereitet. Gab es damals mehr Harmonie in mir und suche ich deswegen immer wieder aufs Neue danach?

Tatsächlich taucht sie immer wieder auf – in den Momenten großen Glücks. Wie mein Lebensglück mich immer wieder an mein Streben nach vollkommener Harmonie im Leben erinnert, herrscht die Symmetrie im Universum trotz Jahrmilliarden der Abkühlung noch immer als maßgebliches Prinzip. Das Schöne und Gute in mir und in der Welt kennen kein Verfallsdatum. Sie sind vielmehr die treibende

Kraft hinter allem. Alleine für diesen Gedanken hat sich meine Recherche mehr als gelohnt. Diese Erkenntnis gibt mir das Gefühl, in einer Welt zu leben, die schon immer gut und schön war und es auch heute noch ist. Die Wahrscheinlichkeit, dass sich das im Laufe meines Lebens ändern könnte, geht in Anbetracht der Jahrmilliardenalten Geschichte so ziemlich gegen null.

Warum die Kontraste des Universums mir Frieden schenken

Ein weiterer Punkt, von dem ich mir eine Erkenntnis erhoffe: Drei Minuten nach dem Urknall existieren negativ geladene Elektronen und positiv geladene Kerne (Protonen), deren gegensätzliche Ladungen sich anziehen. Aber die Elektronen bewegen sich zu schnell, sie können keine Umlaufbahn um die Kerne einschlagen und prallen ab. Die Teilchen schwirrenden wild umher, wechselwirken mit der Strahlung des Urknalls und produzieren ein gewaltiges Lichtermeer. Wäre ich dabei gewesen, hätte ich allerdings nichts davon gesehen, wie ich in „Big Bang. Der Ursprung des Kosmos und die Erfindung der modernen Naturwissenschaft" von Simon Singh, Physiker und Wissenschaftsjournalist, lese. Denn die Teilchen sind wie Wassertröpfchen des Nebels und lenken das Licht viele Male ab, ehe es die Augen erreichen kann. Das Universum hätte für mich im Dunkeln gelegen, obwohl es voller Licht erstrahlte.

Dieser Nebel lichtet sich erst 300.000 Jahre später, als das Universum auf dreitausend Grad Celsius abkühlt. Die Elektronen bewegen sich jetzt langsamer und lassen sich von der Ladung der Protonen anziehen. Die ersten Atome entstehen. Sie sind neutral geladen, da die gegensätzlichen Ladungen von Protonen im Kern und Elektronen am Rand sich ausgleichen. Das Licht wird dadurch nicht mehr abgelenkt und das Universum in der Folge für mich transparent. Aus der Dunkelheit bricht Licht hervor, obwohl es eigentlich gar keine

Dunkelheit gab. Dunkelheit und Helligkeit existierten in der Anfangs-
phase des Universums gleichzeitig.

Das Licht, das damals aus der vermeintlichen Dunkelheit geboren
wurde, ist heute noch messbar. Die Physiker Arno Penzias und Robert
Wilson spürten es 1965 zufällig auf, als sie an einer Antenne für
Nachrichtensatelliten arbeiteten und dabei auf ein seltsames gleich-
förmiges Störgeräusch stießen. Durch die Expansion des Universums
hatten sich die Lichtwellen im Laufe der Zeit ausgedehnt, von einem
tausendstel Millimeter auf einen Millimeter. Diese Wellenlänge liegt
im nicht sichtbaren Mikrowellenbereich des elektromagnetischen
Spektrums. Die ehemaligen Lichtwellen waren zu Radiowellen
geworden. Auch wenn ich es nicht bemerke, umgibt mich dieses Echo
der Schöpfung permanent in Form von 400 Millionen Photonen pro
Kubikmeter des Universums, auch hier an meinem Schreibtisch. Ich
bade förmlich in einem kosmischen Ozean aus Hintergrundstrahlung,
die aus der Urzeit des Universums stammt. Bedeutet das nicht, dass
die Urzeit des Universums immer noch präsent ist? Der Moment, in
dem Licht aus der vermeintlichen Dunkelheit hervorbricht, ist doch
in gewisser Weise bis heute nicht vergangen. Die Zeugen von damals,
die Photonen, sind noch am Leben und erinnern an die Geburt der
Dualität von Licht und Dunkelheit. Jetzt verstehe ich, warum ich in
einer Welt der Dualität lebe, in der es hell und dunkel ist, in der es
Gut und Böse gibt. Aber die Zeugen von damals flüstern mir auch ein
Geheimnis zu: Es gab eine Zeit, in der Einheit herrschte zwischen den
Gegensätzen, nämlich bevor das Universum transparent wurde.

Um das zu prüfen, begebe ich mich auf die Suche nach dem, was
die Wissenschaftler noch über die Hintergrundstrahlung herausgefunden haben. Sie ist extrem gleichmäßig, allerdings ergeben sich
bei einer sehr hohen Messgenauigkeit minimale Schwankungen von
0,001 Prozent, je nachdem, wo der Satellit hinsieht. Sie weisen auf
kleinste Dichteunterschiede im frühen Universum hin – eine minimale Störung der anfänglichen Symmetrie. Dadurch bilden sich

Millionen Jahre später Regionen von etwas größerer Dichte. Die Gravitation sorgt mit der Zeit dafür, dass die dichten Regionen noch dichter werden. Gleichzeitig dehnt sich das Universum weiter aus, so dass immer mehr Raum entsteht, in dem es keine Materie gibt. Die heutige Anordnung des Universums bildet sich: Kleine Inseln von Materieanhäufungen in einem unendlich scheinenden Ozean der Leere. Eine minimale Störung der anfänglichen Symmetrie brachte ein Universum hervor, in dem Leben möglich ist.

Ich schließe daraus, dass zum Leben eben eine Störung gehört. Das Leben pendelt zwischen dem Gefühl der Leere oder Sinnlosigkeit und dem Gefühl der Fülle oder Erfüllung. Diese Störung zeichnet das Leben zwar einerseits aus, andererseits herrscht aber auch ein Zustand der Symmetrie im Universum (Plasma) und der Harmonie im Menschen (Seele). Das Universum und der Mensch sind gleichzeitig dunkel und hell, leer und voll in einem. Sie befinden sich in einem Zustand, der die Möglichkeit anderer Zustände beinhaltet. Sie sind eins mit sich, in Einklang und Harmonie mit allem. Das ist der Ursprung der Welt, in der ich heute lebe und ohne die es mich nicht gäbe. Es ist auch mein Ursprung. Ein schöner Gedanke, einer Art himmlischem Frieden entsprungen zu sein.

Was ich einem einzigen Atom zu verdanken habe

Aus der ursprünglichen Einheit im Universum ist nicht nur die Dualität entstanden, sondern auch eine unglaubliche Vielfalt. Mein Planet Erde hat einen Kern aus Eisen, in der Erdkruste findet sich Sauerstoff, Silizium, Aluminium und Eisen. Die Ozeane bestehen aus Wasserstoff und Sauerstoff (Wasser). Die Erdatmosphäre ist mit Stickstoff und Sauerstoff angereichert. Der Mensch selbst basiert auf Kohlenstoff. Daneben gibt es, wie ich vom Periodensystem aus dem Chemie-Unterricht noch weiß, viele andere Elemente, aus denen sich Materie zusammensetzt. Die Einheit von allem hat sich längst verflüchtigt, könnte man meinen.

Doch ein genauerer Blick belegt das Gegenteil. Jedes Atom hat je nach seiner Struktur die Fähigkeit, Licht bestimmter Wellenlänge, für mich als Farbe sichtbar, auszustrahlen. Es ist einem Fingerabdruck vergleichbar, der jedes Materieteilchen einwandfrei identifiziert. Die Spektroskopie, die Wissenschaft vom Lichtspektrum der Atome, zeigt, dass ein Atom immer nur die gleichen Lichtwellen aufnehmen kann, die es auch abzugeben vermag. Mit diesem Wissen ausgestattet, unternahmen die Wissenschaftler Margarete und William Huggins in den 1860er Jahren eine spektroskopische Analyse der Sterne jenseits der Sonne. Sie konnten beweisen, dass diese Sterne dieselben Elemente enthalten, die auch auf der Erde vorkommen. Im gesamten Universum herrschen also die gleichen chemischen Verhältnisse. Die beiden stellten darüber hinaus fest, dass Wasserstoff am häufigsten im Universum vorkommt, gefolgt vom Element Helium. Wasserstoff und Helium machen zusammen 99,9 Prozent aller Atome im Universum aus.

Eine mögliche Erklärung dafür, warum Bereiche des Universums, die heute weit auseinanderliegen, immer noch Ähnlichkeiten aufweisen, lieferte der Physiker Alan H. Guth 1980 mit seiner Theorie des inflationären Universums. In einem unvorstellbar kurzen Zeitintervall, rund einer billionstel billionstel billionstel Sekunde nach dem Urknall, weitete sich das Universum um einen größeren Prozentsatz aus als in den Milliarden Jahren danach. Wie aber ist dann eine derartige Vielfalt möglich, wie ich sie auf der Erde beobachten kann?

Das ist für mich wichtig, weil ich ein Teil dieser Vielfalt bin und mein Körper aus Elementen besteht, die ja von irgendwoher gekommen sein müssen und mir deshalb etwas über meine Herkunft verraten können. Ich recherchiere weiter und entdecke, dass Wasserstoff und Helium die beiden kleinsten und leichtesten Elemente sind, die man kennt. Wasserstoff ist am leichtesten, weil er nur aus einem

Proton als Kern und einem Elektron besteht. Helium enthält zwei Protonen und zwei Elektronen. Ein Kern kann neben dem positiv geladenen Proton auch ein ladungsneutrales Teilchen beinhalten, ein Neutron. Wenn Wasserstoff neben seinem Proton auch Neutronen enthält, handelt es sich zwar immer noch um Wasserstoff, aber in einer anderen Form, die man *Isotop* des Wasserstoffs nennt. Protonen und Neutronen sind austauschbar, deshalb kann sich das ursprüngliche Atom in ein anderes verwandeln.

In der Sonne verschmelzen beispielsweise gewöhnlicher Wasserstoff (1 Proton) und ein Wasserstoffisotop (1 Proton, 1 Neutron) zu einem leichten Heliumisotop (2 Protonen, 1 Neutron). Zwei leichte Heliumisotope verschmelzen zu einem stabilen Heliumisotop (2 Protonen, 2 Neutronen), während zwei gewöhnliche Wasserstoffatome abgespalten werden und der Prozess von neuem beginnt. Alle Sterne leuchten, weil sie bei der Umwandlung von Wasserstoff in Helium eine enorme Menge an Energie freisetzen und in Form von Licht abstrahlen.

Simon Singh erklärt mir in seinem Buch „Big Bang", was die kosmische Chemie mit der Vielfallt auf der Erde zu tun hat. Durch den starken Druck und die Hitze im Inneren eines Sterns kommen chemische Kettenreaktionen in Gang, wodurch neue Elemente entstehen. Ein Stern ist der Schmelzofen, in dem schwerere Elemente entstehen können, aus denen wiederum mein Körper aufgebaut ist. Stirbt der Stern und implodiert, produziert er dabei starke Schockwellen und schleudert die neu gebildeten Elemente durch das Universum. Sie vermischen sich mit den Atomen anderer toter Sterne, und eine neue Generation von Sternen entsteht, in denen wieder schwerere Elemente heranreifen. Ohne den Wasserstoff gäbe es diese Kettenreaktion und auch den Menschen nicht. Meine eigene Existenz nimmt ihren Anfang in den Sternen, wie es der Physiker und Wissenschaftsjournalist Marcus Chown eindrucksvoll in Singhs Buch beschreibt: „Damit wir leben können, sind Sterne milliardenfach, zehnmilliardenfach, ja hundertmilliardenfach gestorben. Das Eisen in unserem

Blut, das Kalzium in unseren Knochen, der Sauerstoff, der bei jedem Atemzug unsere Lungen füllt – alles wurde in den Glutöfen der Sterne erschaffen, die lange vor der Geburt der Erde untergingen."

Ich bin auf ganz essenzielle Weise mit dem Universum verbunden, sogar biologisch eins mit ihm, auch wenn ich es nicht immer so empfinde. Wenn ich jetzt in den schönen Sternenhimmel schaue, fühle ich mich zwar immer noch klein, aber nicht mehr verloren. Ich bin ein Teil des Ganzen und ich weiß: Im Universum haben die kleinsten Dinge ein großes Potenzial. Denn aus dem unscheinbarsten, leichtesten Element – dem Wasserstoff – entstand alles, was existiert und sich in Zukunft entwickeln wird. Von Anfang an war in ihm alles als Möglichkeit enthalten. In so einem kleinen Ding, dass ich nicht einmal mit bloßen Augen sehen kann. Wo kam dieses kleine Stück Wunder überhaupt her? Mit dem Urknall, einfach so aus dem Nichts? Das kann ich nicht glauben.

Was sich hinter dem Urknall verbirgt

Das energiereiche Plasma des Urknalls, mit dem die Geschichte des Universums beginnt, kann ich mir als eine Art Samen denken, aus dem alles andere gewachsen ist. Ich stelle mir das so vor: Wie der Baum aus einem Samen hervorgeht, der von einem anderen Baum fiel, stammt der Same des Universums von einem noch unbekannten Verwandten des Universums ab. Einige Physiker gehen aus den verschiedensten Gründen davon aus, dass der Urknall eine Vorgeschichte haben müsste, einen *Pre-Big-Bang*. Allerdings kann kein heute erdenkliches Experiment Theorien dieser Art überprüfen. Wie komme ich an Antworten, wenn ich mit dem Wissen der Geheimnisenthüller nicht weiterkomme? Ich kann das Universum aus dem Blickwinkel der Geheimnisbewahrer betrachten und wende mich deshalb den mystischen Theorien zu.

Ich entdecke in dem Buch „Das Geheimnis der Kabbala" der amerikanischen Journalistin Kim Zetter eine interessante These. Auf Hebräisch lautet der erste Satz der Bibel *Bereshit bara Elohim ve et ha shamaim ve et ha aretz*: Im Anfang schuf Gott den Himmel und die Erde. Die Bibel beginnt mit dem Buchstaben *bet*, dem zweiten Buchstaben des hebräischen Alphabets, und nicht mit dem ersten *alef*. Das Fehlen des ersten Buchstaben weist darauf hin, dass vor dem Anfang bereits etwas anderes existiert haben könnte. Was das war, findet sich indirekt in der hebräischen Bibel – in der Gott mehrere Namen hat. Durch die einheitliche deutsche Übersetzung mit dem Wort *Gott* ging der Hinweis verloren, dass mit den vielen verschiedenen Namen nicht Gott selbst gemeint war, sondern nur die verschiedenen Kräfte oder Manifestationen Gottes.

Ein Name Gottes ist *Elohim*. *Bara* bedeutet *schuf*. Normalerweise würde man das Subjekt vor das Verb stellen, also *Elohim bara* (Gott schuf) schreiben. In der Bibel steht jedoch *bara Elohim* (schuf Gott). Daraus lässt sich ebenfalls der Schluss ziehen, dass am Anfang Gott sich selbst erschuf beziehungsweise seine verschiedenen Manifestationen. Für die Kabbalisten steht der erste Buchstabe des Alphabets – *Alef* –, der in der Bibel fehlt, für den verborgenen Gott. Der zweite Buchstabe, mit dem die Bibel beginnt – *Bet* – steht dagegen für den geoffenbarten Gott, der schließlich die Welt und den Menschen erschuf.

Das hebräische Wort *Bereshit* besteht aus den zwei Teilen *Be*, das *in*, *mit* oder *durch* bedeutet, und *reshit*, das mit *Anfang* oder *Kopf* übersetzt wird. Woher nahmen die Übersetzer der Bibel die Sicherheit, den ersten Satz mit *Im Anfang* zu beginnen? Gott könnte doch auch *Mit dem Kopf* erschaffen haben – sozusagen mit kreativer Vorstellungskraft. Warum soll der Anfang von allem nicht eine Vision oder ein Geistesblitz gewesen sein, die sich manifestierten? Besaßen die Übersetzer vielleicht nicht genug Fantasie?

Mit diesem Gedanken im Hinterkopf lese ich als Mensch, der in einem christlichen Umfeld aufwuchs, den zweiten Satz der Schöpfungsgeschichte genauer. Dort steht: „Der Geist Gottes schwebte über den Wassern." Darauf folgt: „Gott machte das Firmament und es schied zwischen den Wassern unterhalb des Firmaments und den Wassern oberhalb des Firmaments." (Genesis 1, 7). Es gibt etwas über dem Firmament und etwas darunter. Das Untere beschreibt die Bibel als Erschaffung der Erde, über das Obere schweigt sie sich aus. Was sind die Wasser oberhalb des Sternenhimmels, über denen der Geist Gottes schwebt? Hat sich das noch nie jemand gefragt? Wenn aus den Wassern unterhalb des Sternenhimmels eine ganze Welt wurde, was entstand aus den Wassern oberhalb? Eine himmlische Welt, die der Mensch nicht sehen kann, obwohl sie existiert? Unweigerlich denke ich an die verborgenen Dimensionen von denen die Physiker sprechen. Und erst darüber schwebt dann der Geist Gottes.

Auf jeden Fall scheint er ganz schön weit weg zu sein. Welcher Mystiker welcher Tradition ist jemals so weit gekommen, um berichten zu können, wie es sich wirklich verhält? Auch wenn sie alle weiter gekommen sein mögen als ich, so war es wohl nicht weit genug. Und wenn doch, wie könnte ich das beurteilen? Also spinne ich meine eigenen Ideen weiter. Ich glaube, das Universum stammt von etwas ab, das heute noch in ihm enthalten ist, vielleicht von einem Vorgänger-Universum, vielleicht von verborgenen Dimensionen, vielleicht von Gott. Ich habe den Eindruck, dass alle Puzzleteile bereits vor mir liegen und ich sie nur noch passend aneinanderreihen muss.

8 / 30 Jahre / Knochenkrachen

Ich kann mir nichts leisten, und es gibt niemanden, der mich das vergessen lässt. Oder: Mich liebt niemand und ich habe nicht genug Geld, um das nicht zu bemerken. Ich bin dreißig und immer noch weit davon entfernt, glücklich zu sein. Schuld daran ist vor allem mein Chef. Was hat er mir nicht alles versprochen. Ich sollte ein eigenes Büro bekommen, eine wichtige Rolle in seiner Forschungsarbeit zum Leben der Inuit spielen. Stattdessen bin ich seine Sekretärin geworden, die das Telefon bedient, während er in die Antarktis fährt. Warum bin ich dafür nach Berlin gezogen? Warum habe ich schon mein ganzes Leben das Gefühl, mich erfolglos abzustrampeln? Ich kann es mir nicht erklären, irgendetwas läuft einfach schief, trotz Selbsthilfe-Büchern, Positiv-Denken-Workshops, Yoga und Meditation. Mittlerweile bin ich tatsächlich geneigt zu glauben, dass mein Karma das Problem ist, dass Enttäuschungen und schleichende Depression mein unabwendbares Schicksal sind, mit dem ich mich arrangieren muss. Loslassen, abgeben, akzeptieren, beten, liebevoll sein, vertrauen, nicht aufgeben, selbstlos sein – habe ich alles versucht und es war auch alles wichtig für mich. Ich schaue zurück auf die letzten drei Jahre und muss zugeben, dass ich herzlicher und offener geworden bin, mich selbst mehr mag, weniger Angst habe und meine Meditation mir immer wieder Kraft gibt. Aber ich bin nicht glücklich, weil mein Leben mir einfach keine Freude macht.

Der Osteopath, in dessen Wartezimmer ich gerade sitze, wird daran wohl auch nichts ändern können. Zu allem Überfluss habe ich nämlich wegen meiner Wirbelsäulenverdrehung schlimme Rückenschmerzen, die laut Arzt nur mit starken Spritzen behandelt werden können. Meine Skoliose ist die Folge davon, dass mein linkes Bein zu kurz ist und der Körper die fehlende Beinlänge auszugleichen versucht. Die hohen Einlagen, die ich seit zwei Jahren trage, haben die Situation leider nicht verbessert. Aber die hat mir auch ein anderer Arzt verschrieben, der meine Skoliose gar nicht bemerkte.

Ich ertappe mich, wie ich meine Fingern gedankenverloren durch die Blätter der Hängepflanze bewege, die auf dem Fensterbrett im menschenleeren Wartezimmer steht. Ich streichle ihre Blätter, ziehe den Topf an meinen Bauch heran. Es fühlt sich gut an und beruhigt mich. Ich zucke zusammen, als eine tiefe Stimme mich vom Behandlungszimmer aus hineinbittet, Gott sei Dank ohne das Wartezimmer zu betreten. Schnell stelle ich die Pflanze zurück und gehe den langen Flur entlang, geradewegs auf den Osteopathen in Weiß zu, der meinen Gang mustert. Er ist kräftig gebaut, trägt ein wenig Gemütlichkeitsspeck und einen grauen, kurz gestutzten Vollbart. Ich habe ihn von einem Bekannten aus meiner Meditationsgruppe empfohlen bekommen, mit den Worten „Wenn der es nicht wieder zurechtbiegt, dann keiner". So sieht der Osteopath auch aus, als würde er Knochen krachen lassen und mir danach verständnisvoll über den Kopf streicheln. Ich ziehe mich aus, laufe vor ihm auf und ab, lasse meine Wirbelsäule abtasten. Währenddessen denkt er laut in Fachausdrücken und sagt schließlich etwas Verständliches zu mir: „So jemand Schiefes wie Sie habe ich noch nie in meiner Praxis gehabt." Gerne würde ich das als Kompliment auffassen, aber dann überrascht er mich: „Haben Sie Angst? Mit solch einer Verdrehung auf Brusthöhe fällt das Atmen schwer." Kaum habe ich bejaht, offenbart er weitere an Hellsichtigkeit grenzende Einsichten über mich: „Sie waren großem Druck ausgesetzt, der Sie innerlich verbogen hat, oder? In ihrem Körper können Sie sich nur eingesperrt fühlen. Sie haben gar keinen Kontakt zu sich. Haben Sie schon einmal über eine Psychotherapie nachgedacht? Das kann helfen, alte Blockaden zu lösen. Wissen Sie, dass ihr Körper ein Bein verkürzt, so als dürften Sie damit nicht weglaufen? Das bekommen wir schon wieder hin."

Ich habe Mühe, meine Tränen zurückzuhalten. In verschiedenen seltsamen Stellungen soll ich entspannt und tief atmen, wohlwissend, dass gleich wieder meine Knochen krachen. Am Ende ist er sehr zufrieden mit mir und verkündet: „Ihr Bein ist nur minimal verkürzt. Probleme macht ihnen etwas anderes. Die Hüfte und der Steißbein-Lendenwirbel-Bereich sind völlig verdreht. Da sitzt das Urvertrauen in sich selbst und das Leben. Daran müssen wir arbeiten. Der obere Bereich der Wirbelsäule richtet sich dann fast automatisch wieder auf. Wundern Sie sich nicht, wenn Sie heute noch etwas durcheinander sind. Wir haben viel gearbeitet, und das muss der Körper erst verdauen. Mit der Zeit werden Sie immer mehr Energie bekommen."

Ich verlasse das Zimmer, als würde ich auf Eiern gehen, und kann kaum geradeaus denken. Instinktiv nehme ich die Treppe in den Keller und hocke mich in eine dunkle Ecke, um mich auszuweinen. Wie konnte er so tief in mich hineinschauen und Dinge ansprechen, die nicht einmal mir selbst klar waren? Es tut gut, dass jemand zu verstehen scheint, was mit mir los ist. Gleichzeitig spüre ich einen emotionalen Schmerz, den ich nicht zuordnen kann. Es fühlt sich so an, als sei in jedem verdrehten Wirbel ein sehr alter Schmerz gespeichert gewesen, der jetzt an die Oberfläche kommt und meine Erinnerung herausfordert, ihn benennen zu können. Plötzlich denke ich: „Stelldichnichtsoan! Schauwietiefdugesunkenbist! Dubisteinjammerlappen!" Erschrocken muss ich der Stimme Recht geben. Es ist wirklich jämmerlich, in einem fremden Keller im Dunkeln zu sitzen. Ich wanke nach draußen und gehe langsam in meine Wohnung zurück.

Was soll ich jetzt machen? Ich bin ein Jammerlappen mit schmerzender Wirbelsäule, ohne Geld, ohne Karriere und ohne Beziehung in einer fremden Stadt. Eigentlich brauche ich nur ein Wort, um meine Lage zusammenzufassen: Verlierer. Ich gehe ins Bett, ziehe die Decke über den Kopf und warte, bis die Zeitverschiebung mir erlaubt, in Washington anzurufen.

„Ich kann dir keine Antwort geben", sagt Ron, „das musst du selbst herausfinden".

„Ach ja", frage ich, „und wie denn?"

Er rät mir: „Setz dich wie beim Meditieren bequem hin, schließ die Augen, aber statt dein Mantra zu wiederholen, stellst du deine Frage in Gedanken. Dein Inneres hat immer eine Antwort."

Da Ron nicht irgendwer ist, sondern jemand, der mir seit meiner Initiation viel über Meditation erklärt hat, der authentisch ist und dem ich vertraue, nehme ich ihn beim Wort. Ich setzte mich im Bett auf, schließe die Augen und denke an meine Frage. Doch ich sehe nur Dunkelheit und oft kommen mir ganz andere Gedanken dazwischen. Es vergehen mehr als zwei Stunden. Wäre es mir nicht wichtig, hätte ich nicht die Geduld dazu. Vielleicht ist es auch weniger Geduld als Trotz. Ich sehe nicht ein, warum es mir nicht möglich sein soll, glücklich zu sein.

Dann, plötzlich, blitzt ein Bild in meinem Inneren auf. Vielmehr eine kleine Sequenz von Bildern. Ich stehe in einer winzigen Höhle. Es ist kaum Platz für mich und das Lagerfeuer. Zur Höhle führt ein Trampelpfad den Felsen entlang. Das ist der einzige Zugang, dicht am Abgrund. Ein kräftiger Tiger nähert sich. Er will mich fressen. Siegessicher schleicht er den Pfad hoch. Ich habe wahnsinnige Angst und fühle mein Ende kommen, weil ich genau weiß, dass es keinen Ausweg gibt. Ich sehe mich schon winselnd am Boden liegen. Da wird mir klar: So geht es nicht. So kann ich nicht sterben. Wenn es schon keinen Ausweg gibt, dann möchte ich auf eine gute Art sterben und vor mir selbst bestehen können, mich nicht vor mir schämen müssen. Ich nehme einen lächerlich kleinen Holzstock in die Hand und stelle mich in den Eingang der Höhle. Bereit für alles. Der Tiger schaut mich an, verliert das Interesse und läuft an mir vorbei. Dann ist es wieder dunkel.

Herjeh. Dazu bin ich fähig? Ungläubig öffne ich langsam die Augen. Ist das eine Antwort auf meine Frage? Oder wie soll ich diese Bilder verstehen? Plötzlich packt mich Elan und ich hüpfe aus dem Bett. Am liebsten würde ich auf die Straße rennen und es herausbrüllen: „Hey, stellt euch vor, ihr braucht niemanden und müsst nichts kaufen, da ist etwas in euch, das alles weiß und alles kann, Mann oh Mann, stellt euch das vor, wie großartig!"

Wenn ich das Ron erzähle, wird der große schwarze Schrank bestimmt beben vor Lachen, als hätte ich den weltbesten Witz über meine eigene Unzulänglichkeit gemacht.

Mit himmlischen Klängen durchs Universum: Von der Stille zur Mystik

Wie ich das Lied des Urknalls höre

Ich muss den Urknall noch einmal genauer unter die Lupe nehmen. Es hängt viel für mich davon ab. Finde ich nichts, das mit meinen Thesen zur Verbindung von Mensch und Universum in Einklang steht, fliegt mein neues Denkgerüst auseinander. Mein noch junges Vertrauen in mich selbst und das Universum wäre dahin und mit ihm das Wohlgefühl, jemand Besonderes in einer wunderbaren Welt zu sein. Was ich bisher entdeckte, verzauberte mich mit seiner Schönheit und Freundlichkeit: Ich stelle mir meinen Körper mit Hilfe der biologischen Rückkopplung als ein schwingendes System vor, als ein Musikinstrument, auf dem das Lied meiner Persönlichkeit erklingt. Meine Seele schwingt als Oberton immer mit. Das Universum sehe ich dank der Stringtheorie als ein Orchester schwingender Energiefäden, deren einzelne Töne die sichtbare Welt erschaffen. Die Obertöne dieser Symphonie schwingen immer mit, als unsichtbare Dimensionen, die nicht mit den Sinnen wahrnehmbar sind. Wenn das alles stimmen soll, muss es auch ein musikalisches Prinzip im Urknall geben.

Das einzige, messbare Signal aus den Kindertagen des Universums ist die kosmische Hintergrundstrahlung, der Beweis, dass Wasserstoffkerne und Elektronen sich zu den ersten Atomen vereinten und das Universum transparent wurde. Dieses Ereignis fand jedoch 300.000 Jahre nach dem Urknall statt. Aber es könnte sein, dass noch andere Signale als Zeugen des Urknalls in Frage kommen: die Gravitationswellen. Bevor irgendetwas entstehen kann, muss es schließlich den Raum dazu geben. Das Universum dehnt sich in den ersten Sekundenbruchteilen nach dem Urknall weiter aus als in den Milliarden Jahren danach. Damit Raum enstehen kann, braucht es einen enormen Schub an Gravitationskraft – in Form von Gravitationswellen. Die Wissenschaftler vermuten, dass diese Wellen durch ihre Wucht in der später entstandenen Hintergrundstrahlung winzige Unregelmäßigkeiten hinterließen, so eine Art Fingerabdruck des Urknalls. Was sind Gravitationswellen eigentlich und wie können Physiker sie nachweisen?

Im September 2003 machte das Röntgenstrahlen-Teleskop *Chandra* der NASA eine Entdeckung, die mir weiterhilft. Chandra beobachtete ein supermassives Schwarzes Loch in der Galaxie Perseus A, die 250 Millionen Lichtjahre von der Erde entfernt liegt. Ein schwarzes Loch ist eine Region der Raumzeit, aus der nichts, noch nicht einmal Licht, entkommen kann, weil die Gravitation zu stark ist. Es entsteht, wenn ein massereicher Stern in sich zusammenstürzt und kollabiert. Seine enorme Größe schrumpft zu einem winzigen Punkt, wodurch alle Materie des Sterns zu einer unglaublichen Dichte zusammengedrückt wird. Ein Schwarzes Loch ist sozusagen eine Art Miniatur-Urknall. An dieser Stelle muss ich mir noch einmal in Erinnerung rufen, dass Gravitation die Krümmung der Raumzeit ist, die die Masse eines Objekts bewirkt. Je mehr Masse, desto stärker die Krümmung. Ein schwarzes Loch, das die Raumzeit durch komprimierte Masse extrem krümmt, funktioniert wie ein Trichter, in dem ein unglaublicher Druck herrscht. Am spitzen Ende des Trichters ist die Raumzeit am stärksten gekrümmt und übt damit auch den stärksten Druck aus. Am Rande des Trichters ist die Krümmung nicht so stark und der Druck dementsprechend geringer. Durch diesen Druckunterschied – gering am Rand des schwarzen Lochs und stark im Inneren – entsteht ein Sog, der wie eine Art kosmischer Staubsauger selbst das schnelle Licht nicht mehr entkommen lässt.

Aber das schwarze Loch kann noch mehr, wie das Teleskop Chandra zeigte. Die Wissenschaftler konnten in den Zwischenräumen der Sternenhaufen, die Perseus A bevölkern, Gas erkennen. Das allein ist noch nicht ungewöhnlich. Aber das Gas war zu konzentrischen Ringen zusammengepresst – ähnlich dem Wellenmuster, das entsteht, wenn man einen Stein ins Wasser wirft. Die Ringe, die von dem Schwarzen Loch im Zentrum der Galaxie Perseus A ausgehen, sind ein Beweis für Schallwellen, die durch Druckunterschiede entstehen.

Bis zu dieser Entdeckung glaubte man, im Vakuum des Weltalls gäbe es keine Schallwellen, weil man das Medium nicht kannte, in dem sie sich hätten ausbreiten können. Neu ist die Erkenntnis, dass Gas diese Rolle übernimmt, weil es elastisch ist und sich Druckunterschiede so fortsetzen können. Treten diese Druckunterschiede periodisch auf, entsteht ein Ton, wie beispielsweise das B des Schwarzen Lochs in Perseus A, das allerdings 57 Oktaven tiefer ist als das mittlere C" und Milliarden Mal tiefer als ein Ton, den das menschliche Ohr wahrnehmen kann.

Ein schwarzes Loch ist verglichen mit dem Urknall ziemlich unspektakulär. Könnte der Urknall nicht weit mehr Schallwellen und Töne erzeugt haben? Ein Indiz dazu liefert das *BOOMERanG-Experiment* (Balloon Observations of Millimetric Extragalactic Radiation and Geophysics) eines internationalen Kosmologenteams. Ende 1998 schickten sie ein hochempfindliches Mikrowellenteleskop an einem Ballon zehn Tage lang in 37 Kilometern Höhe über die Antarktis. Im April 2000 veröffentlichte das Forscherteam das bis dahin detaillierteste Bild der Hintergrundstrahlung des Urknalls. Die Wissenschaftler entdeckten Schallwellen, die Materie und Licht kurz nach dem Urknall zusammendrückten und wieder verdünnten, etwa so, wie es die Schallwellen in einer Trompete mit der Luft tun. Ich rufe mir noch einmal ins Gedächtnis: Schallwellen entstehen durch Druckunterschiede, die wiederum durch Gravitation bewirkt werden. Bedeutet das, ich kann mir die Gravitationswellen, die den Raum erschaffen haben, einfach als Schallwellen denken, als eine Melodie der Schöpfung? War der Urknall gar keine Explosion, sondern eine Fanfare – ein musikalisches Signal –, das noch heute im Universum widerhallt?

Wie ich die Melodie der Welt nicht bemerke

Die Frage, ob Schallwellen und Gravitationswellen tatsächlich zusammenhängen könnten, würde schon einem Physiker die Schweißperlen auf die Stirn treiben oder ihn sogar zum Lachen bringen. Ich bin nur ein einfacher Bücherwurm, der Antworten sucht und dabei nicht lockerlässt. Ich verfüge weder über die Mittel noch über das Wissen eines Physikers, möchte aber trotzdem weiterkommen. Also denke ich mir wieder etwas aus: Auf der Erde ist das Gravitationsfeld immer vorhanden, wenn auch für mich unsichtbar. Es durchdringt und prägt meine Lebensverhältnisse, ohne dass ich es bemerke. Kann ich das auch vom Schall behaupten? Eigentlich nicht, weil ich den Schall ja höre, wenn er da ist. Oder?

Mit den Mitteln der modernen fotoakustischen Spektroskopie lässt sich hörbar machen, was ich nicht wahrnehmen kann. Befreit sich die Blüte aus einer Rosenknospe, dröhnt das wie eine Orgel. Auch Getreidehalme auf dem Acker haben einen Klang. Die acht Protonen des Sauerstoffatoms bilden sogar eine Dur-Tonleiter. Es tönt und klingt überall in der Welt. Das finde ich im Buch „Nada Brahma: Die Welt ist Klang" des mit vielen Film-, Fernseh- und Kulturpreisen ausgezeichneten Radiojournalisten und Musiker Joachim-Ernst Berendt.

Sogar die Sterne produzieren Klänge, die Astronomen mit Hilfe der Astroseismologie aufspüren. Dabei schauen sie mit Hilfe von Ultraschallwellen unter die Oberfläche der Sterne auf deren Kerne, etwa so, wie der Arzt bei einer schwangeren Frau den Fötus untersucht. Ein Stern sendet Schallwellen aus, weil er immer ein wenig vibriert. Um die Frequenzen dieser stellaren Schallwellen hören zu können, muss man sie künstlich am Computer erhöhen. Die Sonne klingt wie eine Orgelpfeife. Der Saturnmond Titan gibt ein anhaltendes Brausen von sich. Im Internet findet man sogar von Astrophysikern komponierte Sternenkonzerte.

Die Melodie des Universums spielt unaufdringlich im Hintergrund, sie ist da, aber ich höre sie nicht. Sie umhüllt mich so beiläufig und unbemerkt wie die Schwerkraft. Das erbringt zwar keinen Beweis, dass Schallwellen und Gravitationswellen zusammenhängen, aber mein intuitives Gespür, dass es so sein könnte, verstärkt sich. Meine Überzeugung hat sich gefestigt: Am Anfang war Musik, und sie erklingt immer noch – im Universum und in mir.

Vielleicht geht es weniger um ein Vorgänger-Universum und andere Dimensionen als um eine schöpferische Kraft, einen kreativen Geist? Aber was bitte kann ich unter einem kreativen Geist im kosmischen Sinne verstehen?

Was eine Superkraft für mich ist

Einen Ansatzpunkt für meine Suche nach einem kreativen Geist bieten erneut die Beobachtungen des Teleskops Chandra, das Schallwellen im schwarzen Loch der Galaxie Perseus A entdeckte. Gehe ich davon aus, dass ein schwarzes Loch eine Art Miniatur-Urknall ist, kann ich die Beobachtungen auf den Anfang des Universums übertragen, bei dem möglicherweise ein kreativer Geist seine Finger im Spiel hatte. Seit Chandras Entdeckungen weiß man, dass sich im Gas des Weltalls Druckunterschiede ausbreiten und damit Schall übertragen. In der Folge stoßen auch die Atome des Gases öfter zusammen. Sie treffen sich sozusagen häufiger, weil es unruhiger geworden ist. Das wiederum setzt Energie in Form von Röntgenstrahlung frei. Wo Schall ist, scheint also auch Licht zu sein und umgekehrt.

Ist das lediglich ein Phänomen im Weltall? Die Beantwortung dieser Frage führt mich zur Optoakustik, die bei der medizinischen Tumordiagnostik angewandt wird. Bestrahlt man ein Objekt mit einem Laserlicht, führt man ihm Energie zu. Das Objekt erwärmt sich und dehnt sich aus. Der Druck in seinem Inneren ändert sich, so dass eine Schallwelle entsteht, die sich über das Medium, das das Objekt umgibt, fortsetzt. Die Optoakustik beschäftigt sich also mit der Umwandlung von Licht in Schall. Es scheint demnach sowohl in der modernen medizinischen Praxis als auch bei den neuesten Himmelsbeobachtungen Hinweise darauf zu geben, dass Licht und Schall zusammenhängen.

Die Physiker sprechen nicht zufällig von der kosmischen Hintergrundstrahlung als dem *Echo* des Urknalls. Licht und Schall sind beides Wellen. Wellen eines bestimmten Bereichs kann man sehen, Wellen eines anderen wiederum hören. Ich kann mir den Beginn des Universums als ein Wellenmeer aus Licht und Schall vorstellen. Aus den Lichtwellen, der Gammastrahlung des Urknalls, entstand Materie, aus den Schallwellen womöglich der Raum. Bin ich damit bei den *Wassern* angelangt, von denen die Bibel spricht?

In verschiedenen Religionen finde ich Hinweise auf ein außergewöhnliches *Wasser des Lebens*. Als göttlicher Nektar oder Elixier (arab. *al iksir:* magische Substanz) des Lebens wird es bei den Sikhs *Amrit* (Sanskrit *amrita:* Nektar der Unsterblichkeit) bezeichnet. Hindus und Buddhisten verehren den See *Mansarovar* (Sanskrit *manas:* Gemüt, Geist; *sarovar:* See), dessen Wasser man trinkt, um erlöst zu werden. In den Veden entdecke ich *Soma-Ras* (Sanskrit *ras:* Saft; *Soma:* Rauschmittel), das kosmisches Bewusstsein verleiht. Bei den Moslems finde ich eine Stelle (Hadith 4399) im „Sahih Bukhari", einer Sammlung der Aussagen und Taten des Propheten Mohammed. Dort ist von einer Quelle namens *Aab Hayat* (persisch *Aab-e-hayat:* Wasser des ewigen Lebens) die Rede, deren Wasser alles zum Leben erwecken kann. In Homers „Ilias" ist *Okeanos* der Ursprung der Welt und der Götter und wird als Strom von gewaltiger Stärke beschrieben, der die Welt umfließt. „Wer aber vom Wasser des Lebens trinken wird, das ich ihm gebe, den wird ewiglich nicht dürsten; sondern das Wasser, das ich ihm geben werde, das wird in ihm ein Brunnen des Wassers werden, das in das ewige Leben quillet", lese ich im Johannes-Evangelium (4, 14).

Wenn in der Bibel zwischen Wassern und Wassern unterschieden wird, also zwei Kräfte dadurch entstehen, dass sich eine Kraft teilt, sind dann Licht und Schall vielleicht die zwei Seiten einer Münze? Die moderne Physik geht davon aus, dass die Symmetrieprinzipien der Natur darauf hindeuten, dass es am Anfang des Universums nur eine vereinigte Superkraft gab, die alle Naturkräfte enthielt. Könnte diese Superkraft eine Kombination aus Licht und Schall sein?

In Mystik und Religion vieler Kulturen gibt es Referenzen zu diesem Gedanken. Dort ist von einer schöpferischen Urkraft die Rede, die mich an Licht und Schall erinnert. Beispielsweise in der christlichen Tradition: „Am Anfang war das Wort, und das Wort war bei Gott, und Gott war das Wort. Dasselbe war im Anfang bei Gott. Alle Dinge sind durch dasselbe gemacht, und ohne dasselbe ist nichts gemacht, was gemacht ist. In ihm war das Leben und das Leben war das Licht der Menschen. Und das Licht scheinet in der Finsternis, und die Finsternis hat's nicht begriffen", heißt es im Johannes-Evangelium (Joh. 1, 1-3). In den Veden wird die gleiche Urkraft erwähnt: „Im Anfang war Prajapati [Sanskrit: Schöpfer]. Mit ihm war vak [Sanskrit: das Wort]. Und vak war wahrhaftig der höchste Brahma [Sanskrit: Geist]." Im Hinduismus sprechen die heiligen Schriften davon, dass die Schöpfung durch *Nad* (Sanskrit: Klang) oder *Akash Bani* (Sanskrit: Stimme, die vom Himmel herunterkommt) entstanden sei. In den Veden ist die Rede von *Nada Brahma* (Sanskrit: *Nada* – Ton; *Brahma* – Geist), einem Klang, der alles erschuf. In der Sikh-Religion findet sich das als *Naam* (Sanskrit: Wort) oder *Shabd* (Sanskrit: Ton). Die alten Griechen sprechen von der *Musik der Sphären*. Im Koran heißt es: „Allah spricht Sei! Und es ist." (*Kun-fa-yakun*, u.a. in Sure 3, 47/42). Sowie in Sure 4,171/169: „Der Messias Jesus, der Sohn der Maria, ist der Gesandte Allahs und Sein Wort, das er in Maria legte, und Geist von Ihm." Die Sufis nennen den göttlichen Ton *saut-e-sarmadi* (persisch:

ewige Stimme), und der Sufi-Mystiker Hazrat Inayat Khan schreibt: „Die Schöpfung ist die Musik Gottes."

Jetzt möchte ich schon gerne wissen, ob diese mystische Urkraft, die ich gemäß meiner Interpretation der Physik als eine Superkraft aus Licht und Schall verstehe, abstrakt bleiben muss. Oder lässt sie sich tatsächlich zum Leben erwecken – als kreativer Geist, der bestimmte Eigenschaften und ein Bewusstsein aufweist?

Wie eine Superkraft für mich lebendig wird

Wie soll ich bloß etwas über eine Superkraft herausfinden? Egal, ob ich es rational oder mystisch betrachte, ich bin kein Fachmann, und es geht schließlich um die Ursache von allem. Es erscheint mir vermessen, überhaupt den Versuch wagen zu wollen. Aber ich muss mir zugestehen, dass ich auf meine Art, Zusammenhänge aufzuspüren, schon weit gekommen bin. Es hat sogar mein Leben verändert und bereichert. Das hätte ich zu Beginn meiner Recherche nie gedacht. Warum also nicht weitermachen wie bisher? Ich stütze mich einfach auf das Gedankengerüst, das ich mir erarbeitet habe und baue es weiter aus.

Dreh- und Angelpunkt all meiner Gedanken ist immer wieder Folgendes: Mensch und Universum sind miteinander verbunden. Aus den vielen Beispielen, die ich dazu fand, sticht eines hervor. Es gibt ein musikalisches Prinzip, das sowohl im Menschen als auch im Universum gleichermaßen wirksam und sogar im Urknall zu entdecken ist. Daraus ziehe ich den Schluss: Was ich und das Universum gemeinsam haben, ist genau das, was die Entstehungsgeschichte von beiden auszeichnet. Die Parallelen zwischen den Phänomenen des Universums und meinem menschlichen Sein zeigen, welche Eigenschaften eine Superkraft haben könnte. Ich rufe mir in Erinnerung, welche Parallelen mir aufgefallen sind, und lege los.

Als Erstes fallen mir Licht und Schall ein. Das Licht der elektrischen Signale meines Gehirns setzt meine persönliche Sicht auf die Welt zusammen, so wie die Lichtgeschwindigkeit im Universum Raum und Zeit zusammensetzt. Die Musik, die ich kraft meiner Gedanken, Worte und Taten auf der Saite zwischen Gehirn und Herz spiele, produziert die Obertöne meiner Seele, so wie die Musik schwingender Energiefäden verschiedene Teilchen ins Sein ruft und dabei Obertöne in Form von zusätzlichen Dimensionen produziert. Licht und Schall besitzen eine gemeinsame Eigenschaft: Sie sind kreativ. Sie erschaffen Welten – sowohl im Universum als auch in meinem Kopf. Manchmal sind diese Welten greifbar, als meine Persönlichkeit und als die alltägliche Welt, und manchmal nur zu erahnen, als meine Seele und als zusätzliche Dimensionen. Das Geheimnis der Schöpfung, das dahinter verborgen liegt, müsste entsprechend von einer Kreativität geprägt sein, die manchmal im Sichtbaren und manchmal im Unsichtbaren wirkt.

Es gibt kein Zentrum im Gehirn und auch keines im Universum. Wenn es kein Zentrum gibt, lässt sich schwer beurteilen, was rechts und was links liegt. Wenn es keine Zentrale als übergeordnete Instanz gibt, lässt sich schwer festlegen, was richtig und was falsch ist. Das Licht als elektrisches Signal im Gehirn baut viele persönliche Welten, die alle gleichberechtigt nebeneinander existieren. Es unterscheidet nicht zwischen guten und schlechten Persönlichkeiten. Die Lichtgeschwindigkeit in der Raumzeit ist neutral. Jeder Punkt im Universum kann das Zentrum des Universums sein. Das Geheimnis der Schöpfung, das alles entstehen ließ, scheint nicht der Meinung zu sein, dass es einer Beurteilung seiner Schöpfung und dessen, was in der Folge geschieht, bedarf. Es schenkt ganz im Gegenteil einen Freiraum aller Perspektiven und Möglichkeiten.

Bekomme ich als Mensch Aufmerksamkeit geschenkt und fühle mich verstanden, weil der andere auf mich eingeht, erfahre ich emotionale Resonanz. Mein Körper schüttet über das Motivationssystem

Glücks- und Beziehungshormone aus, so dass sich Wohlbefinden einstellt. Das ist der biologische Hintergrund für das, was ich Liebe nenne. Die kleinsten Teilchen des Lichts, die Photonen, können quantenmechanisch miteinander verschränkt sein. Sie scheinen einander Aufmerksamkeit zu schenken, ihren Zustand aufeinander abzustimmen und aufeinander einzugehen. Das ist der physikalische Hintergrund für das, was ich Liebe unter kleinsten Teilchen nennen würde. Das Geheimnis der Schöpfung scheint die Liebe zu lieben.

Das Leben der Urzelle begann mit der Unterscheidung zwischen innen und außen. Im Laufe der Evolution wurde immer mehr Äußeres für das Innere nutzbar gemacht, indem der Mensch seine Wahrnehmung erweiterte und dadurch neue Fähigkeiten entwickelte. Diese neue Erlebniswelt musste wiederum im Innen aufbereitet werden und führte zu Erkenntnis. Die äußere Welt veränderte sich dabei nicht, aber das Innere. Die Geschichte des Menschen ist eine Geschichte der Erkenntnis und der Entwicklung von Bewusstsein. Der Grad an Harmonie, den ein Mensch während seines Lebens erfährt, spielt dabei eine wichtige Rolle, denn die Höchstleistung des Gehirns hängt von der harmonischen Zusammenarbeit seiner Teile ab.

Das Universum wies bei seiner Geburt einen hohen Grad an Symmetrie auf, und die vier Naturkräfte waren zu einer einzigen Superkraft vereint. Es gab keine Gegensätze, alles schwang in Harmonie. Im Laufe seiner Entstehung, weil die Materie mehrere Wandlungsphasen durchlief, brachte das Universum Helligkeit und Dunkelheit, Leere und Fülle hervor. Aus dem Wasserstoffatom entwickelt sich eine Vielfalt von Materie. Aus einer (fast) perfekten Symmetrie in heißem Plasma wurde ein *gefrorenes* Universum mit wenig Symmetrie, in dem Naturkräfte und Naturgesetze das Mindestmaß an harmonischem Zusammenspiel regeln.

Das Universum entwickelte sich meines Erachtens von viel Harmonie zu wenig Harmonie, während der Mensch den umgekehrten Weg ging und zu mehr Erkenntnis und Bewusstsein gelangte. Ich kann mir vorstellen, dass es in der intensiven Gammastrahlung des Urknalls noch mehr von dem achtsamen, kosmischen Bewusstsein gab, das ich heute in den kleinsten Licht-Teilchen erkenne. Für mich liegt es nahe, dass das Geheimnis der Schöpfung mit Bewusstsein und in Harmonie wirkt.

Liebe, Urteilsfreiheit und Bewusstsein kann ich in einem Wort zusammenfassen: Weisheit. Die geheime Schöpfung des Universums und des Menschen ist für mich kreativ und weise – und zeitlos. Denn in meinem Gehirn und in Einsteins Raumzeit ist die Zeit relativ und eine Frage der Perspektive.

Mit diesen Eigenschaften ausgestattet, versuche ich, die Super- kraft lebendig werden zu lassen. Würde sie bei mir zu Hause uner- wartet klingeln, was sähe ich, wenn ich die Tür öffnete? Zunächst einmal müsste ich blinzeln, weil es so hell ist, dass ich gar nichts erkennen kann. Dann würde ich mich fragen, woher die schöne Musik kommt, die mein Herz umgarnt und mir das Gefühl gibt, geborgen zu sein. Vielleicht würde ich mein Glück nicht fassen, geliebt zu wer- den, so wie ich bin. Vielleicht würde ich die Augen in vollem Ver- trauen schließen und keine Angst mehr davor haben, wohin mein Leben mich führt und dass es endlich ist. Vielleicht würde ich auch vor Erleichterung weinen. Weil ich, wenn auch nur für einen kurzen Moment, wüsste, dass dieses Geheimnis schon mein ganzes Leben lang vor der Tür stand.

Was mystische Welten mit meinem Gehirn gemeinsam haben

Mehr als 90 Prozent des Universums sind nach wie vor unerforscht. Die Physiker entdeckten in diesem Bereich zwar dunkle Energie und dunkle Materie, spekulieren aber noch, was das jeweils sein könnte. Auch der kleine Teil des Universums, in dem es Materie gibt, bleibt weiterhin rätselhaft. Ähnlich verhält es sich mit dem Gehirn. 50 bis

80 % des Gehirns, die Gliazellen, sind kaum erforscht. Und selbst die bekannten Gebiete geben den Wissenschaftler noch immer Rätsel auf. Eine derart bescheidene Beweislage macht eine Suche nach Antworten nicht einfach. Ich bin mit Hilfe meines Verstandes bei einer Superkraft gelandet, habe sie bis zur Geburt des Universums zurückverfolgt, während sie für mich lebendig wurde. Das wirft mich an den Ausgangspunkt meiner Recherche zurück, an den Anfang des Lebens. Die Urzeit hat sich tief in den grundlegendsten Prinzipien meiner menschlichen Existenz verewigt. Meine Biologie verbindet mich mit den Tieren, den Pflanzen, mit der Urzelle und dem Ozean, dem das erste Leben entstieg. Es ist schon bemerkenswert, dass das Leben auf der Erde ausgerechnet im Ozean begann, der für mich mittlerweile als *Wasser des Lebens* zur mystischen Metapher für eine natürliche Superkraft aus Licht- und Schallwellen geworden ist. Die Evolution holte den Ozean in mein Körperinnere. Mit diesem inneren Ozean begann die Entwicklung des Nervensystems, des Gehirns und des Bewusstseins. Auch in mir fließt die Superkraft, die das Universum erschuf.

Falls ich mit meinen Erkenntnissen nicht ganz falsch liege, müssten sie in letzter Konsequenz auch für zusätzliche Dimensionen gelten. Das hieße, ich wäre mit einer mir unbekannten Welt genauso verbunden wie mit der Welt, die ich sehen und erfassen kann. Daraus ergeben sich neue Fragen: Wie ist diese neue Welt? Wie bin ich mit ihr verbunden? Und was bin ich darin?

Im Verlauf der weiteren Recherche finde ich ein Buch, das diese Fragen detailliert beantwortet, mich fesselt, mir aber aufgrund seines intoleranten Stils zugleich unsympathisch ist, was sich aber vielleicht aus der Zeit heraus erklärt, in der es geschrieben wurde. Es ist Annie Besants „Uralte Weisheit" von 1897. Sie war Präsidentin der von Helena Petrovna Blavatsky gegründeten *Theosophischen Gesellschaft*, die sich zu Beginn des 20. Jahrhunderts in verschiedene Gruppen aufspaltete, darunter die *Anthroposophische Bewegung* Rudolf

Steiners. Besant beschreibt innere Ebenen, die mich an die zusätzlichen Dimensionen erinnern, weil sie mehr Freiheitsgrade aufweisen und der Mensch in ihnen neue Erlebnismöglichkeiten findet. Die alltägliche physische Welt umgibt in Besants Lehre eine feinstoffliche Variante, die an die unsichtbaren Kraftteilchen der Physik erinnert, an das Herzfeld und an die ätherische Geistwelt der Märchen. Daneben gibt es eine *Astralebene*, in der mehr Energie existiert als in der physischen Welt und in der Materie weniger fest(gefroren) ist, da mehr Symmetrie herrscht. Als natürlicher Effekt davon lässt sich Materie leichter durch Energie beeinflussen. Um beispielsweise einen Teller auf den Boden zu werfen, braucht es weder den Arm noch die heftige Bewegung einer wütenden Person. Die Wut alleine ist bereits eine Gefühlsenergie, die Materie verändern kann. Außerdem gibt es eine *Mentalebene*, in der noch mehr Energie herrscht, wodurch die Gedanken und Ideen eines Lebewesens sogar Dinge erschaffen können. So geht es weiter, bis letztlich eine Ebene der Seligkeit erreicht ist, in der es keine Materie mehr gibt, sondern nur noch pure Energie.

Das kann ich glauben oder auch nicht. Es ist mir allerdings mehr denn je klar: Auf manche Fragen gibt es keine bewiesenen Antworten. Die wären aber nötig, um das Zusammenspiel von Universum, Superkraft, zusätzlichen Dimensionen und dem Sinn des Daseins zu verstehen. Ich vermute mit Annie Besant Folgendes: So wie sich aus dem Wasserstoffatom die Vielfalt von immer schwererer Materie entwickelte, bildete sich in anderen Dimensionen eine Vielfalt aus leichterer Materie. Diese anderen Dimensionen sind mit uns durch Phasenübergänge verbunden, durch die sich Materie mehr und mehr in ihren Urzustand verwandelt – eine schöpferische Energie. Mich spricht diese stufenweise Entwicklung intuitiv an, weil ich sie in meinem Inneren wiederentdecke. In meinem Inneren gibt es verschiedene Ebenen von Bewusstsein: die Erlebniswelt meines Körpers (Stammhirn), meiner Emotionen (Zwischenhirn) und meiner Denkfähigkeit (Großhirn). Daneben gibt es Erlebniswelten, die noch unbekannte Möglichkeiten beinhalten und die ich weit mehr ausschöpfen könnte, als ich es bisher tue. Dazu gehört die ethische Kompetenz meines inneren weisen Helden (Stirnhirn) und meine Liebensfähigkeit (Herzgehirn). Außerdem habe ich eine völlig neue Erlebniswelt entdeckt, die mir noch gar nicht bewusst zugänglich ist: die Harmonie meiner Seele. Vielleicht bin ich ja ein multidimensionales Lebewesen mit vielen Erlebnismöglichkeiten, weil ich in einem multidimensionalen Universum lebe. Müsste es dann nicht auch eine multidimensionale Evolution geben, die nicht nur im bekannten Universum, sondern auch in anderen Dimensionen ein besseres Überleben ermöglicht – durch die Verfeinerung des Bewusstseins? Mein innerer weiser Held ist für mich, was der Urknall fürs Universum ist, ein Wendepunkt der Entwicklung. Er entscheidet darüber, wie weit ich mich – innerhalb einer multidimensionalen Definition davon, was Leben bedeutet – entwickle. Die Wandlungsphasen meiner persönlichen Entwicklung vom Ich-Gefühl zum Bewusstsein meiner Seele ähneln den Phasenübergängen eines Universums, das sich von fester Materie zu kraftvoller Energie entwickelt. Um zu überprüfen, ob – und wenn ja, wie – meine eigenen Erkenntnisse mit den theosophischen Erklärungen, die letztlich von der indischen Mystik der Veden inspiriert sind, harmonieren, stelle ich eine Tabelle zusammen.

Anhand der Tabelle wird mir klar, wie sehr sich mein neues, multidimensionales Welt- und Menschenbild von dem eines rational denkenden Physikers oder Gehirnforschers unterscheidet. Trotzdem war es die Wissenschaft, die mich bis zu diesem Punkt meiner Recherche brachte und auf mystische Erklärungsmodelle vorbereitete. Ich bin weder ein Geheimnisenthüller noch ein Geheimnisbewahrer. Ich bin ein Geheimnisvermittler. Genau diese Position zwischen den Stühlen hat mein Leben bereichert. Ich habe Fähigkeiten in mir entdeckt, die ich mir nicht zugetraut hätte. Sie führten mich zu meinem inneren weisen Helden und meiner Seele. Ich habe ein großartiges Universum kennengelernt, dem ich mich zugehörig fühle und das mich

Die Evolution des Bewusstseins	Nurias Welt	Nuria als Mensch	Der Mensch in der theosophisch-indischen Mystik	Die Welt in der theosophisch-indischen Mystik
Pflanze und Tier	die sichtbare physische Welt der klassischen Physik	physischer Körper	Annamayakosha (Physischer Körper) - Nahrung -	grobstoffliche physische Ebene → Materie nicht beeinflussbar
Pflanze und Tier	die unsichtbare physische Welt der Quantenphysik (z.B. Kraftteilchen)	der siebte Sinn des Herzfeldes	Pranamayakosha (Ätherkörper / Chakren) - Vitalkräfte -	feinstoffliche physische Ebene → Geistwelt der Märchen
Säugetier	zusätzliche Dimensionen mit bekannten Naturgesetzen, aber weniger Materie	Zwischenhirn: Gefühle	Manomayakosha (Astralkörper) - Sinne -	Astralebene → Materie von Gefühlen beeinflussbar
Mensch	zusätzliche Dimensionen mit bekannten Naturgesetzen, aber kaum Materie	Großhirn: Denken	Manomayakosha (Mentalkörper) - Denken -	niedere Mentalebene (formhaft) → Materie vom Denken beeinflussbar
ethischer Mensch	zusätzliche Dimensionen aus reiner Energie	Stirnhirn: Mitgefühl und Ethik	Vijnanamayakosha (Kausalkörper) - Verstehen -	höhere Mentalebene (formlos) → Geist erschafft Materie
spiritueller Mensch	eine Dimension mit höchster Symmetrie	Herzgehirn: Liebe und Harmonie	Anandamayakosha (Buddhischer Körper) - Seligkeit -	buddhische Ebene → Selbstlose Liebe
vollkommen bewusster Mensch	eine Superkraft aus Licht und Ton	Seele: Oberton von Gehirn und Herz	die befreite Seele ohne Hülle	Nirvana → Glückseligkeit

Meine Tabelle zum Mystik-Vergleich

freundlich empfängt. Ich habe einen Glauben gefunden, der zu keiner Religion gehört und von keiner Wissenschaft bewiesen werden kann: Ich bin eine Seele und auf dieser Welt, um das zu erkennen sowie auf meine Art immer tiefer zu erleben. Diese Welt ist meine vorübergehende Heimat. Sie wandelt sich mit mir und verzaubert mich so lange, bis ich eins mit der Energie werde, die in ihr und in mir wirkt. Vielleicht werde ich, um das zu erreichen, unbekannte Dimensionen durchschreiten müssen, die ich heute noch gar nicht kenne. Aber das macht mir keine Angst, weil meine Recherche mir eines gezeigt hat: Das Universum mag mich.

Nach einem Jahr fiebriger Recherche bleibt nur noch eine Frage von Bedeutung:

Was will ich jetzt tun?

Das Wetter ist schön und ich beschließe etwas Verrücktes. Ich werde meine Wohnung für einen Ausflug verlassen. Schon beim Einpacken der Bademate bin ich angesichts der Vorstellung, gleich an einem See zu liegen, richtig aufgeregt. Mein altes Auto springt tatsächlich noch an. Hätte ich nicht schnell noch ein paar Bücher bestellen sollen, bevor ich losfahre? Ich muss lachen, als wäre das der weltbeste Witz.

9 / 33 Jahre / Couchamazone

Ich liege auf der schwarzen Ledercouch. Es kostet mich Über-
windung, mich einer Fremden so auszuliefern. Meine Therapeutin hat einen schlichten Kleidungsstil, ist auf eine ruhige
Art interessiert und angenehm distanziert. Es tut gut, ihre
Gegenwart zu spüren, weil sie keine meiner Geschichten und
Emotionen auf sich selbst bezieht. Sie will nichts von mir, und
ich taste mich von Sitzung zu Sitzung an den Zustand heran,
sein zu dürfen, wie ich bin. In meinem Blickfeld liegt das
Fenster, das ein Stück Himmel zeigt, und die metallene Gar-
dinenstange, an deren Ende das Ornament einer fliegenden
Wildgans sitzt. An der Wand neben mir hängt ein Gemälde,
das ich immer schöner finde. Es zeigt eine Gruppe von Menschen mit Lendenschurz und langen Haaren – ein friedliches
Naturparadies.

Meine Therapeutin fragt: „Was war das denn für ein Traum,
der sie so beschäftigt hat?"

„Na ja", entgegne ich, „ich bin durch den Odenwald gehetzt
und habe Station beim Haus von Verwandten gemacht. Dann
kamen auf einmal meine Eltern dorthin, und ich bin weg-
gerannt. Weiter durch den Odenwald, in das Haus anderer
Verwandter. Plötzlich waren meine Eltern wieder da, und
ich bin wieder weggelaufen. So ging es ein paar Mal. Als ich
eine Wiese am Hang hinunterrannte, schon völlig außer Atem,
drehte ich mich um, und sah schon wieder meine Eltern. Ich
schämte mich, dass ich vor ihnen weglief, und fragte mich, was
mit mir nicht stimmt, weil sie doch immer gut zu mir waren."

Während ich das erzähle, wundere ich mich, dass ich im Traum gar keine Angst spürte, so normal war es für mich wegzurennen. Beim Erzählen kommt die Angst wieder, als hätte mich jemand beim Wegrennen so heftig an den Haaren gepackt, dass mir das Genick bricht. Auch das erzähle ich und fühle mich dabei schuldig. Wie gemein ich bin, was für eine schlechte Tochter. Mir wird übel. Auch das sage ich.

Meine Therapeutin fragt: „Warum rennen Sie denn weg?"

„Keine Ahnung", überlege ich laut, „vielleicht, weil ich schlecht bin."

Meine Therapeutin fragt noch einmal: „Warum rennt jemand für gewöhnlich weg?"

Mir kommt in den Sinn: „Weil es einen Grund dafür gibt?"

„Genau", nickt sie.

„Sie meinen, ich habe einen Grund, vor meinen Eltern wegzurennen?"

Ihre Antwort kommt sehr bestimmt: „Wer wegrennt, wird verfolgt."

Der Satz geht mir durch Mark und Bein. Wer wegrennt, wird tatsächlich verfolgt. Meine Kopfhaut brizzelt, als würden die Nervenzellen darunter wild arbeiten. Der Verfolger ist der Böse, nicht der Verfolgte. Es ist gemein, jemanden zu verfolgen. Dieser Gedanke entspannt mich sofort. Plötzlich ist meine Angst verschwunden und Erleichterung macht sich breit.

Meine Therapeutin fragt weiter: „Wann hat die Angst angefangen, an welcher Stelle ihrer Erzählung?"

Ist das von Bedeutung? Warum nimmt sie es so genau? Für mich ist nur wichtig, dass die Angst weg ist. Ich will nicht darüber nachdenken, nur froh sein. Doch sie lässt nicht locker. Dann denke ich eben darüber nach. Aber nur, weil sie mir bisher immer geholfen hat und ich darauf vertrauen kann, dass mir gut tut, was mir auf dieser Ledercouch widerfährt.

„Die Angst hat eingesetzt, als ich dachte, dass mit mir etwas nicht stimmen kann, als ich mich schuldig fühlte."

„An was erinnert es Sie, dass mit Ihnen etwas nicht stimmt?"

Es schießt förmlich aus mir heraus: „An meine Eltern!"

„Und an was genau bei Ihren Eltern?"

Es erinnert mich an ihre Kommentare zu meinen Ansichten, meinem Verhalten, meinen Träumen und meinen Unsicherheiten. Ich höre sie sagen: „Stelldichnichtsoan, Seinichtsosensibel, Seinichtsoundankbar, Reißdichamriemen..." Ich muss weinen, während ich ihre Stimmen in meinem Kopf höre.

Als ich mich beruhige, ist die Stunde um. Etwas erschöpft laufe ich den Gehweg entlang, an einem Geschäft mit Kaffeemaschinen vorbei. Ich sehe mein Spiegelbild im Schaufenster und höre in meinem Kopf: „Wieduwiederaussiehst! Keinwunderdassdunieetwashinbekommst!" Mein Brustkorb wird ganz eng und schnürt mir die Luft ab. Die Vergangenheit, die Geschichte in meinem Kopf, sie verfolgt mich. Ich will schnell an einen sicheren Ort, kehre zu meiner Wohnung zurück, lege mich ins Bett und ziehe die Decke über die Ohren. Langsam fange ich an, zu verstehen. Ich bekomme Angst, wenn die Stimme meiner Eltern in meinem Kopf mich fertigmacht. Die Stimme bin gar nicht ich. Wer oder was bin ich dann?

Eine Weile lang fällt mir nichts ein. Auf einmal taucht vor meinem geistigen Auge eine Szene auf: der kleine Garten im Odenwald mit dem grellblau angemalten, nierenförmigen Zierbrunnen im Stil der 60er Jahre, der sich unter einem Kirschbaum befand. Meine Oma steht auf der Terrasse ihres

Hauses und schaut mir zu. Ich bin splitternackt, eine Plastik-schaufel fest in der Hand. Es ist ein heißer Sommertag. Mein Sandkasten-Freund Achim ist auch nackt. Wir rennen um den Brunnen, spritzen uns nass und lachen. Gras und nasse Erde drücken sich zwischen meinen Zehen durch. Wir steigen in den Brunnen, das Wasser bis zum Bauchnabel, hüpfen darin herum und spritzen uns gegenseitig voll. Meine Oma lacht laut und tief. Ich glaube sogar, sie hat sich den Bauch gehal-ten. Alles ist gut, in diesem Moment, als ich drei Jahre alt bin.

Die Erinnerung macht mich euphorisch: Ich bin nackt, frei, verspielt und furchtlos. Und das ist ein Grund zur Freude – für mich selbst und andere. Meine Angst ist ein Warnsignal, dass etwas mit mir geschieht, das meinem Inneren gar nicht ent-spricht. Mehr noch: Die Angst erinnert mich daran, dass in mir Liebe ist, die das weiß.

Epilog

Mein Hund Fuchur liegt in der Küche unter dem Tisch. Sein vor vier Tagen operiertes Bein ist zu einem Ballon angeschwollen, und aus der frischen Narbe tropft rotes Wundwasser. Eine kleine Lache davon hat sich schon auf dem Boden gesammelt. Ich kann es nicht fassen. Gerade vor einer Stunde bin ich aus der Tierklinik zurückgekommen, in der sie ihn wegen seines Marathon-Erbrechens in der Nacht behandelten. Seine Magenschleimhaut ist von den Schmerzmitteln angegriffen. Gerade dachte ich, es gehe wieder aufwärts – und jetzt das. Der sonst so fröhliche Fuchur schaut mich ausdruckslos an. Ich locke ihn hervor und packe seine über 40 Kilo wieder in mein Auto. Das nervliche Wrack, das von mir übrig ist, setzt sich hinters Lenkrad und fährt los Richtung Klinik.

Während ich über die Landstraße zur Autobahn sause, rufe ich mir in Erinnerung, dass nach Ansicht von drei verschiedenen Ärzten eine OP die einzige Chance war, einem großen Hund nach einem Kreuzbandriss wieder ein unbeschwertes Rennerlebnis zu ermöglichen. Woher nehme ich das Recht, für ein anderes Lebewesen zu entscheiden, was gut für es ist? Ich überprüfe in Gedanken wieder einmal, ob mir Fuchur tatsächlich sein Okay gegeben hat. Nach dem Besuch beim dritten Arzt fragte ich ihn, was wir machen sollten. Einen Moment lang, während ich ihn streichelte, wusste ich einfach selbst nicht weiter, mein Kopf war wie leergefegt. Was ich dann empfing, war keine Stimme und kein Gedanke, sondern die klare Gewissheit: „Wo wir heute waren, ist es okay."

Fuchur hat seinen Namen von dem freundlichen Drachen aus der Romanverfilmung „Die unendliche Geschichte", dessen Gesicht mich an das eines Hundes erinnert. Ich bin mit Hunden aufgewachsen. Aber als Kind durfte ich keinen eigenen haben, sosehr ich es mir auch wünschte. Meine Eltern meinten, ich sei nicht in der Lage, mich verantwortungsvoll um einen Hund zu kümmern. Ich begegnete Fuchur zum ersten Mal, als er in einem kleinen Plastik-Iglu saß, in dem normalerweise Kälber großgezogen werden. Drinnen war der Boden mit Stroh ausgelegt, und sieben schwarz-braune Hundebabys tollten herum. Ihre Augen waren noch zu. Ich setzte mich auf den Boden und hörte ihrem Fiepen zu. Das Hundebaby mit dem kürzesten Fell kam mit geschlossenen Augen auf mich zu. Ich nahm das kleine, weiche Knäuel in den Arm und fühlte mich unfassbar glücklich mit ihm.

Das war, als ich mit meinem Freund Benja das erste Mal den Bauernhof anschaute, auf dem wir heute leben. Kurz vor dem Umzug bekam ich Angst. In meinem Kopf hörte ich: „Dasschaffstdunicht! Dirstehtdasnichtzu! Derwirdbeidireingehen!" Ich erzählte Benja, dass ich eigentlich gar nicht in der Lage sei, mich um einen Hund zu kümmern: „Vielleicht bekomme ich das Geld für sein Fressen nicht zusammen? Außerdem glaube ich, er hat einen Charakterfehler. Hast du gesehen, wie ängstlich er war, als er gegen die Treppe gestoßen ist?"

Benja schaute mich skeptisch an: „Meinst du nicht, das ist eine normale Reaktion, wenn man zum ersten Mal im Leben auf eine Treppe trifft? Was ist mit dir los? Warum solltest du das Fressen nicht bezahlen können?"

Mir war mittlerweile richtig unwohl geworden. Deshalb erwiderte ich: „Vielleicht ist es keine gute Idee mit dem Hund. Und ehrlich gesagt ist der Bauernhof vielleicht auch keine gute

Idee. Ich habe noch nie mit jemand zusammengelebt und weiß gar nicht, wie das ist."

Benja kannte mich zu diesem Zeitpunkt bereits gut. „Für mich sieht es so aus, als hättest du wieder eine Stimme im Kopf, die gar nicht dir gehört. Erinnere dich doch daran, wie glücklich du mit dem Hund auf dem Arm warst, wie nett wir die Bauern finden und wie schön ihren Hof, wie wir über die Kühe in unserem Garten gelacht haben. Und wegen mir musst du dir keine Sorgen machen. Bis jetzt lief es doch gut mit uns, oder? Den Rest finden wir eben heraus. Aber ich kann mir nicht vorstellen, dass das schiefgeht. Ich glaube, du machst alles schlecht, weil du immer noch meinst, du hättest es nicht verdient."

Ich musste plötzlich daran denken, wie mein Vater manche seiner Hunde dem Züchter mit der Begründung zurückgab, sie hätten diesen oder jenen Charakterfehler. Mich hat er trotz meiner Fehler nie zurückgeben können. Ich war meinem Vater nie ein guter Hund.

Während wir uns im Stop-and-Go-Modus durch die Innenstadt quälen, brennt die Sonne gnadenlos auf mein Auto, das noch aus einer Zeit stammt, in der Klimaanlagen als amerikanischer Spleen galten und nicht zur Standardausstattung gehörten. Als wir in der Tierklinik ankommen, sind Fuchur und ich ziemlich geschlaucht von Hitze und Fahrt. Die Ärztin will ihn ein paar Tage zur Beobachtung dabehalten, obwohl die Komplikationen sich nach der Operation im normalen Bereich bewegen. Ich bin erleichtert. Aber bis ich ihn wieder abholen kann, wird Fuchur mir fehlen. Er ist ein wichtiger Bestandteil meines neuen Lebens in Harmonie und Schönheit fernab der städtischen Hektik auf dem Bauernhof. Das ist mein Paradies. Die Margeriten recken ihre Hälse aus der

saftigen Kuhwiese. Die Bäuerin jäht das Unkraut im Gemüse-
garten, und ich weiß, dass ihre Augen unter dem tief in die
Stirn gezogenen Kopftuch glänzen, weil sie ein erfülltes Leben
führt. Wenn ich zu ihr gehe, mir einen Tipp für mein Kartoffel-
beet abhole und gespielt wehklagend erzähle, dass mir beim
Schreiben nichts einfiele, baut sie mich mit einem schlichten
„Ja, so ist das manchmal" wieder auf. Ich habe noch nicht die
richtigen Worte gefunden, um ihr den Inhalt meines Buches
zusammenzufassen, weil sie als gebürtige Paradiesbewoh-
nerin nichts damit anzufangen wüsste. Dagegen bin ich mit
meinen 38 Jahren noch grün hinter den Ohren, staune ich
doch seit Monaten über die Leichtigkeit des bodenständigen
Glücks, mit mir im Reinen zu sein, und über die Großzügigkeit
des freundlichen Universums, das mir mehr schenkt, als ich
zu träumen wagte.

Daran muss ich mich erst gewöhnen. Denn es ist so unvorstellbar und manchmal beängstigend zu erleben, wie viel mehr
in mir steckt, als ich dachte, und wie sehr das mein Leben seit-
her verändert hat. Wie ich in meinem Paradies landen konnte,
grenzt für mich an ein Wunder. Es passt nicht zu mir, hätte ich
früher gedacht. Ich habe glückliche Menschen lange beneidet,
als seien sie Bewohner eines anderen Planeten. Obwohl es mir
äußerlich betrachtet nie richtig schlecht ging. Ich war nicht
arm, und niemand hat mir körperliche Gewalt angetan. Mein
Leid war von subtiler Art, aber deswegen nicht weniger groß.
Es hat keinen konkreten Namen, unter dem man es dingfest
machen und in einem Fachlexikon die passende Behandlungs-
methode nachschlagen könnte. Es ist kein körperlicher oder
psychischer Defekt, auch wenn es manchmal so wirkt. Diese
Art von Leid erkennt man daran, dass nichts im Leben so

funktioniert, wie man es sich wünschen würde, und die guten Ratschläge der anderen nicht helfen. Es geht um die Unterdrückung der Seele, von deren Existenz ich nicht einmal wusste. Mehr noch, die ich gar nicht für möglich hielt. Das ist auch irgendwie verständlich, in Anbetracht dessen, was an die Tür des eigenen Bewusstseins klopft: Ein Teil von einem selbst, der zu gut zu sein scheint, um wahr zu sein, und den man gar nicht erst hereinlassen will, damit er keine Unruhe stiftet. Obwohl es keine Statistiken darüber gibt, keine Zeitungsartikel oder Fernsehberichte, ist das Leid, das die Unterdrückung der Seele durch permanente, tiefgehende Selbstunterschätzung verursacht, weiter verbreitet, als ich dachte. Das weiß ich, seit ich dieses Buch dem ersten Verlag vorgestellt habe und die Antwort bekam, es sei mit seiner interdisziplinären Themenfülle nicht realisierbar.

Während ich auf einer Bank vor der Tierklinik sitze, frage ich mich, ob Fuchur versteht, warum ich ihn hier abliefere. Weiß er, dass ich nur Gutes für ihn will, ihn wieder abhole und nie im Stich lassen würde. Wie fühlt er sich wohl, wenn er in seiner Pensions-Box in einem Zimmer zusammen mit anderen Problemhunden liegt? Vielleicht genauso, wie ich mich oft gefühlt habe.

In meinem Leben sind Dinge geschehen, die ich nicht überblicken konnte. Ich fühlte mich oft allein gelassen und erlitt Schmerzen, deren Ursache ich nicht verstand. Was das Universum für mich ist, bin ich für meinen Hund. Ich habe einen größeren Überblick als er und mehr Möglichkeiten. Ich setze meinen Hund nur den Situationen aus, die ihm aus meiner Perspektive helfen, und würde ihn nie allein lassen. Aber er kann aus seinem Blickwinkel als Hund die Gründe dafür nicht erkennen und fühlt sich deshalb vielleicht nicht sehr wohl dabei. Warum bin ich mir so sicher, dass es das Universum genauso gut mit mir meint wie ich mit meinem Hund?

Hätte ich nicht viel über das Gehirn und das Universum recherchiert und geschrieben, wäre es mir vielleicht nie aufgefallen. Es gibt viele Zeichen in meinem Leben, dass es das Universum gut mit mir meint und meine Seele das weiß: Ich habe mit drei Jahren erfahren, wie ich wirklich bin – nackt, frei, verspielt und furchtlos. Mit zwölf Jahren hat mir meine Seele für einen kurzen Moment die Gewissheit geschenkt, dass alles wieder gut wird. Als Teenager wusste mein Inneres, dass ich eine Katharsis, eine innere Reinigung durch Erfahrung brauche. Dann hat sie mich auf Reisen geschickt – nach Alaska und Guatemala. Durch einen Vulkanausbruch erkannte ich, welche Weitsicht meine Seele hat und dass sie mich damit schützen will. Durch meinen Meditationsmeister kam eine heilende Kraft aus selbstloser Liebe in mein Leben. Dadurch konnte ich eine innere Reise antreten und meine Vergangenheit ergründen. Erst als ich verstand, dass mir Gutes widerfährt und ich es verdiene, traten Benja, der Bauernhof und Fuchur in mein Leben. Sie sind mein Paradies, weil das alles für den Moment das Beste ist, was ich mir vorstellen kann.

Zuversichtlich stehe ich von der Bank auf, schlendere zu meinem Auto und mache mich auf in meine neue Heimat. Mein Hund hat mir vorgelebt, wie viel Freude jeder Tag für Paradiesbewohner bereithält. Er muss nur über einen vergessenen Ball im Garten stolpern oder das Auto der Briefträgerin erspähen, um völlig aus dem Häuschen zu geraten und mit wedelndem Schwanz und lautem Bellen zu verkünden: Hier bin ich!

Die Schmerzen, die ich durch die Unterdrückung meiner Seele erlitt, was sind sie wert, wenn sie mich an diesen Punkt meiner Entwicklung geleitet haben? Wem kann ich noch Vorwürfe machen, wen schuldig sprechen?

Gedankenverloren fahre ich aus der Stadt auf die Autobahn. Während ich genüsslich in ein Vanillecroissant beiße, erblicke ich schon die hohen Berge, die den Horizont meines Paradieses abstecken. Sie breiten ihr schneebedecktes Antlitz und ihre imposante Silhouette vor meinen Augen aus wie ein offenes Buch. Ihre Schönheit mag von der Ferne zu bewundern sein, aber ihr Geheimnis geben sie nur dem preis, der es mit Ausdauer erkundet.

Meditationsanleitung...

... wie Sant Rajinder Singh sie bei den offiziellen Feierlichkeiten der Nichtregierungsorganisationen zum 50. Jahrestag der Vereinten Nationen im Oktober 1995 in New York vortrug:

„Wenn Sie also meditieren möchten, setzten Sie sich in einer Haltung hin, die angenehm und bequem für Sie ist. Schließen Sie die Augen. Konzentrieren Sie ihre Aufmerksamkeit auf den Bereich der Dunkelheit, der vor Ihnen liegt. Spannen Sie weder Stirn noch Augen an. Sie schauen nun nicht mit Ihren äußeren Augen nach vorne; es ist vielmehr Ihr inneres Auge, das die Dunkelheit sieht. Schauen Sie fortwährend in die Mitte dessen, was Sie mit geschlossenen Augen vor sich sehen. Damit das Gemüt den inneren Blick nicht beeinträchtigt und Gedanken schickt, wiederholen Sie irgendeinen Namen des Schöpfers, der Ihnen vertraut ist. Wiederholen Sie diesen Namen langsam, in Gedanken, nicht laut. Konzentrieren Sie sich weiterhin auf das, was vor Ihnen erscheint. Durch diese Konzentration wird Licht hervorbrechen. Sie können Licht sehen – Licht in jeder beliebigen Farbe, weiß, golden, blau, rot, gelb, orange, violett usw. Sie können auch einen inneren Ausblick auf einen Sternenhimmel haben, auf einen Mond oder eine Sonne oder irgendetwas anderes. Schauen Sie immer in die Mitte dessen, was sich gerade vor Ihnen befindet."

aus: RAJINDER SINGH,

„KRAFT DER SEELE. ANTWORTEN AUF SPIRITUELLE FRAGEN",

URANIA VERLAGS AG, NEUHAUSEN/SCHWEIZ 1997

Wir kreisten und kreisten,
bis wir nach Hause zurückgelangten – wir beide.
Wir gaben alles hin außer der Freiheit,
alles außer unserer eigenen Freude.

WALT WHITMAN

Danksagung

**Ich möchte den Menschen danken,
die für dieses Buch wichtig waren:**

Allen Wissenschaftlern und Mystikern, die in diesem Buch erwähnt oder unerwähnt sind und von denen ich gelernt habe.

Meinem Meditationsmeister Sant Rajinder Singh, der mein Leben rettete und mich seitdem so reich beschenkt. Meinem Anker in stürmischen Zeiten, Dr. Gabriele Buchleitner, mit der ich ein neues Leben proben konnte. Meinem Verleger Joachim Kamphausen, der auf mich und meine Ideen vertraute. Meiner geistigen Hebamme Stephanie Ehrenschwendner, die mir mit Feuerelan und scharfsinnigem Verständnis half, Nuria zu entdecken. Meinem Freund Patrick, mit dem das Leben schöner ist. Tulku, dessen Sein mir eine Freude ist. Meinem Vater, der mir den Odenwald und Alaska zeigte, und meiner Mutter, die mir das Leben schenkte.

Ich möchte den unerschrockenen Freunden danken, die sich durch die erste, aus heutiger Sicht einem Leser unzumutbare und mehr als doppelt so lange Version dieses Buches gekämpft haben. Sie lehrten mich in tagelangen Diskussionen auf liebevolle Weise, dass jeder das Recht auf seine eigene Wahrheit hat: Ralf Müller-Amenitsch, Andreas Grabolle, Marc Dehoust, Dr. Frank Vögele, Armin Gattung und besonders Meike Wohlfarth.

Making Of

„Wir dürfen nicht vergessen, dass die Wurzeln des Bewusstseins älter sein müssen als alle Gehirne. (...) dass das Gehirn das Werkzeug des Denkens ist und nicht seine Ursache. Nicht unser Gehirn hat das Denken ‚erfunden‘, eher ist es umgekehrt. So, wie auch Beine nicht das Gehen erfunden haben und Augen nicht das Licht." Das schreibt **Hoimar von Ditfurth** in seinem Buch **„Der Geist fiel nicht vom Himmel"** (Hoffmann und Campe Verlag, Hamburg 1976, S. 15). Diese Worte haben mich schwer beeindruckt, weil sie meiner Meinung nach andeuten, dass Wissenschaft und spirituelle Weisheit Hand in Hand gehen können. Der Antrieb zu Beginn meiner Recherche war, diesen Ansatz noch weiter auszubauen, um „die Seele auf dem Antlitz des Wissens sichtbar zu machen", wie der Dichter Attila József einmal schrieb. Hoimar von Ditfurth ebnete den Weg dazu und vermittelte mir die Freude an der Wissenschaft.

Für manche mögen die Bücher des Neurobiologen, Psychologen und Wissenschaftsjournalisten veraltet sein. Sie sind fast nur noch gebraucht erhältlich. Das liegt daran, dass seine Bücher in manchen Punkten dem Wissensstand der 1970er bis 90er Jahre entsprechen. Beispielsweise dachte Ditfurth noch, die Gehirnteile Stammhirn, Zwischenhirn, Großhirn seien nacheinander in der Evolution entstanden – was heute widerlegt ist. Das schadet seinen Büchern meines Erachtens nicht wirklich, weil sie eine Art zu denken vermitteln, die aktueller denn je ist. Sie vermitteln viel Basiswissen, das sich bis heute nicht geändert hat, und überbrücken die Grenze zwischen Natur- und Geisteswissenschaften.

Über die Biologie der Urzeit und die Urzelle

Von Ditfurths „Der Geist fiel nicht vom Himmel" war für mich eine Fundgrube, erklärte mir dieses Buch doch die Urzelle und was das „innere Meer" ist. Ich habe den Begriff in „innerer Ozean" umbenannt, weil er so im Kontext meiner Recherche die Pointe besser trifft, ohne die von Ditfurth ausgeführte Bedeutung zu verlieren. Ein „Meer" ist für mich eben kleiner und weniger gewaltig als ein „Ozean" und würde die Brücke zum Ur-Ozean nicht schlagen. Später fiel mir dann auf, dass ein endlos scheinender „Ozean", den der Mensch in sich trägt, auch besser zum mystischen Begriff „Wasser des Lebens" passt.

Ditfurth öffnete mir die Augen, indem er mich wissen ließ, dass ich sie den Pflanzen zu verdanken habe. Den grundlegenden Unterschied von Zwischenhirn (Handlungsprogramme) und Großhirn (Koordination einzelner Handlungen) habe ich dank Hoimar von Ditfurth verstanden. Auch das Wissen, wie der Geschmack von Nahrung eigentlich funktioniert, und der Ansatz, warum der Mensch über seinen Geschmackssinn noch mit der Urzelle verbunden ist, stammt von ihm – genauso wie die Hintergründe zu *Pikaia*, dem Urahn der Wirbeltiere und zum Augentierchen *Euglena*. Ditfurth lieferte mir den Hinweis auf die Experimente von John C. Eccles mit jungen Katzen und erklärte mir die biologische Rückkopplung mitsamt ihrer Entwicklung hin zur psychischen Stimmung (Schwingung). Er veränderte mit nur einem Satz das Bild, das ich mir vom heutigen Menschen als „Krone der Schöpfung" gemacht hatte: „Auch wir sind in Wahrheit nur die Neandertaler unserer biologischen Nachfahren." (ebd., S. 308)

Daniel J. Siegels „Das achtsame Gehirn" (Arbor Verlag, Freiburg 2007) schenkte mir mit den Ausführungen zur Embryonalentwicklung des menschlichen Nervensystems aus dem Ektoderm (ebd., S. 52) die Verbindung zwischen Urzelle und Gehirnevolution.

In **Gerhard Roths „Das Gehirn und seine Wirklichkeit. Kognitive Neurobiologie und ihre philosophischen Konsequenzen"** (Suhrkamp Verlag, Frankfurt am Main 1997) bekam ich von einem Gehirnforscher bestätigt, warum (zumindest) Säugetiere Geist und Bewusstsein besitzen (ebd., S. 76): „Am menschlichen Gehirn kann im Vergleich zu den ihm stammesgeschichtlich nahestehenden Tieren nichts grundlegend Neues und Anderes festgestellt werden." In **Wolf Singers „Der Beobachter im Gehirn. Essays zur Hirnforschung"** (Suhrkamp Verlag, Frankfurt am Main 2002) fand ich eindringlich beschrieben, wie weit die Verbindung Mensch-Tier reicht (ebd., S. 21): „Hinsichtlich der molekularen Zusammensetzung unterscheiden sich die Nervenzellen des menschlichen Gehirns kaum von denen anderer Spezies, Insekten und Schnecken eingeschlossen."

Rund ums Gehirn

Es war ein harter, wirklich harter, aber lohnenswerter Kampf, **Eugen Drewermanns „Atem des Lebens. Die moderne Neurologie und die Frage nach Gott. Teil 1: Das Gehirn. Grundlagen und Erkenntnisse der Hirnforschung"** (Patmos Verlag, Düsseldorf 2006) zu lesen – oder vielmehr, mir die über 600 Seiten zu erarbeiten. Dazu musste ich mir tatsächlich ein Vokabelheft mit den lateinischen und griechischen Fachausdrücken und ein persönliches Nachschlagewerk zu den Themen anlegen, die mir am wichtigsten erschienen.

Vieles, was an Details in Nurias Recherche kurz dargestellt ist, lässt sich in aller Ausführlichkeit in diesem Buch nachschlagen. Eugen Drewermann vermittelte mir wichtige Kenntnisse zu Gliazellen (ebd., S. 267) und dem System der Rückkopplung (ebd., S. 191, aber auch bei H. v. Ditfurth zu finden). Auch der Verlauf der Embryonalentwicklung als Spiegel der Stammesgeschichte des Menschen basiert auf Drewermann (ebd., S. 261).

Die schon genannten Bücher von Gerhard Roth und Wolf Singer brachten mir den aktuellen Stand der Hirnforschung nahe, ebenso wie **Wolf Singers „Ein neues Menschenbild? Gespräche über Hirnforschung"** (Suhrkamp Verlag, Frankfurt am Main 2003) und **„Ich. Wie wir uns selbst erfinden"** von **Werner Siefer** und **Christian Weber** (Campus Verlag, Frankfurt am Main 2006). Letztere führten mich zu **Thomas Metzinger** und seinen Ausführungen zur Ich-Illusion und zur Selbstmodell-Theorie, die er in seinem Werk **„Being No One. The Self-Model Theory of Subjektivity"** (MIT Press, Massachusetts Institute of Technology, Cambridge / USA 2004) ausführt. Metzingers neuestes Buch „Der Ego-Tunnel. Eine neue Philosophie des Selbst. Von der Gehirnforschung zur Bewusstseinsethik" (Berlin Verlag, Berlin 2009) war noch nicht erschienen. Ich habe Metzingers Theorie für meine Zwecke benutzt und weiß nicht, ob ihm Nurias Schlussfolgerung (das Ich ist zwar Illusion und ein Modell, aber es gibt eine Seele) gefallen würde.

Im Juli 2007 fuhr ich nach Freiburg, um am Kongress „Wissenschaft und Spiritualität" teilzunehmen, dort den Vortrag des Dalai Lama zu hören und einige weitere Vorträge von Wissenschaftlern. Besonders beeindruckt hat mich der Gehirnforscher **Gerald Hüther**. Sein Vortrag von damals ist als DVD erhältlich: **„Das natürliche Substrat geistiger Prozesse. Neurobiologische Voraussetzungen der Suche des Menschen nach dem Sinn"** (Auditorium Netzwerk, Müllheim 2007). Daraus und aus seinem Vortrag **„Brainwash. Einführung in die Neurobiologie für Pädagogen, Therapeuten und Lehrer"** (Auditorium Netzwerk, Müllheim 2006) habe ich viel über das Stirnhirn sowie die Gehirnentwicklung in Kindheit und Jugend gelernt. *Prägungen im Mutterleib, Emotionale Sicherheit, Betriebsklima* und *Kümmerversion* sind die Schlagworte Hüthers, die ich übernommen habe.

Zum Thema Neurogenesis, Neubildung von Nervenzellen im Gehirn, gibt es einige Pressemeldungen des SALK Institute und Fred H. Gage unter **http:// www.salk.edu/faculty/gage.html** – darunter auch von 1998 „Human Brains Do Sprout New Cells".

Zwei Artikel im amerikanischen Fachmagazin **„Science"** (www.sciencemag.org) auf die mich Joachim Bauer während eines Vortrags an der Münchner Ludwig-Maximilians-Universität hinwies waren für die Recherche wichtig: Von **Alan G. Sanfey** u.a. **„The Neural Basis of Economic Decision –**

Making in the Ultimatum Game" (Science, 13.06.2003, Vol. 300, Nr. 5626, S. 1755-1758) und von **Naomi I. Eisenberger** u.a. **"Does Rejection hurt? An fMRI Study of Social Exclusion"** (Science, 10.10.2003, Vol. 302, Nr. 5643, S. 290-292).

Es gibt diverse Mitschnitte von Vorträgen über Gehirnforschung auf DVD, die Abwechslung in die Recherche brachten, so beispielsweise **"Das verknüpfte Gehirn. Bau und Leitung neurobiologischer Netzwerke"** mit **Gerhard Roth** (Auditorium Netzwerk, Müllheim 2006), **"Unser Menschenbild – Neuere Erkenntnisse der Hirnforschung"** mit **Wolf Singer** (Auditorium Netzwerk, Müllheim 2006) und **"Erfolgreich lernen in Kindergarten und Schule"** mit **Manfred Spitzer** (Auditorium Netzwerk, Müllheim 2006) .

Über Bewusstsein, Glück und Wille im Gehirn

„Der (...) vielleicht aufschlußreichste Befund ist der Umstand, dass Bewusstsein und Emotionen nicht zu trennen sind", schreibt **Antonio Damasio** gleich zu Beginn in seinem Buch **„Ich fühle, also bin ich. Die Entschlüsselung des Bewusstseins"** (ebd., S. 28). Diese Aussage hat mich beeindruckt und inspiriert, weil sie genau der Annahme widerspricht, der Verstand sei maßgeblich für das, was den Menschen auszeichnet. Zum Thema Bewusstsein stöberte ich außerdem in **„Bewusstsein. Beiträge aus der Gegenwartsphilosophie"**, herausgegeben von **Thomas Metzinger** (Mentis Verlag, Paderborn 2005), und in **Christof Kochs „Bewusstsein. Ein neurobiologisches Rätsel"** (Spektrum Akademischer Verlag, Elsevier GmbH, München 2005).

Weiter ging es mit der Frage, inwieweit eine mystische Erfahrung das Bewusstsein verändert und was man heute darüber weiß. **Andrew Newberg, Eugene D'Aquili** und **Vince Rause** lieferten mit **„Der gedachte Gott. Wie Glaube im Gehirn entsteht"** (Piper Verlag, München 2005) eines der ersten Bücher zur neuen Forschungsdisziplin „Neurotheologie". Eine Schlüsselpassage daraus bestärkte mich in meinem Ansatz, dass sich Wissenschaft und spirituelle Weisheit nicht ausschließen: „Als im Verlauf unserer Studie immer mehr Daten vorlagen, kamen Gene und ich zu der Ansicht, dass die mystischen Erfahrungen unserer Versuchspersonen – die veränderten Bewusstseinszustände, die sie als das Aufgehen des Selbst in etwas Größerem beschrieben – nicht von emotionalen Irrtümern herrührten oder einfach bloßes Wunschdenken darstellten, sondern vielmehr mit einer Reihe wahrnehmbarer neurologischer Prozesse einhergingen, die zwar ungewöhnlich sind, aber nicht außerhalb des Spektrums normaler Gehirnfunktionen liegen. Mit anderen Worten, mystische Erfahrung ist biologisch real und naturwissenschaftlich wahrnehmbar." Damit war mir klar, dass Mystik und Meditation die Nische der „Spinnereien" verlassen und sich den Weg zu Wissenschaft und Mainstream bahnen. Welch ein Ereignis! Diesem Buch verdanke ich die meiste Inspiration in Bezug auf besagtes Themenfeld – insbesondere die Fakten zu den Gegenspielern im Gehirn und im Autonomen Nervensystem.

Die Anleitung zu einer Meditationspraxis, die passend zu Nurias Erkenntnissen eine Meditation auf das göttliche Licht und den göttlichen Klang ist, stammt aus **Rajinder Singhs „Kraft der Seele. Antworten auf spirituelle Fragen"** (Urania Verlags AG, Neuhausen/Schweiz 1997, S. 109f).

Über die Neurobiologie des Glücks, Area A10 und die Oscar-Studie las ich in **„Braintertainment. Expeditionen in die Welt von Gehirn und Geist"** von **Manfred Spitzer** und **Wulf Bertram** (Schattauer Verlag, Stuttgart 2007). Ein Artikel daraus, „Das Gehirn auf der Couch" von Gerhard Roth, erklärt anschaulich die Wirkung einer Psychotherapie auf das Nervennetz des Gehirns (ebd., S. 121 ff). **Manfred Spitzer** schrieb auch ein umfassendes Buch über die Wirkung von Musik auf das Gehirn: **„Musik im Kopf. Hören, musizieren, verstehen und erleben im neuronalen Netzwerk"** (Schattauer Verlag, Stuttgart 2006). Dort habe ich über Pythagoras Experimente mit dem Monochord gelesen und die Verbindung von Musik und Mathematik (ebd., S. 6f). Nuria erwähnt das zwar in ihrer Recherche nicht, brauchte dieses Wissen aber als Rückenwind für ihre Ideen.

Zum Thema Willensfreiheit gab es oftmals in den schon genannten Büchern über Gehirnforschung Anregungen, doch die Hauptquelle meiner Recherche stellt der von **Christian Greyer** herausgegebene Band **„Hirnforschung und Willensfreiheit. Zur Deutung der neuesten Experimente"** (Suhrkamp Verlag, Frankfurt am Main 2004) dar. Danach las ich in **Benjamin Libets „Mind Time. Wie das Gehirn Bewusstsein produziert"** (Suhrkamp Verlag, Frankfurt am Main 2007) über Libets eigene Deutung seiner berühmten Experimente nach. Auch **Peter Bieris** Essay **„Unser Wille ist frei"** (Spiegel Online, 10.01.2005) beeindruckte mich sehr.

Auf das Thema „Savant" stieß ich durch die dreiteilige TV-Serie **„Expeditionen ins Gehirn. Eine Reise in die mysteriöse Welt der Superbegabten"** (Regie: Petra Höfer und Freddie Röckenhaus, produziert von Radio Bremen und Arte, TR Verlagsunion 2006).

Über das Herz und die Biologie des Menschen

„Kern aller Motivation ist es, zwischenmenschliche Anerkennung, Wertschätzung, Zuwendung oder Zuneigung zu finden und zu geben. Wir sind – aus neurobiologischer Sicht – auf soziale Resonanz und Kooperation angelegte

Wesen." Dieses Schlüsselzitat von **Joachim Bauer** aus seinem Buch **„Prinzip Menschlichkeit. Warum wir von Natur aus kooperieren"** (Hoffman und Campe Verlag, Hamburg 2007, S. 34) machte mir deutlich, dass der Mensch von Natur aus gut ist. Bauers Publikationen waren für mich eine Offenbarung in puncto neues Menschenbild, sie erklärten mir die Epigenetik und lieferten Nuria damit das Verbindungsstück zwischen der Prägung des Gehirns durch Erfahrung und ihrer tiefen Verwurzelung in der vorherigen und folgenden Generation. Ergänzend legte mir **Gerald Hüther** mit **„Die Evolution der Liebe. Was Darwin bereits ahnte und die Darwinisten nicht wahrhaben wollen"** (Vandenhoeck & Rupprecht, Göttingen 2007) die wichtige Rolle der Liebe in der Entwicklungsgeschichte des Menschen ans Herz.

Viel zu verdanken habe ich auch **Joseph Chilton Pearce**, der mir in seinem Buch **„Biologie der Transzendenz"** (Arbor Verlag, Freiburg 2004) die bedeutende Rolle des Stirnhirns zeigte, insbesondere die Negativfolgen von Gewalt und dem damit verbundenen Zelltod im Stirnhirn. Er war es auch, der mich auf die Verbindung zwischen Herz und Gehirn aufmerksam machte. Im Anschluss vertiefte ich seine Ausführungen mit der Lektüre von **Doc Childres** und **Howard Martins** Buch **„Die Herzintelligenz-Methode. Gesundheit stärken, Probleme meistern – mit der Kraft des Herzen."** (Vak-Verlag, Freiburg 2010). In diesem Buch fand ich die Details zur Kommunikation zwischen Gehirn und Herz und die Idee des Herzfeldes.

Ole Martin Høystad eröffnete mir mit **„Die Kulturgeschichte des Herzens. Von der Antike bis zur Gegenwart"** (Böhlau Verlag, Köln 2006) die Bandbreite der Zeit- und Kulturübergreifenden Herzkultur und bereitete mir mit so manch erstaunlicher historischer Anekdote Freude.

Über Mystik und Musik

„Ist es vielleicht nicht so, dass der Mensch, der sogenannte moderne Mensch, nun doch endlich wiederum etwas wirklich erleben will? Aber dann etwas, was wirklich ‚anders‘ ist?", schreibt **Paul Mommaers** in seinem Buch **„Was ist Mystik?"** (Insel Verlag, Frankfurt am Main 1979, ebd., S. 11 und S. 61). Mit seiner Schlussfolgerung, „(…) dass kein einziger Mystiker von einem gewissen Format sich je mit Parapsychologie abgegeben hat", spricht er mir aus der Seele.

Ein wahrer Fundus interdisziplinärer Ansätze und Verknüpfungen von Poesie, Musik, Mystik verschiedener Traditionen und Quantenphysik war für mich **„Nada Brahma. Die Welt ist Klang"** von **Joachim-Ernst Berendt** (Rowohlt Taschenbuch Verlag, Reinbeck bei Hamburg 2005 – Insel Verlag, Frankfurt am Main 1983). Von ihm habe ich die Idee, dass die Musik die Brücke zwischen

Wissenschaft und Mystik schlägt. Während Berendt stark vom Hinduismus inspiriert ist, zeigt **Hazrat Inayat Khan** in **„Musik und kosmische Harmonie – aus mystischer Sicht"** (Verlag Heilbronn, Weinstadt 2004) und **„The Mysticism of Sound and Music. The Sufi Teaching of Hazrat Inayat Khan"** (Shambala Publications, Boston & London 1996), welch bedeutende Rolle die Musik in der islamischen Spiritualität des Sufismus und für das Verständnis des Universums spielt.

Ausführlich beschreibt **Sant Kirpal Singh** die Bedeutung von Musik (auch: Wellen / Wasser) in den verschiedenen religiösen Traditionen in seinem Buch **„Naam oder Das Wort"** (Origo Verlag, Bern / Schweiz 2003). Allerdings konnte ich nicht alle dort genannten Verweise auf das biblische „Am Anfang war das Wort" oder das „Wasser des Lebens" innerhalb der verschiedenen Kulturen verwenden und habe mich auf die beschränkt, die sich überprüfen ließen. Dabei geholfen haben mir dankenswerterweise: Dr. Mehr Ali Newid, Lehrbeauftrager für persische Literatur an der LMU München, bei der Einordnung und Auswahl altpersischer Begriffe und Ahmed Noeman bei deren Zuordnung zu islamischen Schriften.

Die Idee, die 10 Sefirot der jüdischen Kabbala mit den indischen Chakren und den christlichen Sakramenten zu vergleichen, stammt aus **Caroline Myss** faszinierendem Buch **„Chakren – Die sieben Zentren von Kraft und Heilung"** (Knaur MensSana, München 2000). Um die Kabbala besser verstehen zu lernen, las ich u.a. **Kim Zetters „Das Geheimnis der Kabbala. Eine Einführung"** (Knaur Taschenbuch, München 2007). Für ein tieferes Verständnis der verschiedenen indischen Glaubenstraditionen verschlang ich im wahrsten Sinne des Wortes **Heinrich Zimmers „Philosophie und Religion Indiens"** (Suhrkamp Verlag, Frankfurt am Main 2001). **Annemarie Schimmel** half mir mit ihrem Buch **„Mystische Dimensionen des Islam. Die Geschichte des Sufismus"** (Insel Verlag, Frankfurt am Main 1995) und wies mich auf den Unterschied zwischen *Persönlichkeitsmystik* und *Unendlichkeitsmystik* hin. Sie schenkte mir einen Lieblingssatz: „Mystik ist als ‚der große geistige Strom, der alle Religionen durchfließt' bezeichnet worden." (ebd., S. 16).

Wichtig für die Recherche und Quelle der Idee, wie sich Materie in anderen Dimensionen zu mehr Energie wandelt, war **„Uralte Weisheit"** von **Annie Besant** (F. Hirthammer Verlag, München 1992).

Über Universum und Physik

„Die Kosmologie gehört zu den Themen, welche die Menschheit seit frühester Zeit faszinieren. Kein Wunder, denn wir sind Geschichtenerzähler und welche Geschichte könnte großartiger sein als die Schöpfungsgeschichte?"

Das ist einer der Sätze, derentwegen ich **Brian Greene** als Physiker so schätze. Er stammt aus seinem Buch „**Der Stoff aus dem der Kosmos ist. Raum, Zeit und die Beschaffenheit der Wirklichkeit**" (Pantheon Verlag, München 2004, ebd., S. 29), das mir zusammen mit seinem Buch „**Das elegante Universum. Superstrings, verborgene Dimensionen und die Suche nach der Weltformel**" (Wilhelm Goldmann Verlag, München 2006) sowohl Einsteins Raumzeit als auch die Stringtheorie veranschaulichte. In die kosmische Chemie und den Urknall weihte mich **Simon Singhs** „**Big Bang. Der Ursprung des Kosmos und die Erfindung der modernen Naturwissenschaft**" (Carl Hanser Verlag, München 2005) ein.

Noch einmal war **Hoimar von Ditfurth** wichtig, mit seinem Buch „**Im Anfang war der Wasserstoff**" (Deutscher Taschenbuch Verlag, München 2002). Es gibt so viele, gute, populärwissenschaftliche Physik-Bücher und in einige davon habe ich die Nase gesteckt. Aber die, die mich am meisten inspirierten, habe ich bereits genannt.

Harald Falck-Ytter lieferte mir mit „**Das Polarlicht. Aurora Borealis und Australis in mythischer, naturwissenschaftlicher und apokalyptischer Sicht**" (Verlag Freies Geistesleben, Stuttgart 1999) das Hintergrundwissen, um eine Verbindung zwischen Magnetfeld der Erde und Herzfeld herstellen zu können, sowie den Hinweis auf „Nanahboozho".

„Meine Vision ist es, Information mit Photonen – Licht – speichern, übertragen und weiterleiten zu können", sagte **Cornelia Denz**, Leiterin des Instituts für Angewandte Physik der Uni Münster, in dem Beitrag „**Licht als Speicher**" in der 3Sat-Sendung „**nano**" vom 24.11.2006 (http://www.3sat.de/page/?source=/nano/vision/85033/index.html). Das war ein äußerst wichtiger Punkt in der Recherche, um mir realistische Möglichkeiten des Herzfeldes ausmalen zu können.

Viele der Fragen, die ich an die Physik hatte, werden in den gängigen Büchern leider nicht beantwortet, deshalb musste ich viel im Internet und in Fachartikeln suchen. Seitdem bin ich stolzer Empfänger des Pro-Physik-Newsletters (www.pro-physik.de). Den Hinweis zur Existenz von Schall im All, dem Klang eines Schwarzen Lochs und Chandra habe ich aus www.raumfahrer.net/astronomie/kosmologie/schallall.shtml. Die Original Chandra-Pressemeldung vom 09.09.2003 findet sich unter: **http://chandra.harvard.edu/press/03_releases/press_090903.html.**

Von Boomerang erfuhr ich durch **Stefan Deiters** in seinem Artikel vom 30.04.2001 „**Die Melodie der Schöpfung**" auf **Astronews.com** (http://www.astronews.com/news/artikel/2001/04/0104-037.shtml). Was ich bei Joachim-Ernst Berendt bereits über die vielfältigen Klänge der Natur von der aufbrechenden Rosenknospe bis zur Sphärenmusik der Griechen gelesen hatte,

bestätigte sich in dem Artikel von **Franziska Badenschier „Singende Sterne.**
Samba im Weltall" (Spiegel Online vom 18.08.2006; www.spiegel.de/wissen-
schaft/weltall/0,1518,432173,00.html) und in dem Artikel von **Markus Becker**
„Titan-Mission: Signale aus der Methanwüste" (Spiegel Online vom 15.01.2005;
http://www.spiegel.de/wissenschaft/weltall/0,1518,337019,00 html).

Dass es eine Verbindung von Schall und Gravitation mit Elektromag-
netismus geben könnte, darin bestätigte mich der umstrittene Physiker
Burkhard Heim, dessen Theorien heute neuerdings bei Entwürfen zu einem
Hyperdrive-Motor für Raumfahrzeuge Beachtung finden, wie der Artikel von
Heiko Lietz „Take a leap into hyperspace" im New Scientist, Nr. 2533 vom
05.01.2006 zeigt www.newscentist.com/article/mg18925331.200-take-a-leap-
into-hyperspace.html).

Es gibt diverse Dokumentationen über Einsteins Theorien und die String-
theorie auf DVD, die Abwechslung in die Recherche brachten, so beispiels-
weise **„Das elegante Universum"** mit **Brian Greene** in der Hauptrolle **(Regie:**
Brian Greene, Polyband 2008) wie auch **„E=mc²: Einsteins große Idee"**
(Regie: Gary Johnstone, Polyband 2009) und **„Einstein Revealed" (Regie:**
Peter Jones, Nova production 2004).

Bei meiner Recherche stieß ich auf eine Anekdote von John Dobson,
einem bekannten US-Amateurastronomwn und Berkley-Absolventen, ehe-
maliger Vedanta-Mönch und Urknall-Gegner: Einsteins erste Frau Mileva war
laut Dobson befreundet mit Nikola Tesla, dem Erfinder des Wechselstroms.
Im Winter 1895 soll Tesla von Swami Vivekananda besucht worden sein,
einem hinduistischen Mönch und Schüler Sri Ramakrishnas. Der Mönch bat
Tesla, mathematisch zu beweisen, dass Materie nur potenzielle Energie sei
– eine Weisheit der heiligen Schriften Indiens in Sanskrit. Nikola Tesla konnte
den Beweis nicht erbringen, erzählte davon womöglich Mileva, die zusammen mit Einstein Physik in Zürich studierte. Zehn Jahre später legte Einstein
seine berühmte Formel vor: $E=mc^2$. Wurde Einstein vielleicht über Umwege
von altindischen Schriften inspiriert? Ein schöner Gedanke...

... hier geht's weiter!

Verehrte Leserin, verehrter Leser,

wir laden Sie herzlich ein, mit uns neue,
inspirierende und multimediale Wege zu gehen.

ONLINE

informieren – austauschen – mitwirken – begegnen

Nutzen Sie die vielen Möglichkeiten unserer Website.

- Info-Pakete & Online-Kurse
- Mitschnitte & Tageslosungen
- Aktionen, Foren & Newsletter
- Communities in „mein.weltinnenraum.de"
- Blogs und Vlogs u. Ä.

Wir freuen uns auf Sie

Ihr

Joachim Kamphausen, Verleger

weltinnenraum.de

J.Kamphausen | Mediengruppe